国家賠償法
実務ハンドブック

安達敏男　吉川樹士
須田啓介　安重洋介　著

日本加除出版株式会社

は し が き

　判例集等を見ていますと，国のみならず，地方公共団体である都道府県や市区町村においても国家賠償請求を受けるケースが増えているのではないかと思われます。

　国においては，国の利害に関係のある争訟（「民事に関する争訟（国家賠償請求訴訟もこれに入ります。）」及び「行政に関する争訟」）について，法務省の訟務局が統一的・一元的に取り扱っており，その地方実施機関として，全国の法務局（訟務部）及び地方法務局（訟務部門）があります。

　他方，市区町村等の多くにおいては，専門的に国家賠償請求事件等を取り扱う部署がないと思われますが，近時，市区町村においても，積極的に弁護士と相談体制をとり，国家賠償請求事件に取り組む姿勢が見受けられます。特に，執筆者らは，最近，市区町村から国家賠償請求訴訟の委任を受ける機会がありました。

　そのような中で，市区町村等の地方公共団体で取り扱う国家賠償請求事件（例えば，地方議会に関する事件，公立学校における生徒の事故，戸籍事件等）をも考慮に入れた解説書が必要であると感じました。

　そこで，本書は，国家賠償法の全体的な理解の一助になれればとの考えの下に，Q&A方式で関係裁判例を紹介しつつ，適宜，訴状案や答弁書案を掲げたり，表を用いるなどして平易かつ簡潔に解説することを心がけたものです。

　本書は，執筆者4名が分担執筆をしていますが，執筆者は，国の訟務事件に関与した経験があったり，市区町村の国家賠償請求訴訟に関与した経験があります。

　なお，本書は，訟務局関係者の国家賠償法に関する解説書や訟務局

はしがき

経験者の解説書を参考にさせていただいたことをお断りさせていただきます。

　本書が，国家賠償法の一般的な手引書として，主に，若手弁護士や地方公共団体における訟務担当者のほか，一般市民の皆様にもご利用いただければ幸いです。

　最後に，本書の刊行に当たり，その企画・構成等につき，種々御協力をいただいた日本加除出版株式会社編集部の朝比奈耕平氏に対し，厚く感謝の意を表する次第であります。

　平成31年3月

著者　　弁護士　安達　敏男

弁護士　吉川　樹士

（以上，東京アライズ法律事務所所属，東京弁護士会所属）

弁護士　須田　啓介

（須田総合法律事務所代表，東京弁護士会所属）

弁護士　安重　洋介

（神栖法律事務所代表，茨城県弁護士会所属）

凡　　例

【裁判例】

本書内の裁判例は、以下の例にならって略記した。

最判平成24年5月28日民集66巻7号3123頁

　→最高裁判所平成24年5月28日判決・最高裁判所民事判例集66巻7号3123頁

横浜地小田原支判平成29年9月15日（判時2373号70頁）

　→横浜地方裁判所小田原支部平成29年9月15日判決・判例時報2373号70頁

大判大正5年6月1日民録22輯1088頁

　→大審院大正5年6月1日判決・大審院民事判決録22輯1088頁

［判例集略語］

民録	→	大審院民事判決録
民集	→	最高裁判所民事判例集
裁判集民事	→	最高裁判所裁判集民事
下民集	→	下級裁判所民事裁判例集
交通民集	→	交通事故による不法行為に関する下級裁判所民事裁判例集
訟月	→	訟務月報
判時	→	判例時報
判タ	→	判例タイムズ
金商	→	金融・商事判例
労判	→	労働判例
労経速報	→	労働経済判例速報

【書　誌】

本書内の書誌については、以下の略記を使用した。

『理論と実務』　→　国賠訴訟実務研究会編『改訂　国家賠償訴訟の理論と実際』（三協法規出版，2000年）

凡　例

深見『国家賠償訴訟』　→　深見敏正『リーガル・プログレッシブ・シリーズ
　　　　　　　　　　　　　国家賠償訴訟』(青林書院，2015年)

西埜『コンメンタール』　→　西埜章『国家賠償法コンメンタール〔第2版〕』
　　　　　　　　　　　　　(勁草書房，2014年)

室井ほか『行訴法・国賠法』　→　室井力ほか2名『行政事件訴訟法・国家賠
　　　　　　　　　　　　　　　償法〔第2版〕』(日本評論社，2006年)

内田『民法Ⅱ』　→　内田貴『民法Ⅱ〔第3版〕』(東京大学出版会、2011年)

「判解」　→　『最高裁判所判例解説 (民事篇)』

目　次

第1章　法1条─公務員の不法行為・総論─

Q 1　国家賠償法の条文の構造································2

 1　国家賠償制度　*3*

 2　国家賠償法の構成とその概要　*4*

Q 2　国家賠償法の果たす機能································11

 1　国家賠償法の果たす機能　*11*

 2　被害者救済機能（損害塡補的機能）　*12*

 3　適法性統制機能（監視的機能）　*12*

 4　行政訴訟補完機能　*13*

 5　政策形成的機能　*14*

Q 3　公権力の行使に当たる公務員の個人責任の有無···············15

 1　国家賠償における公務員個人の責任の有無　*16*

 2　民間人が公権力の行使に当たる職務に就いた場合の個人責任の有無　*20*

 3　公務員個人に対する請求の適法性　*23*

 4　公権力の行使に該当しない場合の公務員の個人責任　*23*

 5　国又は公共団体の公務員個人に対する求償権　*25*

 書式1　公権力の行使に当たる公務員（警察官）個人が損害賠償請求をされた場合の答弁書例　*25*

 書式2　A市の審議会委員に委嘱された民間人が，同委員としての職務の執行に基づく行為に関して民法709条に基づく損害賠償請求をされた場合の答弁書例　*27*

Q 4　国家賠償法1条の要件・性質及び民法715条との違い··········32

 1　国家賠償法1条の要件　*32*

 2　国家賠償法1条1項の責任の性質（自己責任か代位責任か）　*34*

 3　国家賠償法1条と民法715条（使用者責任）との相違　*35*

 書式3　国家賠償法1条1項及び3条に基づく訴状の記載例（市立中学校の部活動の事案）　*36*

v

目　次

Q5　国家賠償法1条1項の「公権力の行使」の意義·································· *39*
　　1　序　論　*39*
　　2　「公権力の行使」の意義についての学説・裁判例等　*40*

**Q6　国家賠償法1条1項の「公務員」の意義及び加害公務員の特定の
　　要否**··· *47*
　　1　国家賠償法1条1項の「公務員」の意義と裁判例等　*48*
　　2　加害公務員の特定と裁判例　*52*

Q7　国家賠償法1条1項の賠償責任の主体·· *55*
　　1　国家賠償法1条1項の「国又は公共団体」とは　*55*
　　2　国家賠償法1条1項の「公共団体」の意義　*56*
　　3　行政機関・行政官署を被告とする国家賠償請求の可否等　*58*

Q8　国家賠償法1条1項の「職務を行うについて」(職務関連性)の意義······ *61*
　　1　国家賠償法1条1項の「職務を行うについて」とは　*62*
　　2　主な裁判例の紹介　*63*
　　3　「その職務を行うについて」の行為性　*65*

Q9　国家賠償法1条1項の「故意又は過失」の意義···························· *67*
　　1　過失責任主義の採用　*68*
　　2　法令解釈の争いと公務員の過失　*71*
　　3　合議体の過失（組織体の過失）　*73*
　　4　過失と違法性　*73*

Q10　国家賠償法1条1項の「違法性」の意義等·································· *75*
　　1　違法性の意義　*76*
　　2　違法性判断の基準と裁判例　*79*
　　3　違法性判断の前提となる「権利又は法律上保護された利益」の侵
　　害　*81*

Q11　国家賠償法1条1項の「損害」と「因果関係」について················ *86*
　　1　公務員の加害行為と損害との間の因果関係について　*87*
　　2　訴訟上の因果関係の存在等及び裁判例　*87*
　　3　損害の立証　*91*

Q12　規制権限の不行使の違法·· *94*
　　1　規制権限不行使の不作為性　*94*
　　2　規制権限を行使すべき義務（作為義務）の存在と裁判例　*95*
　　3　規制権限不行使と反射的利益　*100*

vi

目　次

Q13　抗告訴訟と国家賠償法の関係━━━━━━━━━━━━━━━━━━━━━━ *101*

　　1　抗告訴訟（処分の取消訴訟等）と国家賠償請求訴訟の関係　*102*

　　2　抗告訴訟の違法性と国家賠償法の違法性との関係　*104*

第**2**章　法**1**条─類型別検討─

Q14　国家賠償法1条関係の類型別検討①：国会・地方議会関係━━━━━ *108*

　　1　国会の立法行為及び地方議会の条例制定行為の違憲・違法性と国
　　　　家賠償請求等　*109*

　　2　国会関係　*109*

　　3　地方議会の条例制定行為（不制定行為）と主な裁判例　*116*

Q15　国家賠償法1条関係の類型別検討②：裁判官，書記官，執行官関係

━━━━━━━━━━━━━━━━━━━━━━━━━━━━━━━━━━━━━━ *119*

　　1　裁判所関係　*120*

　　2　裁判官　*120*

　　3　裁判所書記官　*127*

　　4　執行官　*128*

Q16　国家賠償法1条関係の類型別検討③：検察官，警察官関係━━━━━ *131*

　　1　検察官・警察官関係　*132*

　　2　検察官　*133*

　　3　警察官　*138*

　　書式4　国家賠償法1条1項に基づく訴状の記載例（警察・検察国
　　　　賠の事案）　*142*

Q17　国家賠償法1条関係の類型別検討④：矯正関係━━━━━━━━━━━ *145*

　　1　矯正関係　*146*

　　2　被収容者の人権制限の根拠等　*146*

　　3　文書図書の閲読，信書の発受等の制限と主な裁判例　*148*

　　4　接見の拒否・制限と主な裁判例　*150*

　　書式5　国家賠償法1条1項に基づく訴状の記載例（矯正国賠の事
　　　　案）　*155*

vii

目　次

Q18　国家賠償法1条関係の類型別検討⑤：不動産登記・公証人関係 ……… *157*

　　1　不動産登記に関する事務と国家賠償請求訴訟　*158*

　　2　公証人の公正証書作成行為と国家賠償請求訴訟　*163*

Q19　国家賠償法1条関係の類型別検討⑥：戸籍関係 …………………………… *166*

　　1　戸籍に関する事務と国家賠償法に基づく損害賠償責任　*166*

　　2　市区町村長等の注意義務の程度　*167*

　　3　国家賠償に関する主な裁判例　*168*

Q20　国家賠償法1条関係の類型別検討⑦：学校事故関係 ………………………… *173*

　　1　学校事故と国家賠償法の適用の有無　*173*

　　2　教師等の教育活動の公権力性及び教諭等の故意・過失　*174*

　　3　学校事故についての主な裁判例　*176*

Q21　行政指導（新聞発表等を含む。）の違法性と国家賠償請求の関係 ………… *190*

　　1　行政指導の意義　*191*

　　2　行政指導の違法性と裁判例　*193*

　　3　公　表　*198*

Q22　最近の都道府県及び市区町村に関する国家賠償法1条1項の裁判例の紹介 ………………………………………………………………………………………………… *204*

　　1　地方税及びその差押え関係　*204*

　　2　許認可等の関係　*205*

　　3　学校関係　*207*

　　4　高校教師の再任用・再雇用関係　*208*

　　5　情報公開関係　*210*

　　6　個人情報の漏えい　*211*

　　7　その他　*212*

第**3**章　法2条―公の営造物の設置・管理の瑕疵―

Q23　国家賠償法2条の意義 ……………………………………………………………… *228*

　　1　国家賠償法2条1項（公の営造物の設置・管理の瑕疵と賠償責任）　*228*

　　2　国家賠償法2条1項の要件　*230*

　　3　国又は公共団体の求償権（国家賠償法2条2項）　*230*

viii

目　次

書式6 国家賠償法2条1項に基づく訴状の記載例（道路の設置・
管理の瑕疵）　*231*

Q24 国家賠償法2条1項の「公の営造物」の意義 ────────── *233*

　　1　国家賠償法2条1項の「公の営造物」とは　*234*

　　2　「公の営造物」の範囲　*234*

Q25 国家賠償法2条1項の「設置と管理の瑕疵」の意義 ────────── *243*

　　1　国家賠償法2条1項の「設置又は管理の瑕疵」の意義　*244*

　　2　設置・管理の瑕疵の判断基準としての「予見可能性」又は「回避
可能性」　*246*

　　3　供用関連瑕疵（機能的瑕疵）　*252*

　　4　国家賠償法1条1項と同法2条1項との関係　*256*

Q26 国家賠償法2条関係の類型別検討①：道路の瑕疵関係 ────────── *258*

　　1　道路の瑕疵による事故と国家賠償法2条の適用　*258*

　　2　道路の設置・管理の瑕疵に関する主な裁判例　*260*

Q27 国家賠償法2条関係の類型別検討②：河川の瑕疵関係 ────────── *268*

　　1　河川の種類と管理者　*268*

　　2　水害訴訟における河川管理の瑕疵の判断基準の特殊性　*270*

　　3　水難事故における河川管理の瑕疵の裁判例　*277*

Q28 国家賠償法2条関係の類型別検討③：学校施設の瑕疵関係 ────────── *280*

　　1　学校施設の瑕疵による事故と国家賠償法2条の適用　*280*

　　2　学校施設事故に関する主な裁判例　*281*

第4章　法3条〜法6条

Q29 国家賠償法3条の「費用負担者」と「内部求償権」の意義 ────────── *290*

　　1　国家賠償法3条の意義　*291*

　　2　国家賠償法3条1項関係（費用負担者の賠償責任）　*292*

　　3　国家賠償法3条2項関係（内部的な求償関係）　*296*

Q30 国家賠償法4条及び5条の意義──過失相殺，消滅時効等 ────────── *299*

　　1　国家賠償法4条及び5条の内容　*300*

　　2　国家賠償法4条関係（過失相殺，共同不法行為，消滅時効等）　*302*

ix

目　次

　　3　国家賠償法 5 条関係の裁判例　*309*

Q31　国家賠償法 6 条の相互保証主義　　*311*

　　1　国家賠償法 6 条の意義と合憲性　*312*

　　2　相互保証の内容　*313*

　　3　相互保証要件の主張・立証責任と裁判例　*317*

Q32　国家賠償制度と損失補償請求権，安全配慮義務違反に基づく損害賠償請求権との関係　　*319*

　　1　国家賠償制度と損失補償請求権との関係　*320*

　　2　国家賠償制度と安全配慮義務との関係　*321*

事項索引　*323*

判例索引　*325*

著者略歴　*333*

◀コラム目次▶

コラム 1 　O市における職員アンケート訴訟と住民訴訟（違法支出金返還請求訴訟）　*29*	
コラム 2 　国の訟務制度について　*58*	
コラム 3 　職場におけるパワーハラスメントの意義と裁判例　*217*	
コラム 4 　職場におけるセクシュアルハラスメントの意義と裁判例　*221*	
コラム 5 　公式記者会見を行う場合における一般的な対応について　*285*	

第1章

法1条
―公務員の不法行為・総論―

第1章　法1条 —公務員の不法行為・総論—

Q1 国家賠償法の条文の構造

国家賠償法の条文を体系的に説明してください。

A 　国家賠償法は，わずか6か条から成る法律であり，国又は公共団体の違法の活動によって私人が損害を受けた場合に，国又は公共団体がその損害を賠償する要件等を定めたものです。この場合，公権力の行使に当たる公務員個人は損害賠償責任を負わないとするのが判例です。さらに，民間人であっても，公権力の行使に当たる場合には，当該民間人個人も損害賠償責任を負わないとするのが判例です。

国家賠償法の条文構成

1条	1項 (公務員の不法行為と賠償責任)	国・公共団体の公権力の行使に当たる公務員が，その職務を行うについて，故意・過失によって違法に他人に損害を加えたときは，国・公共団体が，その賠償責任を負う。
	2項 (国等の求償権)	国・公共団体は，上記により損害賠償責任を負う場合，故意・重過失があった加害公務員に対して求償権を有する。
2条	1項 (公の営造物の設置・管理の瑕疵と賠償責任)	道路，河川その他の公の営造物の設置・管理に瑕疵があったために他人に損害を生じたときは，国・公共団体がその賠償責任を負う。
	2項 (求償権)	上記の場合において，他に損害の原因について責任を負う者があるときは，国・公共団体は，これに対して求償権を有する。

2

3条	1項 (費用負担者の賠償責任)	1条・2条の規定によって国・公共団体が損害賠償責任を負う場合において,「公務員の選任・監督又は公の営造物の設置・管理に当たる者」と「公務員の俸給,給与その他の費用又は公の営造物の設置・管理の費用を負担する者」とが異なるときは,費用を負担する者もまた,その損害を賠償する責に任ずる。
	2項 (求償権)	上記の場合において,損害を賠償した者は,内部関係でその損害を賠償する責任ある者に対して求償権を有する。
4条 (民法の適用)		国・公共団体の損害賠償の責任については,1条〜3条の規定による外,民法の規定による。
5条 (他の法律の適用)		国・公共団体の損害賠償の責任について民法以外の他の法律に別段の定めがあるときは,その定めるところによる。
6条 (相互保証)		この法律は,外国人が被害者である場合には,相互の保証があるときに限り,これを適用する。

1 国家賠償制度

　国家賠償制度は,国又は公共団体の違法な活動によって損害を被った私人に対する国家の賠償責任を認める制度ですが,大日本帝国憲法(明治憲法)時代では,憲法はもとより法律でも国家賠償を認める規定は存在しませんでした。国又は公共団体が損害賠償責任を負うのは,①国又は公共団体が私人と同様の立場でする経済的取引(私経済作用)に関する不法行為(民法715条の使用者責任等),及び②いわゆる非権力的作用である公の営造物の設置・管理の瑕疵に関する損害賠償(民法717条の工作物責任。例えば,**大判大正5年6月1日民録22輯1088頁**〔徳島市立小学校遊動円棒事件〕は,市立小学校の校舎の遊動円棒の支柱の腐朽挫折により児童が死亡した事案で,市に民法717条の工作物責任を肯定した。)に

3

第1章　法1条 —公務員の不法行為・総論—

限られ，③権力的作用（警察権，司法権，軍政権，財政権等の公の権力の主体として
命令し強制する行政作用）に関する違法行為については，国又は公共団体の損
害賠償責任は認められませんでした（国家無答責の原則）。

　しかし，このような状況は，戦後の新憲法の定める人権尊重の理念と法律
による行政の原理に反することとされ，日本国憲法17条（国及び公共団体の賠
償責任）は，「何人も，公務員の不法行為により，損害を受けたときは，法律
の定めるところにより，国又は公共団体に，その賠償を求めることができ
る。」と規定し，国家無答責の原則を否定しました。

　そして，憲法17条の意を受けて国家賠償法が昭和22年10月27日に制定・同
日施行され，国家賠償制度が確立しました。

2　国家賠償法の構成とその概要

　国家賠償法は，わずか6か条から成る法律であり，国又は公共団体の違法
な活動によって私人が損害を受けた場合に，国又は公共団体がその損害を賠
償する要件等を定めたものです。

(1)　1条（公務員の不法行為と賠償責任，求償権）

ア　公務員の不法行為と賠償責任（1項）

　国家賠償法1条1項は「国又は公共団体の公権力の行使に当る公務員が，
その職務を行うについて，故意又は過失によって違法に他人に損害を加えた
ときは，国又は公共団体が，これを賠償する責に任ずる。」と規定していま
す。

　国家賠償責任の根拠は，公務員の故意・過失による責任を前提に，その責
任を国や公共団体が代位するとする見解（代位責任説）が通説です。判例も，
明示的には判断していませんが，代位責任説に立つと考えられます。

　公権力の行使に当たる公務員の違法な行為が賠償責任の対象となりますが，
ここで「公権力の行使」の範囲とは，判例・通説によれば，国又は公共団体
の作用のうち，①純粋な私経済作用（例えば，公立病院における医療行為）と，
②国家賠償法2条によって救済される営造物の設置・管理作用を除く，全て

4

の作用が含まれます。

この場合，公権力の行使に当たる公務員個人は損害賠償責任を負わないとするのが判例です（**最判昭和53年10月20日民集32巻7号1367頁**〔芦別国家賠償請求事件〕等）。さらに，民間人であっても，公権力の行使に当たる場合には，当該民間人個人も損害賠償責任を負わないとするのが判例です（**最判平成19年1月25日民集61巻1号1頁**）。

イ　国・公共団体の求償権（2項）

国家賠償法1条2項は，「前項の場合において，公務員に故意又は重大な過失があったときは，国又は公共団体は，その公務員に対して求償権を有する。」と規定し，国等の加害公務員に対する求償権を定めています。

この点に関し，民法715条1項本文は，使用者は，被用者がその事業の執行について第三者に加えた損害の賠償責任があることを規定し，同条3項では，使用者は被用者が軽過失の場合でも，被用者に対して求償権を有することを定めています。しかし，国・公共団体が公務員にどのような場合にも求償できるということになれば，公務の消極化を招くことになることから，国等の求償権の要件を「故意又は重過失」に限定したものです。

また，民法715条1項ただし書では，使用者が被用者の選任・監督につき相当の注意をしていた場合，又は相当の注意をしても損害が生ずべき場合には，使用者は責任を負わないと規定し，免責規定を設けていますが，国家賠償法1条は，被害者救済の観点から免責規定を設けていません。

⑵　2条（公の営造物の設置・管理の瑕疵と賠償責任，求償権）

ア　公の営造物の設置・管理の瑕疵と賠償責任（1項）

国家賠償法2条1項は，「道路，河川その他の公の営造物の設置又は管理に瑕疵があったために他人に損害を生じたときは，国又は公共団体は，これを賠償する責に任ずる。」と規定しています。

ここで「公の営造物」とは，国・公共団体の設置する物や施設のうち公の用に供されているものをいい，裁判例によれば，土地・建物等の不動産だけでなく，動産（例えば，公用車や拳銃等）も含まれます（Q24「『公の営造物』の意義」参照）。

公の営造物の「設置・管理の瑕疵」とは，裁判例によれば，「営造物が通

常有すべき安全性を欠いていること」をいい，そのうち，①設置の「瑕疵」とは，当該公物がその成立の当初からいわば原始的に安全性を欠いていること，②管理の「瑕疵」とは，後発的に安全性を欠くに至ったことをいいます（Q25「『設置と管理の瑕疵』の意義」参照）。

　なお，裁判例においては，事故発生の予見可能性又は回避可能性を営造物の設置・管理の瑕疵の存否に関わる事由として考慮しており，予見可能性又は回避可能性がない場合（つまり，事故発生が不可抗力である場合）には，営造物の設置・管理の瑕疵が否定されるとしています。

イ　国・公共団体の求償権（2項）

　国家賠償法2条2項は，「前項の場合において，他に損害の原因について責に任ずべき者があるときは，国又は公共団体は，これに対して求償権を有する。」と規定し，国・公共団体は，他に損害の原因を作出した者に対して求償権を有することを定めています。

　求償の相手方は，公務員に限らず，例えば，私人である車両運転者が道路上に危険物を放置した場合に，道路の管理瑕疵が認められ，被害者に賠償責任を履行したときは，当該車両運転者に求償権を有します。ただし，この場合も，国家賠償法1条2項との関係上，原因作出者が軽過失にすぎない場合は，求償できないと解されます（深見『国家賠償訴訟』243頁参照）。

(3)　3条（費用負担者の賠償責任，求償権）

ア　費用負担者の賠償責任（1項）

　国家賠償法3条1項は，「前二条の規定によって国又は公共団体が損害を賠償する責に任ずる場合において，公務員の選任若しくは監督又は公の営造物の設置若しくは管理に当る者と公務員の俸給，給与その他の費用又は公の営造物の設置若しくは管理の費用を負担する者とが異なるときは，費用を負担する者もまた，その損害を賠償する責に任ずる。」と規定し，賠償責任者の範囲を定めています。

　すなわち，国家賠償法1条に基づく責任が認められる場合に，「公務員の選任・監督に当たる者」と「その俸給，給与その他の費用負担者」とが異なる場合があります。また，同法2条に基づく責任が認められる場合にも，「営造物の設置・管理に当たる者」と「営造物の設置・管理の費用負担者」

とが異なる場合があります。このような場合，原告がどちらか一方にしか損害賠償を請求できないとすると，被告の選択を誤った結果，救済の機会を失ってしまうおそれがあります。そこで，国家賠償法3条は，公務員の選任・監督者や営造物の設置・管理者に対してだけでなく，これらについての費用負担者にも損害賠償を請求できると定めました。

例えば，市町村立の小・中学校等は市町村が設置しますが，その教諭の給与は都道府県が支払うことになっています（市町村立学校職員給与負担法1条，2条）。したがって，例えば，市立中学校の教師が生徒に体罰を加え，生徒を負傷させた場合，市は国家賠償法1条1項により，都道府県（費用負担者）は同法3条1項により賠償責任を負うことになります（Q29「費用負担者と内部求償権」参照）。

イ 求償権（2項）

国家賠償法3条2項は，「前項の場合において，損害を賠償した者は，内部関係でその損害を賠償する責任ある者に対して求償権を有する。」と規定し，損害を賠償した者が他方の団体に対して内部的に求償権を行使できることを定めています。

内部的な負担関係については，賠償費用の負担割合が法令で定められている場合（例えば，食品衛生法57条6号は，国庫は，都道府県又は保健所を設置する市が「この法律の施行に関する訴訟事件に要する費用及びその結果支払う賠償の費用」に対して，その2分の1を負担する旨規定している。）には，これに基づくこととなります。

しかし，このような法令上の規定がない場合に，誰が最終的負担者となるかについては，①管理者説（「公務員の選任・監督者，公の営造物の設置・管理者」であるとする説），②費用負担者説（「公務員の俸給，給与その他の費用の負担者，公の営造物の設置・管理の費用の負担者」であるとする説），③寄与分説（損害発生の寄与度に応じて両者の負担割合を認めるべきであるとする説）に分かれていますが，費用負担者説が通説とされています。

なお，費用負担者説には，①人件費をも含めた費用を負担する者とする費用負担者説と，②人件費を除いた費用を負担する者とする費用負担者説（人件費を除いた費用負担者説）とがありますが，**最判平成21年10月23日**（民集63巻8号1849頁）〔公立中学校体罰事件〕は，②の「人件費を除いた費用負担者

説」に立っています（なお，西埜『コンメンタール』1120頁参照）。

　上記最判平成21年10月23日は，市町村が設置する公立中学校の教諭の体罰によって生徒が受けた損害を国家賠償法1条1項，3条1項に従い賠償した都道府県が，同条2項に基づき，市町村に賠償額全額を求償した事案において，「市町村が設置する中学校の教諭がその職務を行うについて故意又は過失によって違法に生徒に損害を与えた場合において，当該教諭の給料その他の給与を負担する都道府県が国家賠償法1条1項，3条1項に従い上記生徒に対して損害を賠償したときは，当該都道府県は，同条2項に基づき，賠償した損害の全額を当該中学校を設置する市町村に対して求償することができるものと解するのが相当である。」と判示し，賠償金の支払をした都道府県（都道府県は給与のみ負担）が，当該中学校を設置する市町村に全額求償請求ができることを認め，「人件費を除いた費用負担者説」に立つことを明示しました（詳細はQ29「『費用負担者』と『内部求償権』の意義」参照）。

(4)　**4条（民法の適用）**

　ア　国家賠償法4条は，「国又は公共団体の損害賠償の責任については，前三条の規定によるの外，民法の規定による。」と規定し，国・公共団体の損害賠償の責任について，民法の適用があることを明らかにしています。

　　　これには，次の2点を内容とするのが通説です。

　①　国家賠償法1条又は2条が適用される事件については，同法1条から3条が適用されるほか，民法の規定（例えば，非財産的損害の賠償（民法710条），生命侵害による近親者に対する損害の賠償（民法711条），共同不法行為（民法719条），正当防衛・緊急避難（民法720条），胎児の損害賠償請求権（民法721条），過失相殺（民法722条，418条），名誉毀損（民法723条），損害賠償請求権の消滅時効（民法724条）のような不法行為に関する制度的技術的諸規定）が補充的に適用されます。

　②　国・公共団体の活動のうち，①公権力の行使によるものと，②公の営造物の設置・管理の瑕疵によるもの以外から生じた損害（例えば，純粋な私経済作用（例えば，公立病院における医療行為）から生じた損害）については，民法の不法行為の規定が適用されます。

イ 国家賠償法 4 条にいう「民法」には，民法の附属法規（例えば，自動車損害賠償保障法，失火ノ責任ニ関スル法律（失火責任法））を含むとするのが判例です。

失火責任法は，失火の場合には，民法709条を適用せず，重過失の場合に限り損害賠償を認めています。例えば，消防職員が誤って鎮火を確認した後に建物が全焼したような場合，失火責任法が，国家賠償法 4 条にいう「民法」の規定として適用されるかについて，判例は，失火責任法は「民法」に含まれるとし，消防職員に重過失がないことから国家賠償責任は認められないとしています（**最判昭和53年 7 月17日民集32巻 5 号1000頁**等）。

(5) **5 条**（他の法律の適用）

国家賠償法 5 条は，「国又は公共団体の損害賠償の責任について民法以外の他の法律に別段の定があるときは，その定めるところによる。」と規定します。

この規定は，国・公共団体の賠償責任を「軽減」又は「加重」する特別の定めがある場合は，その特別法を優先適用し，国家賠償法及び民法がその範囲で適用されないことを定めたものです。

責任加重型（無過失責任）の例としては，消防法 6 条 3 項，国税徴収法112条 2 項等がありますが，責任軽減型で問題となった法律として，平成14年法律第121号により改正される前の郵便法68条，73条があります。この点に関し，**最大判平成14年 9 月11日**（民集56巻 7 号1439頁）は，当該68条，73条の規定のうち，書留郵便物について郵便業務従事者の故意又は重大な過失によって，及び特別送達郵便物について郵便業務従事者の軽過失によって損害が生じた場合に，国の損害賠償責任を免除し又は制限している部分は，憲法17条が立法府に付与した裁量の範囲を逸脱しており，同条に違反し無効であるとしています。

(6) **6 条**（相互保証）

国家賠償法 6 条は，「この法律は，外国人が被害者である場合には，相互の保証があるときに限り，これを適用する。」と規定し，いわゆる相互保証主義を採用し，外国人が被害者である場合には，相互の保証があるときに限

第1章　法1条 ─公務員の不法行為・総論─

り，国家賠償法が適用されることを明らかにしています。

　例えば，A国で損害を受けた日本人がA国に国家賠償を請求できるときに限り，A国人が国家賠償法1条1項又は2条1項に規定する損害を被った場合について，国又は公共団体が賠償責任を負うことになります。

　ところで，憲法17条は「何人も」と規定し，何人も損害賠償請求の対象としていることと国家賠償法6条の相互保証主義との整合性が問題となります。この点に関し，外国人受刑者への革手錠使用の違法性が問題となった**東京地判平成14年6月28日**（判時1809号46頁）は，国家賠償法6条が「外国人による国家賠償請求を相互の保証のある場合に限定しているのは，我が国の国民に対して国家賠償による救済を認めない国の国民に対し，我が国が積極的に救済を与える必要がないという，衡平の観念に基づくものであり，外国人による国家賠償請求について相互の保証を必要とすることにより，外国における我が国の国民の救済を拡充することにも資する」ことから，その趣旨・内容に一定の合理性が認められるとして，憲法17条に違反しないとしています。

　ただし，同東京地判は，これに続いて，「今日の国際社会において，基本的人権の国際的な保障が重要となっていることにかんがみれば，立法政策における当否の問題としては，外国人による国家賠償請求について，我が国の国民と平等の保障を及ぼすものとすることも，十分検討に値する」と述べ，立法政策として内外人平等主義も考慮に値するとしています。

Q2 国家賠償法の果たす機能

国家賠償法の果たす機能について説明してください。

A 国家賠償法の果たす機能としては，①被害者救済機能（損害塡補的機能），②適法性統制機能（監視的機能），③行政訴訟補完機能，④政策形成的機能があるといわれています。

国家賠償法の果たす機能

①	被害者救済機能 （損害塡補的機能）	被害者の被った損害が塡補され，被害者が救済される機能。
②	適法性統制機能 （監視的機能）	国・公共団体の活動の非違を認めさせ，将来における公務執行の適正を担保し違法行為を防止する機能。
③	行政訴訟補完機能	行政訴訟では，違法な行政処分を除去するだけであり，被処分者の損害を賠償するものでないなど，国家賠償が行政訴訟の補完的機能を有すること。
④	政策形成的機能	薬害訴訟等のように，国家賠償訴訟が訴訟当事者になっていない被害者の救済をも目的とし，最終的に救済立法の制定を促す機能があること。

1 国家賠償法の果たす機能

国家賠償法1条1項は，公務員が公権力の行使に当たって違法に他人に損害を加えた場合，また，同法2条1項は，公の営造物の設置・管理の瑕疵によって他人に損害が生じた場合に，それぞれ国又は公共団体が賠償責任を負うことを定めています。

第1章　法1条 ―公務員の不法行為・総論―

　この国家賠償法の果たす機能については，学説が分かれますが，一般に①被害者救済機能（損害塡補的機能），②適法性統制機能（監視的機能），③行政訴訟補完機能，④政策形成的機能があるといわれています。

　以下，各機能について説明します。

2　被害者救済機能（損害塡補的機能）

　これは，国・公共団体が国家賠償法によって賠償責任を負うことにより，被害者はその被った損害を塡補され，被害者が救済されることをいいます。

3　適法性統制機能（監視的機能）

　国家賠償制度は，上記の被害者救済機能だけでなく，国・公共団体の活動の違法性や瑕疵を追及し，その非違を認めさせ（この点で制裁的機能も有する。），将来における公務執行の適正を担保し違法行為を防止する機能を有することになります。この機能を適法性統制機能あるいは監視的機能といいます。

　被害者が国家賠償訴訟を提起する狙いの一つに，同様の被害の再発防止を意図することも多いといわれています。

　最判平成22年6月3日（民集64巻4号1010頁）は，固定資産税等の賦課決定の前提となる価格の決定には倉庫の評価を過大に誤った違法があるとして，国家賠償法1条1項に基づき，固定資産税等の過納金相当額等の損害賠償を請求した事案において，「公務員が納税者に対する職務上の法的義務に違背して当該固定資産の価格ないし固定資産税等の税額を過大に決定したときは，これによって損害を被った当該納税者は，地方税法432条1項本文に基づく審査の申出及び同法434条1項に基づく取消訴訟等の手続を経るまでもなく，国家賠償請求を行い得るものと解すべきである。」と判示しましたが，その補足意見において，宮川光治裁判官は，国家賠償は，「<u>被害者を実効的に救済する機能のみならず制裁的機能及び将来の違法行為を抑止するという機能</u>

を有している。」と述べています。

4 行政訴訟補完機能

(1) 国家賠償訴訟と行政事件訴訟との関係 （補完機能。併合審理可）

　行政事件訴訟法に規定する取消訴訟等は，国民の権利利益を侵害する違法な行政処分を除去するだけであり，被処分者の被った損害を賠償するものではありません。例えば，行政訴訟である遺族補償不支給処分取消請求事件においてこれを認容する主文では，「○○労働基準監督署が平成○年○月○日付けで原告に対してした労働災害補償保険法に基づく遺族補償給付及び葬祭料を支給しない旨の処分をいずれも取り消す。」などと示されるだけであり，行政訴訟において損害賠償を求めることはできません。この意味で，国家賠償制度は行政訴訟制度を補完する機能を持っているといえます。

　なお，国家賠償訴訟と行政事件訴訟は，訴訟手続が異なり，前者は通常の民事訴訟，後者は行政訴訟ですが，行政事件訴訟法16条により関連請求に係る訴えの併合審理が認められています。

　併合審理事案として，例えば，原子爆弾に被爆した原告が原子爆弾被爆者に対する援護に関する法律2条1項に基づいて原爆症認定申請を行ったのに対し，厚生労働大臣がこれを却下したため，同却下処分の取消しを求めるとともに，同却下処分が違法であるとして，国家賠償法1条1項に基づき，慰謝料として損害賠償を求める事案などが考えられます。

(2) 行政訴訟制度に対する補完役割

　また，行政訴訟中の取消訴訟等は，原告適格，訴えの利益等の訴訟要件が厳格に判断され，容易に認められないことがありますが，この場合において，被害者が行政処分等の誤りを正す手段として，国家賠償制度を利用することがあります。この場合も，国家賠償制度が行政訴訟制度を補完する役割を持っているといえます。

　ただし，近時では，行政事件訴訟法の改正，訴えの利益に関する裁判実務の動向からすれば，この意味での行政訴訟補完機能の意義は従来ほど意義を

第1章　法1条 ─公務員の不法行為・総論─

有さないものと思われるとする意見があります（深見『国家賠償訴訟』5頁）。

5　政策形成的機能

　いわゆる薬害訴訟のように，多人数の原告が国を被告として，違法行為により発生した健康被害に対してする国家賠償訴訟においては，訴訟当事者になっていない被害者の救済を目的とし，最終的に救済立法の制定を目的とする場合があります。例えば，Ｃ型肝炎訴訟においては，最終的には，平成20年1月に「特定フィブリノゲン製剤及び特定血液凝固第IX因子製剤によるＣ型肝炎感染被害者を救済するための給付金の支給に関する特別措置法」（いわゆるＣ肝特措法。平成20年法律第2号）が成立しています。

　また，シベリア抑留者訴訟（戦後補償に関する訴訟）においては，最高裁判所では立法政策の問題として上告（請求）を棄却しましたが（**最判平成9年3月13日民集51巻3号1233頁**），議員立法により，シベリア抑留者に対して特別給付金を支給する内容の「戦後強制抑留者に係る問題に関する特別措置法」（平成22年法律第45号）が成立しています。

　このように，国家賠償制度は，政策形成機能が認められるといえますが，この機能は，被害者救済機能等に比して，第二次的機能にとどまるものと思われます（深見『国家賠償訴訟』5頁以下参照）。

Q3 公権力の行使に当たる公務員の個人責任の有無

Q3 公権力の行使に当たる公務員の個人責任の有無

(1) 公務員が違法な職務執行を行い，第三者に損害を与えた場合，当該加害公務員は，損害賠償責任を負いますか。

(2) 民間人が市区町村長の委嘱を受けて市区町村の審議会委員となり，審議会で意見等を述べた場合において，当該意見に関して第三者の名誉を毀損したなどとして，当該民間人が損害賠償責任を負うことがありますか。

A

(1) 公権力の行使に当たる公務員が，その職務を行うについて，故意又は過失によって違法に他人に損害を与えた場合には，公務員個人が損害賠償責任を負わないというのが確定した最高裁判例です。

(2) 国家賠償法1条1項の「国又は公共団体の公務員」は，公務員法上の公務員に限定されず，法令により公権力を行使する権限を与えられていれば，民間人であっても，その公権力の行使については，同項の適用があります。

　設問の市区町村長から委嘱された審議会委員（民間人）も，公権力の行使に当たる公務員といえるので，当該委員個人として損害賠償責任を負わないとするのが判例・通説です。

公務員の個人責任

- 公権力の行使に当たる公務員が，その職務を行うについて，故意又は過失によって違法に他人に損害を与えた場合
  →公務員個人は賠償責任を負わない（確定した最高裁判例）。
- 民間人であっても，法令により公権力を行使する権限を与えられている場合
  →その公権力の行使については，個人として賠償責任を負わない。

第1章　法1条 ―公務員の不法行為・総論―

1 国家賠償における公務員個人の責任の有無 (なし)

⑴　序論

　国家賠償法1条1項は「国又は公共団体の公権力の行使に当る公務員が，その職務を行うについて，故意又は過失によって違法に他人に損害を加えたときは，国又は公共団体が，これを賠償する責に任ずる。」と規定しています。

　同項の賠償責任の主体は，国又は公共団体ですが，当該違法な公務を行った公務員も，民法709条等の不法行為の要件を充足する場合に，損害賠償責任を負うかについて，国家賠償法上の規定を欠くため，学説上問題があります。

⑵　学説及び裁判例

ア　学説

　学説上，大別して，①責任否定説，②制限的肯定説，③責任肯定説がありますが，責任否定説が判例・通説です。

⑺　責任否定説 (判例・通説)

　　加害公務員は，故意又は過失がある場合であっても，賠償責任を負うことはないとする見解です。その論拠として，①国家賠償法1条1項が国又は公共団体の賠償責任を，同条2項が国又は公共団体の加害公務員に対する求償権を規定していながら，加害公務員の個人責任について何ら規定していないこと，②国家賠償法の目的は，加害公務員個人に対する制裁を目的とするものではなく，被害者の損害填補にあり，国に賠償責任を負わせることにより被害者救済の目的は達せられること，③加害公務員個人の責任を認めると公務員の職務執行が萎縮し行政の停滞をもたらすおそれがあること，④加害公務員に対する制裁は，刑事訴追，懲戒処分等に委ねられるべきであることなどが挙げられます。

⑻　制限的肯定説

　　加害公務員は，国家賠償法1条2項の公務員個人に対する求償権の場合同様に，故意又は重過失がある場合に限り，直接個人責任を負うとする見解です。その論拠として，故意・重過失の場合にも公務員の個人責

16

任を認めないのは，民事責任の一般人と比較して公務員個人を必要以上に保護し，かえって公務員の責任意識を薄弱にするおそれがあることなどが挙げられます。

　この制限的肯定説に絞りをかけて，加害公務員に故意がある場合に限り，直接責任を肯定すべきとする見解（加重制限的肯定説）があります。

　この加重制限的肯定説とする判例として，**東京地判平成6年9月6日（判時1504号40頁）**があります。同判例は，日本共産党幹部宅の電話を警察官が盗聴していた事件につき，「公務は，私的業務とは際立った特殊性を有するものであり，その特殊性ゆえに，民事不法行為法の適用が原則として否定されるべきものであると解されるが，右の理は，本件のごとく，公務としての特段の保護を何ら必要としないほど明白に違法な公務で，かつ，行為時に行為者自身がその違法性を認識していたような事案については該当しないものと解するのが相当である。」と判示し，関与警察官個人の賠償責任を認めました（しかし，控訴審判決である**東京高判平成9年6月26日判時1617号35頁**は，責任否定説に立って，関与警察官の個人責任を否定した。）。

(ウ)　責任肯定説

　加害公務員は，故意・重過失のある場合はもちろん，軽過失の場合にも直接個人責任を負うとする見解です。その論拠として，①民法715条（使用者責任）では，被用者も使用者とともに賠償責任を負うのに，国家賠償法の適用がある場合には公務員が個人責任を負わないとする理由がないこと，②公務員の個人責任は，公務員による職務執行の適正を担保する上で必要であること，③国家賠償は，公務員の職権濫用に対する民衆の個別的監督作用を営むことなどが挙げられます。

(3)　**裁判例**

　最高裁判例は，以下のとおり，一貫して公務員の個人責任を否定しています。（なお，前記**東京地判平成6年9月6日判時1504号40頁**のように下級審裁判例の中には加重制限的肯定説を採用したものもあるが，控訴審判決によって覆された。）。

①　**最判昭和30年4月19日（民集9巻5号534頁）**

　県知事が行った町農地委員会の解散命令を発したことにより，農地

第1章　法1条 ―公務員の不法行為・総論―

委員らが違法な解散命令により名誉を毀損されたとして，県知事個人及び農地部長個人に損害賠償（慰謝料）の請求をした事案。

「右請求は，被上告人等の職務行為を理由とする国家賠償の請求と解すべきであるから，国または公共団体が賠償の責に任ずるのであって，公務員が行政機関としての地位において賠償の責任を負うものではなく，また，公務員個人もその責任を負うものではない。」と判示した。

② **最判昭和53年10月20日**（民集32巻7号1367頁）〔芦別国家賠償請求事件〕

刑事事件の無罪被告人やその家族等が捜査及び公訴提起が違法であるとして，国並びに担当検察官及び警察官個人に対し，損害賠償及び謝罪広告を求めた事案。

「公権力の行使に当たる国の公務員が，その職務を行なうについて，故意又は過失によって違法に他人に損害を与えた場合には，国がその被害者に対して賠償の責に任ずるのであって，公務員個人はその責を負わないものと解すべきことは，当裁判所の判例とするところである（最高裁判所昭和28年(オ)第625号同30年4月19日第三小法廷判決・民集9巻5号534頁，最高裁判所昭和46年(オ)第665号同47年3月21日第三小法廷判決・裁判集民事105号309頁等）。」と判示した。

なお，同最判は，国に対する国家賠償請求についても，その責任を否定し，上告を棄却している。

③ **最判平成9年9月9日**（民集51巻8号3850頁）

Yが国会議員として行った本件発言により，Xの夫の名誉が毀損され，同人が自殺に追い込まれたとして，Xが，Yに対して民法709条，710条に基づき損害賠償を求めた事案。

「本件発言は，国会議員である被上告人Yによって，国会議員としての職務を行うにつきされたものであることが明らかである。そうすると，仮に本件発言が被上告人Yの故意又は過失による違法な行為であるとしても，被上告人国が賠償責任を負うことがあるのは格別，公務員である被上告人Y個人は，上告人に対してその責任を負わないと

18

解すべきである……（中略）……。したがって，本件発言が憲法51条に規定する『演説，討論又は表決』に該当するかどうかを論ずるまでもなく，上告人の被上告人Yに対する本訴請求は理由がない。」と判示した。

なお，Xは，国に対しては国家賠償法1条に基づく国家賠償請求をしたが，同最判はその責任も否定し，上告を棄却している。

④ **最判平成19年1月25日（民集61巻1号1頁）**

Xは，児童福祉法の措置に基づき社会福祉法人Y₁の設置運営する（すなわち民営の）児童養護施設に入所中において，同じく入所中の児童から暴行を受けて傷害を負ったことにつき，①同施設の施設長及び職員（以下，併せて「職員等」という。）は，県Y₂の公権力の行使に当たる公務員であると主張して，県Y₂に対して国家賠償法1条1項に基づき損害賠償請求をし，また，②社会福祉法人Y₁は上記養護施設の職員等による不法行為につき使用者責任を負うと主張して，社会福祉法人Y₁に対し，民法715条（使用者責任）に基づき損害賠償請求をした事案。

同最判は，都道府県による児童福祉法27条1項3号の措置に基づき社会福祉法人の設置運営する児童養護施設に入所した児童を養育監護する施設の職員等は，都道府県の公権力の行使に当たる公務員に該当するとした上で，「国家賠償法1条1項は，国又は公共団体の公権力の行使に当たる公務員が，その職務を行うについて，故意又は過失によって違法に他人に損害を与えた場合には，国又は公共団体がその被害者に対して賠償の責めに任ずることとし，公務員個人は民事上の損害賠償責任を負わないこととしたものと解される……（中略）……。この趣旨からすれば，国又は公共団体以外の者の被用者が第三者に損害を加えた場合であっても，当該被用者の行為が国又は公共団体の公権力の行使に当たるとして国又は公共団体が被害者に対して同項に基づく損害賠償責任を負う場合には，被用者個人が民法709条に基づく損害賠償責任を負わないのみならず，使用者も同法715条に基づく損害賠償責任を負わないと解するのが相当である。」と判示した。

第1章　法1条 —公務員の不法行為・総論—

　　すなわち，同最判は，社会福祉法人Y₁（民間法人）が設置運営する
児童養護施設の職員等につき県Y₂の公権力の行使に当たる公務員に
該当するとした上で，その個人責任（民法709条の賠償責任）を否定する
とともに，同法人Y₁が民法715条に基づく賠償責任（使用者責任）を
負わないとしたものである。

　　なお，原審である**名古屋高判平成17年9月29日**（裁判所ウェブサイ
ト）は，県Y₂のXに対する国家賠償責任と社会福祉法人Y₁のXに対
する民法715条の使用者責任を認め，両者連帯による約3,375万円の損
害賠償支払義務を認容している（なお，県Y₂の国家賠償責任は原審で確定
済み。）。

2　民間人が公権力の行使に当たる職務に就いた場合の個人責任の有無

⑴　公権力の行使に当たる公務員の意義

　民間医師が拘置所長の委託により被収容者の医療行為に当たる場合，民間
人が市区町村長の委嘱を受けて市区町村の審議会委員になり，意見等を述べ
た場合などにおいて，これら民間人は，国家賠償法1条1項の「国又は公共
団体の公権力の行使に当る公務員」に該当するかどうかが問題になります。

　この点は，国家賠償法1条1項の「国又は公共団体の公務員」は，公務員
法上の公務員に限定されず，法令により公権力を行使する権限を与えられて
いれば，身分法上は全くの私人であっても，また，国又は公共団体からの報
酬がなくても，その公権力の行使については，同項の適用があるとするのが
判例・通説であるといえます。この点につき，後記**福岡地判昭和55年11月25
日**（判時995号84頁）は，国家賠償法1条1項にいう「公務員」とは，「国家公
務員法又は地方公務員法上の公務員の資格，身分を有するものに限定されず，
国又は地方公共団体のため公権力を行使する権限を委託された者であれば足
りると解すべきである。」と判示し，私立精神病院の医師及び看護士が旧精
神衛生法（現：精神保健及び精神障害者福祉に関する法律）29条の措置入院を行う

関係では県の公権力の行使を行う公務員であるとしています。

　したがって，公務員概念を画する基準が職務行為の公権力性にあるので，公務員性の要件は，「公権力の行使」の要件と別個の独自の意義を有しないといわれています（なお，公務員該当性の詳細は，Ｑ６「『公務員』の意義」参照）。

　そして，民間人でも国家賠償法１条１項の「公権力の行使に当る公務員」に該当すれば，個人の損害賠償責任は負わないことになります。

　以下，民間人でも公権力の行使に当たる公務員に該当すると認めた裁判例を紹介します。

(2)　民間人でも公権力の行使に当たる公務員性を認めた主な裁判例

　　① 　**大阪地判昭和48年９月19日**（判時720号40頁）

　　　　拘置所長の委託により拘置所内で被収容者を手術した開業医は，国の公権力の行使に当たる公務員である。

　　② 　**福岡地判昭和55年11月25日**（判時995号84頁）

　　　　私立精神病院の医師及び看護士が旧精神衛生法（現：精神保健及び精神障害者福祉に関する法律）29条の措置入院を行う関係では県の公権力の行使に当たる公務員である。

　　③ 　**福岡地小倉支判昭和56年５月22日**（判タ449号271頁）

　　　　民事調停委員は国の公権力の行使に当たる公務員である。

　　④ 　**最判平成19年１月25日**（民集61巻１号１頁）

　　　　都道府県による児童福祉法27条１項３号の措置に基づき社会福祉法人の設置運営する児童養護施設に入所した児童を養育監護する施設の職員等は，都道府県の公権力の行使に当たる公務員に該当する。

　　⑤ 　**名古屋高判平成22年11月４日**（裁判所ウェブサイト）〔岐阜大学留学生アカデミックハラスメント事件〕

　　　　国立大学法人の役職員は，国立大学法人法19条が規定する刑法その他の罰則の適用に関する場合を除き，「みなし公務員」ではないが，国立大学法人の教職員による教育活動上の行為は，法人化前とその行為の性質に変化はなく，同様に「公権力の行使」に該当するので，公共団体である国立大学法人に講師として雇用されて学生に対する教育活動を委ねられた者は，公権力の行使に当たる公務員に該当する旨判

第1章　法1条 —公務員の不法行為・総論—

示。

　この事案は，外国人留学生である被控訴人（一審原告）が，国立大学の大学院修士課程に在籍中，研究指導教員であった控訴人（一審被告）から休学を強要されるなどのアカデミックハラスメントを受けたとして，民法709条に基づく損害賠償を求めたものである。

　なお，国立大学法人法により，平成16年4月1日に国立大学を各大学ごとに法人化して国立大学法人を設立し，国立大学の設置主体が国から同法人に移行している。

　また，同高判は，国立大学法人の「公共団体」性について，国立大学法人が法律によって設立され，我が国における高等教育，学術研究等に関して重要な役割を担う国立大学の設置運営等の目的及び権能を付与された法人であり，国からの必要な財政措置及びこれを前提とする一定の関与を受けながら国立大学の設置運営等に当たっていること等から，国立大学法人は国家賠償法1条1項の「公共団体」に該当するとしている。

⑥　**新潟地判平成23年2月25日（判タ1365号74頁）**

　消火活動に当たっていた町の消防団ＯＢは公権力の行使に当たる公務員である。

⑦　**大阪高判平成27年12月16日（判時2299号54頁）〔組合アンケート事件〕**

　Ｏ市の職員に対する労使関係のアンケートの実施が違法であるとして，Ｏ市の職員や労働組合がＯ市に対して国家賠償請求をし，また，Ｏ市の特別顧問（弁護士）に対して民法709条に基づき損害賠償請求をした事案において，Ｏ市の賠償責任を認めたが，当該特別顧問に対しては，Ｏ市が定めた特別顧問設置要綱に基づき委嘱された特別顧問であり，Ｏ市職員に本件アンケートへの回答義務を課し，また，本件アンケートを作成し，その実施に主体的に関与していることから，国家賠償法1条1項の公権力の行使に当たる公務員であったと認めるのが相当である旨判示。

⑧　**水戸地判平成30年6月6日（公刊物未登載）**

　Ｋ市高齢者福祉施設等サービス事業者選定委員会は，Ｋ市が高齢者

福祉施設等においてサービスを実施する事業者の選定行為を適正に行うために設置したものであり，K市長から委嘱により同委員会の委員になった者は，K市の公権力の行使に当たる公務員に該当する。

3 公務員個人に対する請求の適法性

公権力の行使に当たる公務員個人に対する請求は，①不適法として却下されるべきか，それとも，②訴え自体は適法で，請求は棄却されるべきかについて，従前問題がありました。

従前，下級審裁判例の中で，訴えを不適法として却下すべきであると判示したものがありましたが（**仙台地判昭和52年6月20日判時868号72頁等**），公務員個人の責任が否定されるのは，当事者適格の問題ではなく，国家賠償法の解釈から理由がないとされるものであると解されます（深見『国家賠償訴訟』255頁）。

大半の裁判例は，訴え自体は適法として請求を棄却しています（**大阪高判平成17年9月30日訟月52巻9号2801頁，松山地判平成16年3月16日判時1859号76頁〔松山靖国事件〕等**）。

4 公権力の行使に該当しない場合の公務員の個人責任

(1) 公権力の行使に該当しない場合（国家賠償法の不適用）

国家賠償法1条1項は「……公権力の行使に当る公務員は，……」と規定しているので，公務員の行為であっても，公権力の行使に当たらないものについては，国家賠償法の適用はありません（なお，公権力の行使の概念については，Q5「『公権力の行使』の意義」参照）。

この場合は，原則に戻って民法の適用があり，加害公務員個人に対しては，民法709条により不法行為責任を，また，国又は公共団体に対しては，民法715条により使用者責任を追及することができます。例えば，県（市）立病院等による治療行為は，公権力の行使に当たらないので，その医療過誤訴訟

においては，担当医師個人は，県や市と共に損害賠償請求の対象となります。

以下，公権力の行使に該当しないと判示した主な裁判例を挙げます。

⑵　公権力の行使に該当しないと判示した主な裁判例

　①　**東京高判昭和61年8月6日**（判時1200号42頁）

　　　現行犯人を逮捕した警察官が逮捕当時の情況等について捜査機関の取調べに対し虚偽の供述をし，かつ刑事裁判において偽証したことは，同人の警察官としての職務を行うについてした行為に該当しないので，当該警察官は民法709条の損害賠償責任を負う。

　②　**前橋地判平成15年7月25日**（判時1840号33頁）

　　　Ｘらが別件訴訟の裁判長であったＹの訴訟活動に関し，精神的苦痛を被ったとして，裁判官Ｙ個人に対して損害賠償請求した訴訟において，裁判官Ｙが提出した答弁書中に「本件訴訟は，裁判所の適法な訴訟活動に対し，因縁をつけて金をせびる趣旨である」旨を表現した内容がＸらの名誉を毀損したとして裁判官Ｙに対して民法709条に基づいて損害賠償請求をした事案において，裁判官Ｙの上記答弁書の表現行為は国の作用とは無関係であるから「公権力の行使」に該当しない旨判示し，裁判官Ｙ個人の損害賠償責任を認めた。

　　　しかし，控訴審判決である**東京高判平成16年2月25日**（判時1856号99頁）は，原審判決同様に公権力の行使性を否定したが，上記答弁書中の表現について，甚だ適切さを欠くが，訴訟行為として相当性を欠くとは断定し難いから，違法性は阻却されると判示し，裁判官Ｙの個人責任を否定した。

　③　**東京地判平成21年3月12日**（ＬＬＩ／ＤＢ判例秘書）

　　　地方議員らが議員としてではなく，個人としての立場で行った養護学校への視察は，職務の執行とはいえないとし，その視察の際に養護教諭らである原告らに対し，高圧的な態度で，一方的に，性教育の内容について批判，非難して侮辱したとして，民法709条により地方議員個人の責任を認めた。

5 国又は公共団体の公務員個人に対する求償権

　国家賠償法1条2項は，国又は公共団体が同法1条1項の規定により賠償責任を負う場合において，加害者である公務員に故意又は重過失があったときは，当該公務員に対して求償することができることを定めています。

　したがって，加害公務員は，被害者に責任を負わないが，故意・重過失があるときは，国又は公共団体から求償される場合があります。

　なお，使用者責任では，民法715条3項により，被用者に軽過失があるにすぎない場合でも，使用者は求償権を持つのと異なります。

書式1 公権力の行使に当たる公務員（警察官）個人が損害賠償請求をされた場合の答弁書例

平成○年㋹第○号　損害賠償請求事件

原告　X

被告　Y

答　弁　書

平成○年○月○日

○○地方裁判所民事部　　御中

被　　　告　　　　Y　　　㋞

第1　請求の趣旨に対する答弁

　1　原告の請求を棄却する。

　2　訴訟費用は原告の負担とする。

との判決を求める。

　　なお，仮執行の宣言を付すことは相当ではないが，仮にその宣言が付される場合には，担保を条件とする仮執行免脱の宣言を求める。

第2　請求原因に対する認否

　　　（省略）

第1章　法1条 —公務員の不法行為・総論—

第3　被告の主張

　　原告は，訴状請求原因において，被告が原告に対して違法に損害を与え
たとして民法709条に基づき，被告個人に対して損害賠償の請求をしてい
る。

　　しかし，国家賠償法1条1項の国又は公共団体の公権力の行使に当たる
公務員が，その職務を行うについて，故意又は過失によって違法に他人に
損害を与えた場合には，国又は公共団体がその被害者に対して賠償の責め
に任じ，公務員個人は賠償の責任を負うものではないとすることは，最高
裁判所の確立した判例である（最判昭和30年4月19日民集9巻5号534頁，最
判昭和53年10月20日民集32巻7号1367頁等）。

　　ところで，被告は，訴状請求原因から明らかのように，当時，警察官と
して原告を窃盗罪で現行犯逮捕しようとしていたものであるから，被告の
当該行為は，公権力の行使に当たる公務員がその職務の執行としてした行
為であり，国家賠償法1条1項の適用があることが明らかである。

　　したがって，仮に，原告主張に係る事実があり，かつ，それが違法であ
ると評価されるとしても，それによる損害を賠償すべき責めに任ずるのは
国であって，公務員個人である被告が賠償責任を負うものではない。

　　よって，原告の被告に対する本件請求は，主張自体理由がなく，直ちに
棄却されるべきである。

Q3　公権力の行使に当たる公務員の個人責任の有無

書式2　A市の審議会委員に委嘱された民間人が，同委員としての職務の執行に基づく行為に関して民法709条に基づく損害賠償請求をされた場合の答弁書例

平成○年㈦第○○○号　損害賠償請求事件
原告　X
被告　Y

答　弁　書

平成○年○月○日

○○地方裁判所民事部　　御中

被告訴訟代理人　弁護士　甲野　太郎　　㊞

第1　請求の趣旨に対する答弁
　1　原告の請求を棄却する。
　2　訴訟費用は原告の負担とする。
との判決を求める。
　　なお，仮執行の宣言を付すことは相当ではないが，仮にその宣言が付される場合には，担保を条件とする仮執行免脱の宣言を求める。

第2　請求原因に対する認否
　　（省略）

第3　被告の主張
　　原告は，訴状請求原因において，被告に対して民法709条に基づいて損害賠償の請求をしている。
　　しかし，被告は，民間人としてA市から委嘱を受け，A市に設置される予定の福祉施設の事業者選定委員会の委員を務めていたものであり，組織法上の公務員ではないが，同委員会の委員として，A市の同事業者を選定する公務に関与し，公権力を行使していたことは，乙○号証から明らかである。
　　ところで，最高裁平成19年1月25日判決（民集61巻1号1頁）は，都道

27

第1章 法1条 —公務員の不法行為・総論—

府県による児童福祉法27条1項3号の措置に基づき社会福祉法人の設置運営する（すなわち民営の）児童養護施設に入所した児童を養育監護する施設の職員等は，都道府県の公権力の行使に当たる公務員に該当するとした上で，「国家賠償法1条1項は，国又は公共団体の公権力の行使に当たる公務員が，その職務を行うについて，故意又は過失によって違法に他人に損害を与えた場合には，国又は公共団体がその被害者に対して賠償の責めに任ずることとし，公務員個人は民事上の損害賠償責任を負わないこととしたものと解される（最高裁昭和28年㈲第625号同30年4月19日第三小法廷判決・民集9巻5号534頁，最高裁昭和49年㈲第419号同53年10月20日第二小法廷判決・民集32巻7号1367頁等）。この趣旨からすれば，国又は公共団体以外の者の被用者が第三者に損害を加えた場合であっても，当該被用者の行為が国又は公共団体の公権力の行使に当たるとして国又は公共団体が被害者に対して同項に基づく損害賠償責任を負う場合には，被用者個人が民法709条に基づく損害賠償責任を負わない……（中略）……と解するのが相当である。」と判示している。

これによれば，被告は，A市に設置される予定の福祉施設の事業者選定委員会の委員として，A市の公権力の行使に当たる公務員に該当し，仮に同事業者選定過程において第三者に損害を加えた場合であっても，国家賠償法1条1項によってA市が損害賠償責任を負うものであり，被告個人が民法709条に基づく損害賠償責任を負わないことは明らかである。

以上によれば，原告の本件請求は，主張自体理由がなく，直ちに棄却されるべきである。

コラム・1

コラム・1

Ｏ市における職員アンケート訴訟と
住民訴訟（違法支出金返還請求訴訟）

1　職員アンケート訴訟について

　Ｏ市では，職員の服務規律違反が目立ったことなどから，職員に対し，回答するよう職務命令を出した上で，記名式による労使関係に関するアンケートを実施しました。これに対し，職員29名及び労働組合5団体が当該アンケートの実施により，職員らの思想・良心の自由，プライバシー権，政治的活動の自由及び団結権を違法に侵害されたとして，Ｏ市に対して国家賠償法1条1項に基づき損害賠償請求をし，また，本件アンケートの実施に主体的に関与したＯ市の特別顧問（弁護士）に対して民法709条に基づき損害賠償請求をしました。

　第1審の**大阪地判平成27年1月21日**（判時2299号71頁）は，本件アンケートの22の設問のうち，5問（例えば，特定政治家の応援活動参加等の有無等，労働条件に関する組合活動への参加の有無等，労働組合加入の有無等）は，プライバシー権，政治的活動の自由又は団結権を侵害するとして，Ｏ市に対しては国家賠償責任を認め，また，特別顧問（弁護士）に対しては，国家賠償法1条1項の「公権力の行使に当たる公務員」ではないとして，民法709条に基づく損害賠償責任を認めました（双方の賠償責任は連帯責任（賠償額合計40万円）。職員に対しては精神的損害の賠償責任，組合に対しては無形的損害の賠償責任）。

　これに対し，Ｏ市及び特別顧問（弁護士）は控訴し，また，職員及び労働組合らは附帯控訴しました。これを受けて，**大阪高判平成27年12月16日**（**判時2299号54頁**）は，Ｏ市については第1審判決の判断を是認した上で，賠償額を増額（賠償額合計79万5,000円）しました。しかし，同高判は，特別顧問（弁護士）に対しては，Ｏ市が定めた「Ｏ市特別顧問及び特別参与の設置等に関する要綱」に基づき委嘱された特別顧問であり，本件アンケートを作成し，その実施に主体的に関与していることから，国家賠償法1条1項の公権力の行使に当たる公務員に該当するとして，その個人責任を否定しました（同高判は確定済み。）。

2　住民訴訟（違法支出金返還請求訴訟）について

(1)　上記の訴訟とは別に，Ｏ市の住民（原告）が，Ｏ市から委嘱された上記

29

第1章　法1条 ―公務員の不法行為・総論―

特別顧問らの第三者調査チーム（特別顧問2名及び特別参与13名の計15名で構成）が行ったアンケート調査が違法であること等から同顧問らへの委嘱行為は違法であって，同顧問らへの謝礼等の本件各支出行為（合計約911万円）も違法であり，当時のO市のA市長（以下「A元市長」という。）が指揮監督義務を怠ったことによりO市に同謝礼等相当額の損害が生じたとして，O市の被告市長に対し，A元市長に損害賠償請求をするよう求めた住民訴訟（違法支出金返還請求訴訟）を提起しました。

　大阪地判平成29年1月13日（ウエストロー・ジャパン）は，①第三者調査チームの構成員である本件特別顧問らは，A元市長の命を受けて，O市から独立した立場から，O市役所における違法行為等の実態を解明し，それに基づくO市政の健全化という行政執行のために，調査や提言を行うべく委嘱されたものであり，地方自治法138条の4第3項の「附属機関」に該当し，法律又は条例に基づいて設置しなければならない，②しかし，本件特別顧問らは，「O市特別顧問及び特別参与の設置等に関する要綱」に基づいて設置されているから，その委嘱行為は違法であり，本件各支出行為も違法であるが，③行政実務上，附属機関に相当する機関を法律又は条例によらずに設置することが違法であるとの認識は必ずしも一般的でなかったことなどからすると，A元市長は，本件各支出行為が財務会計法規に反して違法であることを認識し又は認識し得たとは認められないから，故意又は過失により本件各支出行為を阻止すべき指揮監督上の義務に違反したとはいえないなどとして，原告らの請求を棄却しました（原告1名は死亡したため，訴訟が終了した旨を宣言した。）。

　なお，同訴訟は，控訴審である大阪高裁において，和解が成立したという報告が，原告（控訴人）ら弁護団からインターネット上でなされています。これによると，和解の内容は，概ね「O市長は，特別顧問や特別参与が附属機関に該当し，その委嘱行為が違法であるとの疑義が生じたことを踏まえて，今後の市政運営において，地方自治法の条項に違反する機関が設置されているとの疑義を生じさせないようにすることを確約する。」という内容を含むものであるということです。

⑵　ところで，地方自治法138条の4第3項本文は，「普通地方公共団体は，法律又は条例の定めるところにより，執行機関の附属機関として自治紛争処理委員，審査会，審議会，調査会その他の調停，審査，諮問又は調査のための機関を置くことができる。」と規定し，また，同法202条の3第1項は，「普通地方公共団体の執行機関の附属機関は，法律若しくはこれに基

コラム・1

く政令又は条例の定めるところにより，その担任する事項について調停，審査，審議又は調査等を行う機関とする。」と規定しています。

　したがって，本件第三者調査チームの構成員である本件特別顧問らは，〇市役所における違法行為等の実態解明や，それに基づく調査や提言を行う機関であり，地方自治法138条の4第3項及び同法202条の3第1項にいう「附属機関」に該当し，法律又は条例の定めるところにより設置されなければならないことになり，これに違反すると，市長の委嘱行為が違法となり，特別顧問らへの報酬等の支出行為が違法となると考えられる余地があります。

　近時，地方公共団体等において，職員の違法行為や公立学校での生徒間のいじめによる自殺等が発生した場合，外部専門家による原因究明のための調査委員会としての「第三者委員会」や「第三者調査チーム」が設置されることがありますが，これらの機関は，上記附属機関に該当し，法令又は条例に基づいて設置される必要があると考えられる余地があります。

31

第1章　法1条 —公務員の不法行為・総論—

Q4　国家賠償法1条の要件・性質及び民法715条との違い

(1)　国家賠償法1条の要件はどのようなものですか。

(2)　同法1条1項の規定により，国又は公共団体が負う責任の性質はどのようなものですか。

(3)　同法1条と民法715条の使用者責任との違いはどのようなものですか。

A

(1)　国家賠償法1条は，国又は公共団体が公務員の違法な活動によって私人に損害を加えた場合に賠償責任を負うことなどを規定していますが，その具体的な要件については，解説1を参照してください。

(2)　国又は公共団体が公務員の違法行為による損害の賠償責任を負う根拠について，自己責任説と代位責任説があります。判例の立場は，代位責任説と思われますが，自己責任説に立つ裁判例もあります。

(3)　国家賠償法1条と民法715条の使用者責任の相違については，例えば，民法715条1項ただし書には，使用者の免責規定がありますが，国家賠償法1条には，被害者救済の観点から免責規定が設けられていないことなどがあります。

1　国家賠償法1条の要件

(1)　1条1項の要件（公務員の不法行為による国・公共団体の賠償責任）

国家賠償法1条1項は「国又は公共団体の公権力の行使に当る公務員が，その職務を行うについて，故意又は過失によって違法に他人に損害を加えた

ときは，国又は公共団体が，これを賠償する責に任ずる。」と規定し，公務員の不法行為によって他人に損害が生じた場合の国又は公共団体の賠償責任を認めています。

同項により国・公共団体の責任が認められる要件として，以下のものが挙げられます。

① 当該行為の主体が国又は公共団体の公権力の行使に当たる公務員であること
② 当該公務員の職務執行行為であること
③ 当該職務執行行為が違法であること
④ 当該公務員に故意又は過失があること
⑤ 被害者に損害が発生したこと
⑥ 公務員の当該職務執行行為と被害者の損害との間に因果関係があること

上記②の公務員の職務執行行為は，①との関係上，公権力の行使であることを要します。したがって，公務員の職務執行行為が公権力の行使と無関係であれば，国・公共団体は国家賠償法1条1項の賠償責任は負わないことになります（Q5「『公権力の行使』の意義」参照）。

⑵ 1条2項の要件（国・公共団体の求償権）

国家賠償法1条2項は，公務員個人の責任について，当該公務員に故意又は重大な過失（重過失）があったときは，国又は公共団体は，当該公務員に対して求償権を有することを規定し，国等の加害公務員に対する求償権を定めています。

同項により国・公共団体が加害公務員に対して求償権を行使できる要件として，

① 国家賠償法1条1項により国・公共団体が被害者に対する国家賠償債務を履行したこと
② 加害公務員に故意又は重大な過失（重過失）があったこと

が挙げられます。

第1章　法1条 —公務員の不法行為・総論—

2 国家賠償法1条1項の責任の性質（自己責任か代位責任か）

　国・公共団体が公務員の違法行為による損害の責任を負う根拠について，以下のように自己責任説と代位責任説があります。

　なお，通説は代位責任説であるといわれていますが（西埜『コンメンタール』75頁），自己責任説も有力といえます（室井ほか『行訴法・国賠法』546頁）。

⑴　自己責任説

　この説は，国又は公共団体は，公務員が公権力の行使として行う職務執行には違法な加害行為を伴う危険が内在しているので，この危険の発現である損害に対して直接責任を負うものであり，加害公務員に代わってその不法行為責任を負うものではないとする見解です。この見解は，国家賠償法1条1項が「公務員に代わって」と表現せず，「国又は公共団体が，これを賠償する責に任ずる。」と規定していることなどを根拠とします。

⑵　代位責任説

　この説は，加害公務員が負うべき損害賠償責任を国又は公共団体が加害公務員に代わって責任を負うと解する見解です。この見解は，国家賠償法1条1項が加害公務員の故意・過失を要件としていること，選任監督上の注意を尽くしたことによる免責が認められないこと，国家賠償法1条2項により国又は公共団体の加害公務員に対する求償が認められていることなどを根拠とします。

⑶　裁判例の傾向

　判例の立場では，代位責任説と思われますが，自己責任説に立つ裁判例もあります。

　代位責任説に立つ裁判例として，**札幌高判昭和43年5月30日**（金商154号5頁）があります。同札幌高判は，「<u>国家賠償法第1条による国又は公共団体の賠償責任が公務員の故意又は過失に基づく加害行為を前提としてその責任を代位するものであることは，上記条文からも明らかであって</u>……（中略）……国又は公共団体の前掲損害賠償責任が担当公務員の故意過失を問わずその公務運営上の瑕疵により発生するとする控訴人の見解は，国家賠償法第1条の解釈上いまだ採用することができない。」と判示し，その上告審判決

34

（**最判昭和44年2月18日判時552号47頁**）も，「公務員がその職務を行なうについて，故意または過失によって違法に他人に損害を加えた場合でないかぎり，国家賠償法1条の規定による責任を負うものではないことは，同条の明定するところであるから，同旨に出た原判決の判断は正当であ」るとして，原審の判断を是認しています。

　しかし，自己責任説に立つ裁判例として，**東京地判昭和39年6月19日（判時375号6頁）**等があります。

　なお，両説の相違は，公務員の特定の関係でも問題となります（Q6「『公務員』の意義及び加害公務員の特定の要否」参照）。

3　国家賠償法1条と民法715条（使用者責任）との相違

　民法715条1項本文は，使用者は，被用者がその事業の執行について第三者に加えた損害について賠償責任があることを，同項ただし書は，使用者が被用者の選任・監督につき相当の注意をしたとき，又は相当の注意をしても損害が生ずべきであったときは，免責されることを規定し，同条3項では，使用者は被用者が軽過失の場合でも，当該被用者に対して求償権を有することを規定しています。

　この民法715条と国家賠償法1条との相違点は，以下のとおりです。

① 　民法715条1項ただし書には，使用者の免責規定がありますが，国家賠償法1条は，被害者救済の観点から免責規定を設けていません。

② 　国家賠償法1条2項には，国・公共団体の加害公務員に対する求償権の要件を「故意又は重過失」に限定していますが，民法715条3項には，そのような限定はなく，被用者が軽過失の場合でも使用者の求償権が発生することを規定しています。

　　これは，公務員の場合，軽過失の場合まで求償されるとすると，公務の消極化を招くことになることから，国等の求償権の要件を「故意又は重過失」に限定したものです。

③ 　民法715条では，被用者個人も民法709条の責任を負うが，国家賠償

第1章　法1条 —公務員の不法行為・総論—

法1条1項の適用がある場合，加害公務員の個人責任は問われない（個人無答責）とするのが確定した最高裁判例（**最判昭和53年10月20日民集32巻7号1367頁**〔芦別国家賠償請求事件〕等）です（Q3「公権力の行使に当たる公務員の個人責任の有無」参照）。

書式3　国家賠償法1条1項及び3条に基づく訴状の記載例（市立中学校の部活動の事案）

訴　　状

平成○年○月○日

○○地方裁判所民事部　御中

〒000－0000　○県○市○町○丁目○番○号
原　　　告　　　甲　野　太　郎
同法定代理人親権者　甲　野　一　郎

（送達場所）
〒000－0000　○県○市○町○丁目○番○号○ビル○号
○○法律事務所
上記2名訴訟代理人
弁　護　士　　○　○　○　○　㊞
電　話　00－0000－0000
ＦＡＸ　00－0000－0000

〒000－0000　Y県S市○町○丁目○番○号
被　　　告　　　　S市
代表者市長　○　○　○　○
〒000－0000　Y県○市○町○丁目○番○号
被　　　告　　　　Y県
代表者知事　○　○　○　○

36

損害賠償請求事件

訴訟物の価額　金○万円

貼用印紙額　　金○万円

第1　請求の趣旨

1　被告らは，原告に対し，連帯して金○万円及びこれに対する平成○年○月○日から支払済みまで年5分の割合による金員を支払え。

2　訴訟費用は被告の負担とする。

との判決及び第1項につき仮執行の宣言を求める。

第2　請求の原因

1　当事者

(1)　原告は，S市立T中学校（以下「T中学校」という。）の第2学年に在籍する中学生で，部活動として野球部に所属している。

(2)　被告S市は，T中学校を設置する地方公共団体である。平成○年○月当時，T中学校の校長であったA（以下「A校長」という。）及び上記野球部の指導教諭であったB（以下「B教諭」という。）は，被告S市に勤務する地方公務員であった。

(3)　被告Y県は，市町村立学校職員給与負担法1条により，T中学校の職員の給与その他の費用を負担する地方公共団体である。

2　事故の発生状況と原因

(1)　事故の発生状況

　　原告は，平成○年○月○日午後1時頃から午後3時15分頃まで，T中学校の野外グランドにおいて，B教諭指導の下に，上記野球部の部員20名と一緒に練習をしていたところ，熱中症にり患して，グランド上に倒れた。すぐに救急車でS市内のC病院に搬送され，医師の治療を受けたが，脳梗塞を発症していた。

　　原告は，後遺障害として，「左半身不全麻痺」があり，軽易な労務以外の労務に服することができなくなったと認められ，後遺障害等級は7級に相当する。

(2)　事故の原因

ア　事故当時，上記野外グランドは気温34℃の炎天下であり，原告は，約2時間余りにわたって練習を継続していため，脱水状態となり，これに誘発されて脳梗塞を引き起こしたものと認められる。

第1章　法1条 —公務員の不法行為・総論—

　　部活動の指導教諭を監督する立場にあるA校長には，本件事故を防
　ぐため，部活動を行う室内又は室外に温度計を設置すべき義務があり，
　部活動の過程でＷＢＧＴ（湿球黒球温度。気温・湿度・輻射熱を考慮し
　て指標化したもので熱中症予防の目安となるもの）等の温度を把握する
　ことができる環境を整備すべき義務があったのに，これを怠ったこと
　が本件事故の原因であり，A校長に過失があることは明らかである。
　　また，B教諭も，部活動の指導教諭として，上記温度計の設置をA
　校長に進言するなどして，その設置の整備に努めるべき義務があった
　のに，これを怠った過失があるというべきである。
イ　このように被告S市の公権力の行使に当たる公務員であるA校長及
　びB教諭が，その職務を行うについて，過失によって違法に原告に後
　記3の損害を加えたものであるから，被告S市は国家賠償法1条1項
　の賠償責任を負うということが明らかである。
ウ　Y県は，上記のとおり，市町村立学校職員給与負担法1条により，
　T中学校の職員の給与その他の費用を負担していたのであるから，被
　告Y県も国家賠償法3条1項により賠償責任を負うというべきである。

3　原告の損害
　　原告は，本件により被った損害の合計額は，以下のとおり，金○万円で
　ある。
（損害額の内訳は省略）
4　まとめ
　　よって，原告は，被告らに対し，国家賠償法1条1項又は3条1項に基
　づき，連帯して金○円及びこれに対する平成○年○月○日から支払済みま
　で民法所定の年5分の割合による遅延損害金を支払うことを求める。

証拠説明書及び附属書類
（省略）

Q5　国家賠償法1条1項の「公権力の行使」の意義

Q5 国家賠償法1条1項の「公権力の行使」の意義

(1)　公立高校の教諭の教育活動は，国家賠償法1条1項の「公権力の行使」に当たりますか。
(2)　県立病院における医療事故については，国家賠償法1条1項の損害賠償の対象となりますか。

A

(1)　公立高校の教諭の教育活動は，国家賠償法1条1項の「公権力の行使」に当たり，国家賠償法1条1項の適用を受けるとするのが判例です。
(2)　県立病院における医師の医療行為は，私立病院における医師の一般的診療行為と異なるところはないので，特段の事由のない限り，公権力の行使には当たらず，国家賠償法1条1項の適用を受けないというのが判例です。

1　序　論

　国家賠償法1条1項は「国又は公共団体の公権力の行使に当る公務員が，その職務を行うについて，故意又は過失によって違法に他人に損害を加えたときは，国又は公共団体が，これを賠償する責に任ずる。」と規定しているので，国又は公共団体の公務員の行為が，公権力の行使に当たることが必要です。

　したがって，公務員の行為であっても，公権力の行使に当たらないものは，国家賠償法の適用がありません。しかし，この場合でも，損害賠償請求の道が閉ざされることはなく，被害者は，民法709条により加害公務員に，また，民法715条により国又は公共団体に，それぞれ損害賠償を請求することが可

39

第1章　法1条 ―公務員の不法行為・総論―

能です（例えば，後述する公立病院での医療過誤訴訟など）。

　したがって，公権力の行使に当たるか否かの区別の実益は，国又は公共団体によって大きな違いはありません。

　ただ，その区別の実益は，国家賠償法の適用があると，費用負担者の責任が問題となる（国家賠償法3条）ほか，加害公務員の個人責任が否定される（確定した最高裁判例。この点はQ3「公権力の行使に当たる公務員の個人責任の有無」参照）ことになる点です（『理論と実際』34頁参照）。

　公務員の行為のうちどのような行為が，「公権力の行使」に当たるか否かは，以下のように学説が分かれます。

2　「公権力の行使」の意義についての学説・裁判例等

⑴　学説

　「公権力の行使」の意義について，狭義説，広義説及び最広義説に分かれますが，広義説が判例・通説です。

　　①　狭義説

　　　　公権力の行使とは，大日本帝国憲法（明治憲法）時代に民法による賠償責任が認められなかった国・公共団体の権力的作用をいい，民法による賠償責任が認められていた非権力的公行政作用は含まないとする見解です。

　　②　広義説（判例・通説）

　　　　公権力の行使とは，<u>純然たる私経済作用と国家賠償法2条によって救済される公の営造物の設置・管理作用を除いた全ての作用であるとする見解</u>です。この見解では，権力的作用のみならず，非権力的作用に属する公務員の行為（例えば，行政指導，国土調査等）についても国家賠償法1条の適用があるが，純然たる私経済的作用（医療行為，鉄道・交通事業等）に属する行為については，国家賠償法の対象とはならず，民法の適用を受けることになります。

40

③　最広義説

　　公権力の行使とは，権力的作用・非権力的作用に限らず，私経済作用に属する公務員の行為全般に及ぶとする見解です。この見解では，全ての国・公共団体の一切の活動が「公権力の行使」に当たることになります。

公権力の行使の意義についての学説・判例

①	狭義説	明治憲法時代に民法による賠償責任が認められなかった国・公共団体の権力的作用をいい，民法による賠償責任が認められていた非権力的公行政作用は含まないとする見解。
②	広義説 (判例・ 通説)	純然たる私経済作用と国家賠償法2条によって救済される公の営造物の設置・管理作用を除いた全ての作用であるとする見解。この見解では，権力的作用のみならず，非権力的作用に属する公務も国家賠償法の対象となるが，純然たる私経済的作用に属する行為については，国家賠償法の対象とはならず，民法の適用を受ける。
③	最広義説	権力的作用・非権力的作用に限らず，私経済作用に属する公務員の行為全般に及ぶとする見解。

(2)　裁判例

　判例の立場である広義説では，私経済作用には民法709条，715条が適用されますが，この私経済作用かどうかの基準が必ずしも明確ではありません。例えば，国公立病院の医療行為一般は，私経済作用に属し，国家賠償法1条の対象とならないとされますが，刑務所内の医療行為は，私経済作用に属さず，公権力の行使性が認められ，国家賠償法の対象となるとするのが判例です。

　以下，公権力性に関する代表的な裁判例を挙げます。

ア　医療行為関係

①　**最判昭和57年4月1日**（民集36巻4号519頁）→公権力性を否定

　　国の嘱託に基づいて国家公務員の定期健康診断の一環として検診を行った保健所勤務の医師がレントゲン写真を誤読影したとして，国に

第1章　法1条 ─公務員の不法行為・総論─

対して国家賠償請求等をした事案において，「レントゲン写真による検診及びその結果の報告は，医師が専らその専門的技術及び知識経験を用いて行う行為であって，医師の一般的診断行為と異なるところはないから，特段の事由のない限り，それ自体としては公権力の行使たる性質を有するものではないというべきところ，本件における右検診等の行為は，本件健康診断の過程においてされたものとはいえ，右健康診断におけるその余の行為と切り離してその性質を考察，決定することができるものであるから，前記特段の事由のある場合にあたるものということはできず，したがって，右検診等の行為を公権力の行使にあたる公務員の職務上の行為と解することは相当でないというべきである。」と判示し，公権力の行使性を否定している。

　　また，**最判昭和36年2月16日**（民集15巻2号244頁）〔東大輸血梅毒事件〕も，国立病院での医療事故については，公権力性を否定し，民法の不法行為規定が適用されるとしている。

　　なお，平成16年4月1に国立病院の大半が独立行政法人国立病院機構に移行している。

② **東京地判昭和47年3月7日**（判時678号56頁）→公権力性を肯定

　　刑務所内における医療行為（薬剤投与）については，公権力の行使が認められ，国家賠償法1条1項の対象となる（同旨：**広島地判平成2年6月29日判タ742号128頁**等）。

③ **福岡地判昭和55年11月25日**（判時995号84頁）→公権力性を肯定

　　旧精神衛生法29条に基づく措置入院及び措置入院患者に対する治療及び看護行為は，公権力の行使性が認められ，国家賠償法1条1項の対象となる。

イ　**公立学校における教諭の教育活動関係**

① **最判昭和62年2月6日**（判時1232号100頁）〔横浜市立中学校プール事故事件〕→公権力性を肯定

　　公立中学校おけるプールでの飛び込み事故について，国家賠償法1条1条にいう「公権力の行使」には，公立学校における教師の教育活動も含まれるものと解するのが相当である。

②　名古屋地判平成4年6月12日（判時1465号128頁）→公権力性を肯定

　　公立学校における非常勤講師の保健体育（柔道）の授業は，国家賠償法1条1条にいう「公権力の行使」に当たる。

③　広島高判昭和63年12月7日（判時1311号74頁）

　　公立学校の教諭による修学旅行の際の引率監督行為は，国家賠償法1条1条にいう「公権力の行使」に当たる。

ウ　国立大学法人における教師の教育活動

　国立大学法人における教師の教育活動についても，公権力の行使性を認め，国家賠償法1条1項の適用を認めるのが裁判例の傾向であるといえます。

　なお，国立大学法人法により，平成16年4月1日に国立大学を各大学ごとに法人化して国立大学法人が設立され，国立大学の設置主体が国から同法人に移行されています。

①　名古屋高判平成22年11月4日（裁判所ウェブサイト）〔岐阜大学留学生アカデミックハラスメント事件〕→公権力性を肯定

　　国立大学法人の役職員は，国立大学法人法19条が規定する刑法その他の罰則の適用に関する場合を除き，「みなし公務員」ではないが，国立大学法人の教職員による教育活動上の行為は，法人化前とその行為の性質に変化はなく，同様に「公権力の行使」に該当するので，公共団体である国立大学法人に講師として雇用されて学生に対する教育活動を委ねられた者は，公権力の行使に当たる公務員に該当する。また，国立大学法人の「公共団体」性については，国立大学法人が法律によって設立され，我が国における高等教育，学術研究等に関して重要な役割を担う国立大学の設置運営等の目的及び権能を付与された法人であり，国からの必要な財政措置及びこれを前提とする一定の関与を受けながら国立大学の設置運営等に当たっていること等から，国立大学法人は国家賠償法1条1項の「公共団体」に該当する。

　　事案は，外国人留学生である被控訴人（一審原告）が，国立大学の大学院修士課程に在籍中，研究指導教員であった控訴人（一審被告）から休学を強要されるなどのアカデミックハラスメントを受けたとして，民法709条に基づく損害賠償を求めた事案である（控訴人である教

第1章　法1条 —公務員の不法行為・総論—

員の個人責任を否定した。）。

　なお，原審である**岐阜地判平成21年12月16日**（裁判所ウェブサイト）は，国立大学法人の公共団体性及び公権力性を否定し，同法人が民法715条に基づく損害賠償責任を負い，また，当該教員個人は不法行為の相手方に対し民法709条に基づく損害賠償責任を負う旨判示した。

②　**佐賀地判平成26年4月25日**（判時2227号69頁）〔佐賀大学事件〕→公権力性を肯定

　国家賠償法1条1項にいう「公務員」には，国又は公共団体が行うべき公権力を実質的に行使する者も，同条項にいう「公務員」に含まれると解されるところ，国立大学法人の成立の際に存在していた国立大学の職員が職務に関して行った行為は，純然たる私経済作用を除いては一般に公権力の行使に当たると解されていたこと，国立大学法人等の成立の際に，現に国が有する権利又は義務のうち，各国立大学法人が行う国立大学法人法22条1項に規定する業務に関するものは，国立大学法人がこれを承継することとされていること等に鑑みると，国立大学法人は国家賠償法1条1項にいう「公共団体」に当たり，その職員が行う職務は純然たる私経済作用を除いては一般に公権力の行使に当たると解するのが相当である。したがって，被告Y₂（被告国立大学法人Y₁の准教授）の本件発言（原告らへの信仰上の軽蔑・侮辱発言）は，公権力の行使に当たる公務員である被告Y₂によって，その職務を行うにつきされたものと認められる。

　事案は，被告Y₂（被告国立大学法人Y₁の准教授）が，原告である学生・その両親の信仰を軽蔑・侮辱する発言を繰り返し，原告らの信仰の自由及び名誉感情を侵害したとして，原告らが国家賠償請求等をした事案であり，同地判は，被告国立大学法人Y₁に国家賠償責任を認める一方，被告Y₂は個人責任を負わないと判示した（なお，控訴審の**福岡高判平成27年4月20日**（公刊物未登載）も同旨の判示。）。

エ　行政指導

(a)　行政指導の意義については，行政手続法2条6号で定義されており，これによれば，「行政機関がその任務又は所掌事務の範囲内において

一定の行政目的を実現するため特定の者に一定の作為又は不作為を求める指導，勧告，助言その他の行為であって処分に該当しないものをいう。」とされています。

このように，行政指導は，行政機関が一定の行政目的を実現するため特定の者に一定の作為等を求める指導，勧告，助言その他の行為であって処分に該当しないものをいうことから，行政機関がその公権力を背景に行う行為であり，広義説からは公権力性を肯定できるといえます（深見『国家賠償訴訟』39頁参照）。

(b) 裁判例も行政指導について，以下に挙げるとおり公権力性を認めています（近時の主要な裁判例のみを掲記。詳細はQ21「行政指導」参照）。

① **最判平成 5 年 2 月18日**（民集47巻 2 号574頁）〔教育施設負担金返還請求事件〕

市がマンションを建築しようとする事業主に対して指導要綱に基づき教育施設負担金の納付を事実上強制しようする行為は，本来任意に寄付金の納付を求めるべき行政指導の限度を超えるものであり，違法な公権力の行使である。

② **東京地判平成 3 年 3 月25日**（判時1397号48頁）

在監者から創作原稿の発送の申出を受けた拘置所の係官が当該原稿の中身につき合計50か所を抹消するよう働きかける行為は，公権力の行使に当たる。

③ **大阪地堺支判昭和62年 2 月25日**（判時1239号77頁）

市の職員が宅地開発等指導要綱に基づく開発協力金の納付をするよう行政指導する行為は，公権力の行使に当たる。

④ **静岡地判昭和58年 2 月 4 日**（判時1079号80頁）

市の職員がゴルフ場造成計画の実行を翻意するよう勧告し，その事前審査申請書を受理しない行為は，公権力の行使に当たる。

オ 裁判例で公権力の行使性の判断が下級審・上級審で分かれた事案〔公売処分ラケット事故事件〕

握りの部分が柄から抜けるという欠陥のあるバドミントンラケットで負傷した被害者が，同ラケットを公売処分に付した税関長の過失を理由に国に対

第1章　法1条 ─公務員の不法行為・総論─

して損害賠償請求をした事案において，以下の経過をたどりました。

① 　第1審の**神戸地判昭和53年8月30日**（判時917号103頁）は，「被告国は，本件ラケットの欠陥によって生じた本件事故について，民法715条の不法行為責任がある。」と判示。

② 　しかし，控訴審の**大阪高判昭和54年9月21日**（判時952号69頁）は，本件公売は公権力の行使に当たるとして，国家賠償法1条1項に基づいて国の賠償責任を肯定。

③ 　上告審の**最判昭和58年10月20日**（民集37巻8号1148頁）は，公権力の行使性について触れることなく，本件負傷事故についての税関長の予見可能性について審理不尽・理由不備の違法があるとして大阪高裁に差し戻した。

④ 　差戻審の**大阪高判昭和59年9月28日**（判時1143号88頁）は，本件公売処分は公権力の行使に該当するが，税関長には故意・過失がないとして国の国家賠償法1条1項に基づく賠償責任を否定する一方，本件公売は私法上の売買契約の性質を有すると解すべきであるとしても，税関長に故意・過失がないので，民法715条に基づく賠償責任も負わない旨判示。

Q6 国家賠償法1条1項の「公務員」の意義及び加害公務員の特定の要否

(1) 国家賠償法1条1項に規定する「公務員」とは，どのような範囲の人をいいますか。

(2) 国家賠償法1条1項により，国又は公共団体が責任を負うには，加害公務員が特定される必要がありますか。

A

(1) 「公務員」とは，国家公務員法，地方公務員法上の公務員には限定されず，法令により公権力を行使する権限を与えられていれば，身分上は私人であり，また，国又は公共団体から報酬がなくとも，その公権力の行使について国家賠償法1条1項の適用があるというのが判例・通説です。

　したがって，同項の「公務員」概念を画する基準は，職務行為の公権力性であり，「公権力の行使」に該当するかどうかによって決まると解されています。

(2) 裁判例によれば，加害公務員の氏名等の特定まで必要ないとされています。

国家賠償法1条1項の公務員の意義等

①	「公務員」とは	法令により公権力を行使する権限を与えられていれば，身分上は私人であっても，国家賠償法1条1項の「公務員」に当たる。
②	加害公務員の特定の要否	裁判例は，加害公務員の特定は必要ないとしている。

第1章　法1条 —公務員の不法行為・総論—

1　国家賠償法1条1項の「公務員」の意義と裁判例等

⑴　国家賠償法1条1項の「公務員」の意義

　国家賠償法1条1項は，「国又は公共団体の公権力の行使に当る<u>公務員</u>」が違法に他人に損害を加えることを国家賠償の要件としています。

　この「公務員」とは，国家公務員法，地方公務員法上の公務員には限定されず，法令により公権力を行使する権限を与えられていれば，身分上は私人であり，また，国又は公共団体から報酬がなくとも，その公権力の行使について国家賠償法1条1項の適用があるというのが判例・通説です。

　例えば，裁判例によれば，弁護士会も国家賠償法1条1項の「公共団体」に該当し，弁護士会の懲戒権の行使を公権力の行使であるとして，弁護士会の懲戒委員会の委員を「公権力の行使にあたる公務員」に当たるとしています（**東京地判昭和55年6月18日判時969号11頁**〔弁護士懲戒処分事件〕）。

　また，民間の開業医であっても，拘置所長の委託により拘置所内で被収容者に医療行為（虫垂切除手術）をした医師は，国の公権力の行使に当たる公務員に該当します（**大阪地判昭和48年9月19日判時720号40頁**）。

　このように，同項の「公務員」概念を画する基準は，職務行為の公権力性であるので，「公権力の行使」に該当するかどうかによって決まると解されています（「公権力の行使」については，Q5『「公権力の行使」の意義』参照）。

　以下，裁判例（上記の裁判例を除く。）を概観してみます。

⑵　公務員性に関する裁判例

ア　公務員性を肯定した裁判例

　　①　**福岡地判昭和55年11月25日**（判時995号84頁）

　　　　私立精神病院の医師及び看護士は，旧精神衛生法（現：精神保健及び精神障害者福祉に関する法律）29条の措置入院を行う関係では県の公権力の行使に当たる公務員である。

　　②　**最判昭和41年9月22日**（民集20巻7号1367頁）

　　　　債権者の委任を受けて代替執行を行う執行吏（昭和41年施行の執行官法により，「執行吏」は「執行官」とされた。）の行為は，債務者の意思を排除して国家の強制執行権を実現する行為であるから，国の公権力の行

使に当たり，執行吏は，国の公権力の行使に当たる公務員である。

③　**福岡地小倉支判昭和56年 5 月22日**（判タ449号271頁）

　　民事調停委員は国の公権力の行使に当たる公務員である。

④　**東京地判昭和49年 3 月18日**（判時748号74頁）

　　検察官が領置した任意提出物件の保管を私人である第三者に，いわゆる庁外保管の委託をした場合，当該第三者は公権力を行使する公務員に当たる。

⑤　**最判平成19年 1 月25日**（民集61巻 1 号 1 頁）

　　都道府県による児童福祉法27条 1 項 3 号の措置に基づき社会福祉法人の設置運営する児童養護施設に入所した児童を養育監護する施設の職員等は，都道府県の公権力の行使に当たる公務員に該当する。

⑥　**名古屋高判平成22年11月 4 日**（裁判所ウェブサイト）〔岐阜大学留学生アカデミックハラスメント事件〕

　　国立大学法人の役職員は，国立大学法人法19条が規定する刑法その他の罰則の適用に関する場合を除き，「みなし公務員」ではないが，国立大学法人に講師として雇用されて学生に対する教育活動を委ねられた者は，公権力の行使に当たる公務員に該当する。

⑦　**新潟地判平成23年 2 月25日**（判タ1365号74頁）

　　町から委託されて消火活動に当たっていた消防団ＯＢは，公権力の行使に当たる公務員に該当する。

イ　公務員性を否定した裁判例

①　**鹿児島地判昭和59年12月26日**（判時1145号117頁）

　　任意競売事件で不動産の評価を裁判官から命ぜられた評価人は，裁判所とは独立して専門家としての意見を述べる機関であって，執行裁判所の補助機関ではないので，国家賠償法上の公務員でない（同旨：**東京地判平成23年 1 月31日判タ1349号80頁**等）。

②　**大阪高判昭和49年11月14日**（判時774号78頁）

　　市の許可を受けた汚物収集業者が行う収集・処分は，独立の営業者の地位で行うものであるから，その従業員は市の公務員ではない。

③　**最判昭和34年 1 月22日**（訟月 5 巻 3 号370頁）

第1章　法1条 —公務員の不法行為・総論—

船舶仮処分の執行に当たり，執行吏が選任した船舶保管者は，執行吏の補助機関に当たらないので，公務員ではない。

④　**東京地判平成19年11月27日**（**判時1996号16頁**）〔保育ママ事件〕

　S区のいわゆる保育ママが乳幼児に暴行・傷害を負わせたことを理由とする損害賠償請求の事案において，保育ママはS区の公務を委託されてこれに従事しているものではないので，国家賠償法1条1項の「公務員」ではないと判示（ただし，保育ママの民法709条の不法行為責任は肯定している。）。

　なお，同地判は，「公務員」性を否定する理由について，具体的に，①S区の保育ママ制度は，S区が，保育ママと乳幼児の保護者との間で直接締結される保育利用契約に基づく保育ママによる家庭内保育を，行政として支援して児童福祉の向上を図る制度であること，②児童の保護者は，S区の紹介がなくとも保育ママによる家庭内保育を利用することができ，しかも，これは，保育ママと児童の保護者との間で直接締結される保育利用契約の履行として提供される役務であって，それ自体はS区の事務ではないこと，③保育ママは，S区から保育ママとして認定されただけでは何らの報酬も金銭的補助も受けることはできず，保育ママが上記保育利用契約の履行により事業を開始することによって，S区から補助金が支給されるものであること，④S区の保育ママ事業に対する運営費の補助は，あくまで別の事業主である保育ママに対する補助金であって，雇用関係にある職員に対する給与などではないことなどの事実を挙げている。

　また，同地判では，S区は，以前に乳児にあざがあったという趣旨の苦情を受けていたことなどに鑑みれば，国家賠償法上調査権限不行使の違法があるとして，国家賠償法1条1項の損害賠償責任を認めている（なお，S区の民法715条の使用者責任は否定。また，東京都の使用者責任及び国家賠償責任は否定）。

⑤　**東京地判平成11年3月16日**（**判時1702号113頁**）〔ホームヘルパーの預貯金横領等事件〕

　S区が実施する心身障害者に対する家庭奉仕員等派遣事業により派

50

遣された家政婦（家事援助者）が，派遣先の視覚障害者（利用者）の預金を着服した事案において，利用者に対するサービスは，家事援助者が利用者との契約に基づく債務の履行として提供するのであり，これについてＳ区の指揮監督は事実上も及ばないのであるから，当該家政婦は，国家賠償法１条１項の公務員ではない（本件では，Ｓ区の国家賠償法１条１項の責任及び民法715条の使用者責任のいずれも否定した。）。

(3) 委員会，裁判の合議体等の組織一体の公務員性と裁判例

ア　組織一体の公務員性

　国又は公共団体の各種委員会・審議会の決定に違法がある場合，裁判の合議体の判断に違法がある場合などにおいて，委員会・審議会や裁判の合議体等の組織一体を国家賠償法１条１項の公務員とみて，その過失（組織的過失）を問題にすべき場合があります（深見『国家賠償訴訟』32頁，48頁）。

　以下，参考となる裁判例を挙げます。

　なお，後記２(2)の③の**最判昭和57年４月１日**（**民集36巻４号519頁**）は，加害行為者のほか，違法行為の特定ができなかった事案において，行政組織一体の過失が存在することを肯定しています。

イ　参考裁判例

① **福岡高判昭和38年４月26日**（**下民集14巻４号862頁**）

　市選挙管理委員会は，市に属する地方公務員と解すべき選挙管理委員によって構成され，公職選挙法に基づき，市議会議員の当選の効力に関する異議申立てを審理し決定する行為は，国家賠償法１条の公務員の行為に当たる。

② **大阪高判平成６年３月16日**（**判時1500号15頁**）〔大阪予防接種ワクチン禍事件〕

　同高判は，予防接種事故集団訴訟において，厚生省の業務を統括する厚生大臣に予防接種の禁忌該当者を適切に識別・除外するため十分な予診を受けさせるための体制を確立し，担当医に対してその体制を確立させるよう万全の措置を講ずることを怠った過失がある旨判示しているが，これは，厚生大臣の個人的過失を問題にしているのではなく，組織体としての厚生省の過失を認めたものと評価されている（西

第1章　法1条 ─公務員の不法行為・総論─

埜『コンメンタール』501頁以下。同旨の裁判例として，同じ予防接種事故集団訴
訟である**東京高判平成4年12月18日判時1445号3頁**〔東京予防接種ワクチン禍事
件〕等）。

③　**福岡地小倉支判平成21年10月6日**（**判タ1323号154頁**）

医療刑務所の第二種独居房で服役中の受刑者が自殺したことによる
国家賠償訴訟において，「単に担当看護師やこれに指示を与えるF医
師，E医師の過失にとどまらず，D所長を含めた本件刑務所の医師，
職員全体を挙げて改善に取り組むべき組織的過失というべきもので
あった」と認められる。」と判示し，国の賠償責任を認めた。

しかし，控訴審判決である**福岡高判平成22年11月26日**（**判タ1357号98
頁**）は，「第二種独居房へ収容し，本件物品制限をした本件措置は相
当であって，その措置に当たって，本件刑務所関係者には，前記状況
にある○○（筆者注：受刑者）の本件自殺を予見出来なかったことは，
やむを得なかったものと判断される。」と判示し，刑務所関係者の過
失を否定した。

2　加害公務員の特定と裁判例

(1)　加害公務員の特定

ア　国家賠償法1条1項に基づき損害賠償請求をするためには，加害公務
員をどの程度特定することを要するか問題となります。

国家賠償責任の性質について，①自己責任説に立てば，国又は公共団
体の自らの賠償責任であるので，公務員の特定は必要ではないのに対し，
②代位責任説に立てば，国又は公共団体の責任は公務員に代わる責任で
あるので，加害公務員の特定性が厳格になるというのが論理的帰結であ
るように思えます。

イ　しかし，裁判例は，以下のとおり，公務員の特定は必要ではないと判
示しています。

例えば，デモ行進中の暴動事件等では，被害者側から見て，加害公務

員（警察官）の特定が困難である場合がありますが，この場合，加害公務員が特定できなくとも，加害行為の内容が確定され，それが国又は公共団体のいずれかの職員によってなされたことが明らかな場合には，被害者救済の見地から，当該国又は公共団体が責任を負うべきであります。ただ，この法理は，加害行為のいずれもが国又は同一の公共団体の公務員の行為に当たる場合に限られるというべきです（後記(2)③の**最判昭和57年4月1日民集36巻4号519頁**参照）。このように解しないと，国又は公共団体は，他の公共団体等に所属する公務員の行為にも損害賠償義務を負担することになって，不合理であるからです（深見『国家賠償訴訟』42頁）。

(2)　**主な裁判例**

①　**東京地判昭和39年6月19日**（判時375号6頁）→自己責任説に立った上で，加害公務員の特定を要しないとした事例（リーディングケース）

　　デモ隊を排除しようとした機動隊員によりデモの参加者が暴行を受けたが，暴行をした機動隊員を特定することができなかった事案において，「国家賠償責任が，公務員に代って負担する代位責任を定めたものではなく，公務員の行為に起因して直接負担する自己責任を定めたものと解するときは，公務員の特定の点については，……（中略）……<u>たとえ同一部署に同じ地位の公務員が複数おり，そのうちの誰であるかは確定できないけれども，そのうちの一人の行為によって損害を受けたことが確認できるならば敢えてそれ以上に加害者（公務員）を他の同僚から区別できるまで特定しなければならないものではない</u>」と判示。

②　**東京地判昭和48年3月29日**（判時701号84頁）

　　隊列を組んで移動中の機動隊の隊員のうち10名位の者が短時間に暴行を加えたうえ馳け去った場合に，被害者をしてその加害者を個人的に特定させることはほとんど不可能なことを要求するものであり，加害者が警視庁機動隊所属の警察官であることが認められる以上，その者が個人的に特定される必要はない旨判示。

③　**最判昭和57年4月1日**（民集36巻4号519頁）→加害行為者のほか，違法行為の特定ができなかった事案

53

第1章　法1条 —公務員の不法行為・総論—

　国の嘱託に基づいて国家公務員の定期健康診断の一環として検診を行った保健所勤務の医師がレントゲン写真を誤読影したとして，国に対して国家賠償請求等をした事案において，「国又は公共団体の公務員による一連の職務上の行為の過程において他人に被害を生ぜしめた場合において，それが具体的にどのような違法行為によるものであるかを特定することができなくても，右の一連の行為のうちのいずれかに行為者の故意又は過失による違法行為があったのでなければ右の被害が生ずることはなかったであろうと認められ，かつ，それがどの行為であるにせよこれによる被害につき行為者の属する国又は公共団体が法律上賠償の責任を負うべき関係が存在するときは，国又は公共団体は，加害行為不特定の故をもって国家賠償法又は民法上の損害賠償責任を免れることができないと解するのが相当であ」ると判示した。

　ただし，同最判は，「この法理（筆者注：上記判示部分）が肯定されるのは，それらの一連の行為を組成する各行為のいずれもが国又は同一の公共団体の公務員の職務上の行為にあたる場合に限られ，一部にこれに該当しない行為が含まれている場合には，もとより右の法理は妥当しないのである。」と判示し，加害公務員のいずれもが国又は同一の公共団体に所属していることを要するとした。

④　**東京地判昭和61年2月14日**（判時1207号81頁）

　警視庁機動隊員の暴行が警備活動に伴って故意に惹起されたことが証明されれば，氏名の特定までは必要がない。

Q7　国家賠償法1条1項の賠償責任の主体

Q7　国家賠償法1条1項の賠償責任の主体

(1)　国家賠償法1条1項の賠償責任の主体である「国又は公共団体」とは，どのような団体をいいますか。

(2)　弁護士会は，国家賠償法1条1項の「公共団体」に当たりますか。

A

(1)　「国」とは，日本国ををいい，立法権，行政権及び司法権を行使する国のことを指します。「公共団体」には，一般に，地方公共団体，公共組合，特殊法人等が含まれるといわれています。

(2)　裁判例では，弁護士会も，会員である弁護士に対して行う懲戒処分の関係では，国家賠償法1条1項の「公共団体」に該当するとされています。

1　国家賠償法1条1項の「国又は公共団体」とは

国家賠償法1条1項は「国又は公共団体の公権力の行使に当る公務員が，その職務を行うについて，故意又は過失によって違法に他人に損害を加えたときは，国又は公共団体が，これを賠償する責に任ずる。」と規定しているので，加害公務員の属する国又は公共団体が賠償責任の主体となることが明らかです。

ここで「国」は，日本国をいい，立法権，行政権及び司法権を行使する国のことを指します（なお，国を被告とした後記書式5（Q17）を参照。）。

これに対し，「公共団体」には，地方公共団体，公共組合，特殊法人等が含まれるとされています（西埜『コンメンタール』79頁以下。その詳細は後記2参照）。

ただし，「公共団体」については，加害行為が「公権力の行使」に該当すれば，国家賠償法1条1項の「公共団体」に該当するとともに，加害行為者

55

第1章 法1条 —公務員の不法行為・総論—

が「公権力の行使に当る公務員」に該当するので，「国又は公共団体」の概念は重要でないと解されます（深見『国家賠償訴訟』39頁参照）。

この点に関連して，判例上も，例えば，弁護士会のその会員たる弁護士に対して行う懲戒は，弁護士法の定めにより弁護士会に付与された公の権能の行使として行うものであり，国家賠償法1条1項の公共団体である弁護士会の公権力の行使に当たるものと解されています（後記2(5)の**東京地判昭和55年6月18日判時969号11頁**〔弁護士懲戒処分事件〕）。

2 国家賠償法1条1項の「公共団体」の意義

同項の「公共団体」には，上記のとおり，地方公共団体，公共組合，特殊法人・独立行政法人等が含まれます。以下のその内容を説明します。

(1) 地方公共団体

地方自治法1条の3は，①地方公共団体を「普通地方公共団体」及び「特別地方公共団体」とし，②普通地方公共団体は，「都道府県」及び「市町村」，③特別地方公共団体は，「特別区」，「地方公共団体の組合」及び「財産区」としています。

なお，平成11年改正の地方自治法（平成12年4月1日施行）は，機関委任事務を廃止し，地方公共団体が処理する事務を「自治事務」と「法定受託事務」に分類しました。すなわち，地方自治法2条8項は，自治事務を「地方公共団体が処理する事務のうち，法定受託事務以外のものをいう。」と定義し，法令に違反しない限りで条例を制定し，独自の基準に基づいてその事務を執行できるものをいいます（例えば，都市計画の決定，飲食店営業の許可等）。自治事務における国家賠償法の責任主体は，当該地方公共団体となります。

また，同条9項は，法定受託事務を「第1号法定受託事務」と「第2号法定受託事務」に分類し，①「第1号法定受託事務」につき，「法律又はこれに基づく政令により都道府県，市町村又は特別区が処理することとされる事務のうち，国が本来果たすべき役割に係るものであって，国においてその適正な処理を特に確保する必要があるものとして法律又はこれに基づく政令に

56

特に定めるもの」とし，また，②「第2号法定受託事務」につき，「法律又はこれに基づく政令により市町村又は特別区が処理することとされる事務のうち，都道府県が本来果たすべき役割に係るものであって，都道府県においてその適正な処理を特に確保する必要があるものとして法律又はこれに基づく政令に特に定めるもの」としています。

したがって，例えば，「第1号法定受託事務」においては，法定受託事務自体は，地方公共団体の事務とされているので，同事務に関する賠償責任は，その処理に当たる地方公共団体に属することになり，国は国家賠償法3条1項（費用負担者の賠償責任）により賠償責任を負うことがあると解されます（また，法定受託事務に対する国の関与行為自体が違法とされるときは，国が国家賠償法1条1項の責任主体となることも考えられる。）。

(2) 公共組合

公共組合とは，一般に，個人たる組合員によって設立され，公共の事務・事業を行う目的を持った公法上の社団法人をいうとされています（西埜『コンメンタール』81頁参照）。

公共組合には，例えば，土地改良法による土地改良区，土地区画整理法による土地区画整理組合，国民健康保険法による国民健康保険組合等が挙げられます。これらの公共組合は，組合員等に対して一定の限度で公権力を行使することが認められており（例えば，土地改良法54条に基づく換地処分等），国家賠償法1条1項の適用を受けます。

(3) 特殊法人

特殊法人とは，一般に，法律により直接に設立される法人又は特別な法律により特別な設立行為をもって設立すべきものとされている法人であって，総務省設置法4条9号の適用を受けるもの（独立行政法人や国立大学法人等は除外される。）をいうとされます（西埜『コンメンタール』82頁参照）。

以前，特殊法人で公社，公団，国鉄とされていたものが，近時の民営化により，国家賠償法1条1項の「公共団体」に属さなくなり，また，特殊法人が独立行政法人へ移行したことなどから，その数は著しく減少しています（西埜『コンメンタール』82頁参照）。

特殊法人も，公権力の行使を行う限りにおいて，国家賠償法1条1項の責

第1章　法1条 —公務員の不法行為・総論—

任主体となります。

(4)　国立大学法人

　国立大学法人法により，平成16年4月1日に国立大学を各大学ごとに法人化して国立大学法人が設立され，国立大学の設置主体が国から同法人に移行されています。

　裁判例によれば，国立大学法人は，同法人が法律によって設立され，我が国における高等教育，学術研究等に関して重要な役割を担う国立大学の設置運営等の目的及び権能を付与された法人であり，国から必要な財政措置及びこれを前提とする一定の関与を受けながら国立大学の設置運営等に当たっていること等から，国立大学法人は国家賠償法1条1項の「公共団体」に該当するとされています（**名古屋高判平成22年11月4日裁判所ウェブサイト**〔岐阜大学留学生アカデミックハラスメント事件〕等）。

(5)　弁護士会

　裁判例によれば，弁護士会もその会員である弁護士に対して行う懲戒処分の関係では，国家賠償法1条1項の「公共団体」に該当します。すなわち，**東京地判昭和55年6月18日**（**判時969号11頁**）〔弁護士懲戒処分事件〕は，「弁護士会がその会員たる弁護士に対して行う懲戒は，弁護士法の定めにより弁護士会に付与された公の権能の行使として行うものであり，……（中略）……懲戒処分は国家賠償法1条にいう『公権力の行使』にあたると解することができる」「弁護士会は，……（中略）……国家賠償法1条にいう『公共団体』に該当し，……（中略）……右懲戒権の行使は，公共団体である弁護士会の公権力の行使に当たると解することができ」ると判示しています。

3　行政機関・行政官署を被告とする国家賠償請求の可否等

(1)　国家賠償請求の可否

　国家賠償訴訟においては，行政機関（例えば，法務局長，税務署長，市区町村長等）を被告とする訴えが提起された場合には，その訴えは不適法として却下を免れません。同様に，行政官署（例えば，法務局，税務署）を被告とする国家

賠償訴訟が提起された場合にも，その訴えは不適法として却下を免れません。

　なぜなら，行政機関や行政官署は，国又は公共団体の一機関にすぎず，権利能力を有せず，民事訴訟法上の当事者能力を有しないからです。

　そこで，国家賠償訴訟の訴状において，誤って行政機関や行政官署を被告と記載した場合（本人訴訟の場合に多いと思われる。）には，裁判所が補正を促す場合があります。

(2)　**参考裁判例**

　①　**京都地判昭和46年8月26日**（判時653号102頁）

　　　Y区長に名誉を毀損されたとする者が国家賠償法1条1項，4条及び民法723条に基づき，同区長に対して謝罪広告及び謝罪文配布を求めた事案。

　　　「本件訴訟は，行政事件訴訟ではなく，民事訴訟である。行政機関としてのY区長は，私法上の権利の主体たりうる資格（権利能力）を有しないから，民事訴訟において当事者能力を有しない。したがって，行政機関としてのY区長は，謝罪広告および謝罪文配布を請求する本件訴訟において，当事者能力を有しないから，本件訴訟は却下を免れない。」と判示し，Y区長に民事訴訟上の当事者能力を否定した。

コラム・2

―――――― 国の訟務制度について ――――――

1　国の訟務事務

　国に関する訴訟事件には，国家公務員の故意又は過失による違法行為によって損害を受けたことや，道路や河川等の設置又は管理に手落ちがあったために損害を受けたことを理由として，その損害の賠償を求める国家賠償請求訴訟，労働者がいわゆる過労死したことを理由として，その遺族が労働基準監督署長に対して労働者災害補償保険法に基づく遺族補償給付等を請求したのに対し，不支給処分に付すなどしたため，同遺族が当該不支給処分の取消しを求める訴訟（行政訴訟）等があります。また，国有地が不法占有されているとして，国が原告となって土地明渡しの訴訟を起こすこともあります。このような国に関する訴訟事件を「訟務事件」といいます。

第1章　法1条 —公務員の不法行為・総論—

　この訟務事件において，国の立場から，主張・立証などの訴訟活動を行う事務のことを「訟務事務」といっています。

　国を相手方とする訴訟については，国として，これに対応するため，統一的・一元的に処理する必要があります。そこで，訟務事務を法務大臣の所掌事務とし，法務省の訟務局，全国の法務局の訟務部及び地方法務局の訟務部門（これらを「訟務部局」という。）において集中的，専門的に扱うこととしたものです。

　また，訟務部局では，将来の紛争予防の見地から，行政機関が現実に抱えている法律問題について相談（法律意見照会）に応ずることによって，法律問題の適切な解決に資するように務めています。

2　地方公共団体又はその行政庁を当事者とする訴訟等と国との関係

　例えば，市区町村の戸籍に関する事務は，市区町村長がこれを管掌し，地方自治法2条9項1号に規定する第1号法定受託事務に当たります（戸籍法1条2項）。そして，法務大臣は，市区町村長を当事者等とする当該法定受託事務に関する訴訟及び調停その他の非訟事件（以下「訴訟等」という。）について，当該市区町村に対し，同法定受託事務に関する法令等の解釈や参考判例，具体的な主張・立証方法等について技術的な助言，勧告，資料提出の要求及び指示をすることができますし（国の利害に関係のある訴訟についての法務大臣の権限等に関する法律6条の2第3項，9条。以下，同法律を「法務大臣権限法」という。），また，当該訴訟の結果が国の利害を考慮して必要であると認めるときは，法務局訟務部及び地方法務局訟務部門の職員等にその訴訟等を行わせることができます（法務大臣権限法6条の2第4項）。

　また，市区町村の事務に関する訴訟等については，市区町村長の求め（訴訟等の実施請求）に応じて，法務大臣は，国の利害を考慮して必要があると認めるときは，法務局訟務部及び地方法務局訟務部門の職員に訴訟等を行わせることもできます（法務大臣権限法7条，9条）。

　なお，独立行政法人又はその行政庁を当事者とする訴訟についても，法務大臣権限法に同様な規定が置かれています（法務大臣権限法6条の3，7条，9条）。

Q8 国家賠償法1条1項の「職務を行うについて」（職務関連性）の意義

(1) 国家賠償法1条1項の「職務を行うについて」とは，どのような意味ですか。
(2) (1)の「職務を行うについて」には，作為のほか，不作為も含まれますか。

A

(1) 「職務を行うについて」とは，加害行為が職務行為自体である場合はもちろん，職務遂行の手段としてなされた行為や，職務の内容と密接に関連し，職務行為に付随してなされる行為も含まれます。また，客観的に職務行為の外形を有すれば足り，加害公務員の主観的な意図は問わないと解されています。つまり，客観的・外形的にみて，加害公務員の行為が社会通念上職務の範囲に属するとみられる場合には本条が適用される（外形標準説）とするのが判例・通説です。

(2) 「その職務を行うについて」（加害行為）の中には，作為のほか，不作為も含まれます。ただし，不作為は，作為義務違反の問題として捉えられ，特に規制権限不行使と国家賠償法1条1項の適用の有無の点で問題になります。

国家賠償法1条1項の「職務を行うについて」の意義

(1) 外形標準説が判例・通説。
→ 加害行為が職務の内容と密接に関連し，職務行為に付随してなされる行為を含み，また，客観的に職務行為の外形を有すれば足り，加害公務員の主観的な意図は問わない（つまり，客観的・外形的にみて，加害公務員の行為が社会通念上職務の範囲に属するとみられる場合）。

第1章 法1条 ―公務員の不法行為・総論―

(2) 作為のほか，不作為を含む。
　→　不作為は，作為義務違反の問題として捉えられ，特に規制権限不行使と
　　国家賠償法1条1項の適用の有無の点で問題になる。

1　国家賠償法1条1項の「職務を行うについて」とは

　国家賠償法1条1項は，公務員の加害行為が「その職務を行うについて」
なされたことを要件としているので，公務員が職務外で私人として違法な行
為をなして損害を与えた場合には，国又は公共団体は賠償責任を負いません。

　そこで，この「その職務を行うについて」という要件は，平成18年民法改
正で削除される前の民法44条1項（現行法では一般社団法人及び一般財団法人に関
する法律78条）にいう「その職務を行うについて」及び同法715条1項本文の
「その事業の執行について」という各要件とほぼ同義であると解されていま
す。

　したがって，加害行為が職務行為自体である場合はもちろん，職務遂行の
手段としてなされた行為や，職務の内容と密接に関連し，職務行為に付随し
てなされる行為も含まれます。また，客観的に職務行為の外形を有すれば足
り，加害公務員の主観的な意図は問わないと解されています。つまり，客観
的・外形的にみて，加害公務員の行為が社会通念上職務の範囲に属するとみ
られる場合には本条が適用される（外形標準説）とするのが判例・通説です。

　ただし，外形標準説の根拠を外形に対する被害者の信頼に求めると，被害
者において加害公務員の行為が職務行為に属しないことを知っていたとき又
はこれを知らなかったことにつき重大な過失があるときは，国家賠償責任は
生じないことになると解されます（後記2(2)③の**和歌山地判昭和49年8月26日訟月
20巻12号1頁**参照）。

　なお，外形標準説の判断基準等が明確でなく，その射程は必ずしも明確で
ないという指摘があります（『理論と実際』57頁以下参照）。

62

2 主な裁判例の紹介

(1) 外形標準説を採用した裁判例

① **最判昭和31年11月30日**（民集10巻11号1502頁）

巡査が専ら自己の利を図る目的で，制服着用の上，警察官の職務執行を装い，被害者に対して不審尋問の上，犯罪の証拠物名義でその所持品を預かり，連行の途中に事前に同僚の警察官から盗んでいた拳銃で被害者を射殺して金品を強取した事案。

「同条（筆者注：国家賠償法1条）は，公務員が主観的に権限行使の意思をもってする場合にかぎらず自己の利をはかる意図をもってする場合でも，客観的に職務執行の外形をそなえる行為をしてこれによって，他人に損害を加えた場合には，国又は公共団体に損害賠償の責を負わしめて，ひろく国民の権益を擁護することをもって，その立法の趣旨とするものと解すべきである。」と判示し，国家賠償法1条による損害賠償責任を認めた（上告棄却）[注]。

（注） 外形標準説により国又は公共団体に帰責性を認められるためには，加害公務員が正規の公務員でなければならず，また，加害行為がその事務管轄権の範囲内でなければならないと解されます。したがって，公務員でない者（また，公務員であっても警察官でない者）が警察官を装って市民に損害を加えても，国家賠償法1条1項の損害賠償責任は認められません（深見『国家賠償訴訟』41頁）。

また，警視庁の警察官が仕事を終えて私服で帰宅途中に通行人に傷害を負わせた場合において，これが東京都の事業の執行行為や密接関連行為にも当たらないとして，東京都は民法715条の使用者責任を負わないとした裁判例があります（**東京地判平成8年9月25日判時1602号99頁**）。

② **岐阜地判昭和56年7月15日**（判時1030号77頁）

非常勤の消防団員が火災予防のために行った「しばやき」行為により建物を類焼された者から国家賠償請求をされた事案。

「国家賠償法1条にいう『職務を行うについて』とは，当該公務員の職務行為自体及びこれと一体不可分の関係にある行為並びに職務行

為と密接に関連し，客観的，外形的にみて社会通念上職務の範囲に属するとみられる行為を指すと解すべきである。……（中略）……そこで，……（中略）……本件しばやき実施のいきさつ，慣行，態様等を考え合わせれば，本件しばやきは，消防団員の職務行為と密接に関連し，客観的，外形的にみて社会通念上職務の範囲に属する行為にあたると認めることができる。」

(2) **外形標準説を採用しなかった裁判例**

①　**大阪地判昭和41年10月31日**（訟月13巻6号669頁）

看守長が民事裁判の法廷において職務上知り得た原告の性格，素行等について偽りの証言をして，原告を侮辱し名誉を毀損して精神的損害を与えたとされた事案。

「民事裁判においては日本の裁判権に服するものが証人として証言を求められた場合は原則としてその尋問に応じて過去の事実，状態につき自ら認識したところを供述することが義務付けられているのであるから刑務所の職員が裁判所によって証人として出頭を命ぜられ，法廷において証言した場合においても，それが本来の職務の範囲に属する行為でないことは明らかでありその証言の内容が過去の職務の執行上知り得たこと（刑務所の看守長として職務の執行中受刑者個人に関して知り得たこと）であったとしてもそれは職務の執行中ないし関連して知り得たというにすぎないことであって，その知り得たことに関して民事法廷において証言すること自体は裁判権に服するものの義務としてなされるものであって，本来の『職務を行うについて』とは関係のないところである。」

②　**東京地判平成6年2月23日**（判時1517号91頁）〔デモ参加者逮捕事件〕

警察官が刑事法廷で偽証した事案。

「前記警察官らの各証言は，本件刑事事件の公訴の維持・追行のために不可欠であったということができるが，警察官の一般的職務権限に基づいて行われたものというよりは，我が国の裁判権に服する者が等しく負っている証言義務の履行として行われたものとみるのが相当であって，その証言内容が過去に警察官としての職務を執行するに際

し知り得た事項に関する場合であっても，右事項につき証言すること
は，警察官の職務執行ということはできず，同条１項にいう『公権力
の行使』には当たらないと解するのが相当である。」として，警察官
らが個人として民法709条の損害賠償義務を負うことがあるかどうか
はともかく，被告都が国家賠償法１条１項所定の責任を負うことはな
いというべきである旨判示。

③　**和歌山地判昭和49年８月26日**（訟月20巻12号１頁）

　　原告において，不動産競売手続における執行吏の行為がその職務権
限の行使として適法になされたものではなく，その権限を著しく逸脱
して違法に行われたものであることを知っていたという事案。

　　「外形上執行吏の職務行為と認められる場合であっても，相手方に
おいて，当該行為が執行吏の職務権限内において適法に行われるもの
ではないことを知り，または少なくとも重大な過失によってこれを知
らないものであるときは，相手方は，これをもって執行吏が『その職
務を行うについて』損害を加えたとして，使用者たる被告に対し損害
賠償を求めることは許されないものと解すべきである。……（中略）
……したがって，利益が侵害されたとして損害賠償を請求するにおい
ては，民事上の取引行為による不法行為責任の場合（最高裁判所昭和
42・11・２民集21・９・2278，昭和44・11・21民集23・11・2097各判
決参照）と同様の規律に服するものというべきである」

3　「その職務を行うについて」の行為性

⑴　**行為性**（作為のほか不作為を含む。）

　「その職務を行うについて」（加害行為）の中には，作為のほか，不作為も
含まれます。不作為は，作為義務違反の問題として捉えられ，特に規制権限
不行使と国家賠償法１条１項の適用の有無という関係で問題になります。

　裁判例は，規制権限の行使に裁量が認められる場合には，原則として作為
義務は生じないが，具体的事案の下で，規制権限を行使しないことが著しく

第1章　法1条 —公務員の不法行為・総論—

合理性を欠くと認められる場合には，規制権限行使の作為義務が認められ，権限不行使は違法となるとしています（後記各裁判例参照。なお，規制権限行使についてはQ12「規制権限の不行使の違法」参照）。

(2)　主な裁判例

①　最判平成元年11月24日（民集43巻10号1169頁）

宅地建物取引業者に対する宅地建物取引業法65条2項による業務停止ないし同法66条9号による免許の取消処分は，「その要件の認定に裁量の余地があるのであって，これらの処分の選択，その権限行使の時期等は，知事等の専門的判断に基づく合理的裁量に委ねられているというべきである。したがって，当該業者の不正な行為により個々の取引関係者が損害を被った場合であっても，具体的事情の下において，知事等に監督処分権限が付与された趣旨・目的に照らし，その不行使が著しく不合理と認められるときでない限り，右権限の不行使は，当該取引関係者に対する関係で国家賠償法1条の適用上違法の評価を受けるものではないといわなければならない。」

②　最判平成7年6月23日（民集49巻6号1600頁）〔クロロキン薬害事件〕

昭和54年改正前の薬事法下で，厚生大臣は，特定の医薬品を日本薬局方から削除し，又はその製造の承認を取り消すなどの権限を有するとした上で，「医薬品の副作用による被害が発生した場合であっても，厚生大臣が当該医薬品の副作用による被害の発生を防止するために前記の各権限を行使しなかったことが直ちに国家賠償法1条1項の適用上違法と評価されるものではなく，副作用を含めた当該医薬品に関するその時点における医学的，薬学的知見の下において，前記のような薬事法の目的及び厚生大臣に付与された権限の性質等に照らし，右権限の不行使がその許容される限度を逸脱して著しく合理性を欠くと認められるときは，その不行使は，副作用による被害を受けた者との関係において同項の適用上違法となるものと解するのが相当である。」と判示したが，本件では，権限の不行使が許容される限度を逸脱して著しく合理性を欠くとまでは認められず，国家賠償法1条1項の適用上違法ではないとした。

66

Q9　国家賠償法1条1項の「故意又は過失」の意義

Q9　国家賠償法1条1項の「故意又は過失」の意義

⑴　国家賠償法1条1項の「故意又は過失」とは，どのような意味ですか。
⑵　法令解釈に争いがある事務に関し，担当公務員の事務遂行についてどのような注意義務を要求されるでしょうか。

A

⑴　国家賠償法1条1項にいう故意又は過失についても，基本的には民法709条の故意又は過失の意義と同様に解されます。

「故意」とは，一定の結果の発生を認識しながら，それを容認して行為をする心理状態をいい，「過失」とは，結果発生の予見可能性があったにもかかわらず，結果の発生を防止すべき行為義務に違反すること（結果回避義務違反）をいいます（通説）。

⑵　法令の解釈・適用が結果的に誤っていたとしても，その解釈について判例・学説が分かれ，あるいは拠るべき明確な判例・学説がない場合に，その解釈に相当の根拠があれば，担当公務員の注意義務（つまり，職種ごとの平均的な公務員の注意義務）は尽くされたとして過失が否定されるとするのが裁判例の立場です。

国家賠償法1条1項の「故意又は過失」の意義

①	「故意」とは	一定の結果の発生を認識しながら，それを容認して行為をする心理状態をいう。
	「過失」とは	結果発生の予見可能性があったにもかかわらず，結果の発生を防止すべき行為義務に違反すること（結果回避義務違反）をいう。

67

第1章 法1条 —公務員の不法行為・総論—

②	法令解釈に争いがある事務の場合における公務員の注意義務	法令の解釈・適用が結果的に誤っていたとしても，その解釈について判例・学説が分かれ，あるいは拠るべき明確な判例・学説がない場合に，その解釈に相当の根拠があれば，担当公務員の過失が否定される。

1 過失責任主義の採用

　国家賠償法1条1項は，公権力の行使に当たる公務員が「その職務を行うについて，<u>故意又は過失によって</u>違法に他人に損害を加えた」ことを要件としており，過失責任主義を採用しています。

　この点につき，一般法である民法709条も，「故意又は過失によって他人の権利又は法律上保護される利益を侵害した者は，これによって生じた損害を賠償する責任を負う。」と規定し，不法行為における過失責任主義を明らかにしています。

(1) 民法709条の故意又は過失（客観的な注意義務違反）

　民法709条において，通説では，故意とは，一定の結果の発生を認識しながら，それを容認して行為をする心理状態をいうとされています（内田『民法Ⅱ』355頁）。

　これに対し，過失については，学説は，従前，行為者が結果の発生又はその可能性を認識・認容すべきであるのに，不注意のためそれを認識・認容し得ない心理状態である（主観的過失）と解されていましたが，今日では，過失を行為者の心理状態ではなく，客観的な注意義務違反と捉え，結果発生の予見可能性があったにもかかわらず，結果の発生を防止すべき行為義務に違反すること（結果回避義務違反）であるとする見解が通説的立場です（内田『民法Ⅱ』340頁）。

　つまり，過失を客観的な注意義務違反（結果回避義務違反）と捉える見解は，結果発生について予見可能性がなければ，行為者は具体的状況において講ずべき回避義務の内容が分からないので，これを要求することはできないこと

68

から，予見可能性のあることが当然の前提とされます（**東京地判昭和53年8月3日判時899号48頁**（特に289頁）〔東京スモン事件〕）。そして，この予見可能性があるにもかかわらず，適正な結果回避措置を講じなかった点に過失責任の根拠があるとしています。

この場合，過失の判断基準は，加害者の個人の能力を基準とするのではなく，当該加害者の属する職業，地位，立場にある者として客観的に要求される注意義務（抽象的過失）を基準として判断されることになります。例えば，裁判例は，医師の注意水準として「診療当時のいわゆる臨床医学の実践における医療水準」が基準となるとしています（**最判昭和57年7月20日判時1053号96頁**〔未熟児網膜症事件〕）。

(2) 国家賠償法1条1項の故意又は過失

ア 故意又は過失の意義・内容

国家賠償法1条1項にいう故意又は過失についても，基本的には民法709条の故意又は過失の意義と同様に解されます（深見『国家賠償訴訟』45頁）。

過失の意義につき，後記イ①の**最判昭和58年10月20日**（**民集37巻8号1148頁**）〔公売処分ラケット事故事件〕は，握りの部分が柄から抜けるという欠陥のあるバドミントンラケットで負傷した被害者が，同ラケットを公売処分に付した税関長の過失を理由に国に対して損害賠償請求をした事案において，税関長の過失認定の要件としては，税関長が，①最終消費者等（被害者）の損害の発生することを予見し，又は予見すべきであった（予見可能性）と認められ，また，②その損害の発生を未然に防止し得る措置をとることができ（結果回避可能性），かつ，そうすべき義務（結果回避義務）があったにもかかわらず，これを懈怠した（結果回避義務違反）と認められることが必要であると判示しています。

また，過失の判断基準も，当該加害公務員個人の注意力を基準とするのではなく，その職種ごとの平均的な公務員の注意力を基準とすることになり，これにより，職種に応じた高度な注意義務を課すことが可能になります。これは，違法の判断基準である職務行為基準説（公務員として職務上尽くすべき注意義務を懈怠したことをもって違法とする説）に対応しています。

この点につき，後記イ②の**最判昭和37年7月3日**（**民集16巻7号1408頁**）は，

第1章　法1条 ―公務員の不法行為・総論―

検察官又は裁判官の注意義務について，「通常の検察官又は裁判官」の判断を基準としていますし，後記イ④の**名古屋地判平成21年2月24日**（判時2042号33頁）〔耐震偽装ホテル事件〕は，建築主事の注意義務ついて，「専門家としての一定の注意義務を負う」としています。

　なお，国家賠償法1条1項に基づく責任の内容は，故意と過失で差がなく，事案の解決のためには過失が認定されれば十分であり，また，故意を立証することが容易でないことから，国家賠償訴訟においては，ほとんどの事案では公務員の過失の有無が問題となっています。

イ　主な裁判例

①　**最判昭和58年10月20日**（民集37巻8号1148頁）〔公売処分ラケット事故事件〕

　　握りの部分が柄から抜けるという欠陥のあるバドミントンラケットで負傷した被害者が，同ラケットを公売処分に付した税関長の過失を理由に国に対して損害賠償請求をした事案。

　　「被害者が，右貨物を公売に付したことにつき税関長に過失があるとして，国に対しその損害の賠償を請求することができるためには，(1)右税関長が，法（筆者注：関税法）84条5項の規定により，当該貨物につき廃棄可能なものであるかどうか等を検査する過程で，その貨物に構造上の欠陥等の瑕疵のあることを現に知ったか，又は税関長の通常有すべき知識経験に照らすと容易にこれを知ることができたと認められる場合であって，右貨物を公売に付するときには，これが最終消費者によって，右瑕疵の存するままの状態で取得される可能性があり，しかも合理的期間内において通常の用法に従って使用されても，右瑕疵により最終消費者等の損害の発生することを予見し，又は予見すべきであったと認められ，(2)さらにまた，税関長において，最終消費者等の損害の発生を未然に防止しうる措置をとることができ，かつ，そうすべき義務があったにもかかわらず，これを懈怠したと認められることが必要であると解すべきである。」

②　**最判昭和37年7月3日**（民集16巻7号1408頁）

　　検察官又は裁判官の注意義務の程度が問題となった事案。

「通常の検察官又は裁判官であれば当時の状況下において当該被疑事件又は勾留期間延長請求事件の取調ないし決定判断に当っては何人も当時の勾留延長請求の資料に基づいては勾留延長の請求又はこれを認容する裁判をしなかったであろうと考えられる場合に限り国家賠償法１条１項にいう過失を認めることができるものと解するのを相当とする。」

③ **最判昭和43年４月19日**（**判時518号45頁**）

税務当局の違法公売に基づく損害賠償請求に関する事案。

「税務当局としては通常公務員に要求される注意義務を尽してこれを積極に解しこの旨の通達を発して本件各決定および滞納処分に及んだものであって，この解釈の誤りをもって一概に過失に基づくものとはいい難く，また税務当局が最終的に自己の法令解釈が司法的判断により排斥されるべきことを認識しえた筈であるのに敢えて前記の措置に出たものと判断することはできない。」と判示し，税務当局の故意・過失を否定した。

④ **名古屋地判平成21年２月24日**（**判時2042号33頁**）〔耐震偽装ホテル事件〕

建築主事の注意義務の程度が問題となった事案。

「建築主事は，そのつかさどる建築確認審査事務に関し，これに高い信頼を寄せて建築確認を申請する個々の建築士に対して，その信頼に応えるべく，専門家としての一定の注意義務を負うことがあるものというべきである。」

2 法令解釈の争いと公務員の過失

⑴ 法令解釈の争いと公務員の注意義務

過失を客観的注意義務違反と捉えると，公務員として通常要求される注意義務に違反して法令解釈を誤って，違法な職務執行をした場合，当該公務員に故意・過失が認められることになります。しかし，法令の解釈・適用が結

第1章　法1条 ─公務員の不法行為・総論─

果として誤っていたとしても，その解釈について判例・学説が分かれ，あるいは拠るべき明確な判例・学説がない場合に，その解釈に相当の根拠があれば，担当公務員の注意義務（つまり，職種ごとの平均的な公務員の注意義務）は尽くされたとして過失が否定されることになります。

　裁判例もこの見解に拠っています。

(2)　主な裁判例

　　①　**最判昭和46年6月24日**（民集25巻4号574頁）

　　　未登記立木に対する強制執行につき執行官の過失が争われた事案。

　　　「このように，ある事項に関する法律見解が対立し，実務上の取扱いも分かれていて，そのいずれについても相当の根拠が認められる場合に，公務員がその一方の見解を正当と解しこれに立脚して公務を執行したときは，のちにその執行が違法と判断されたからといって，ただちに右公務員に過失があったものとすることは相当でない。」と判示し，執行官の過失を否定した。

　　②　**最判昭和49年12月12日**（民集28巻10号2028頁）

　　　任意競売手続の配当事案について上記①と同旨の判示をした。

　　③　**最判平成3年7月9日**（民集45巻6号1049頁）

　　　拘置所長が，平成3年改正前の監獄法施行規則（以下「規則」という。）120条及び124条の規定に基づき，未決勾留により拘禁された者（被勾留者）と14歳未満である被勾留者の養親の孫（当時10歳）との接見を認めなかった事案。

　　　規則120条及び124条が旧監獄法50条の委任の範囲を超えて無効であるとした上で，「本件処分当時までの間，これらの規定の有効性につき，実務上特に疑いを差し挟む解釈をされたことも裁判上とりたてて問題とされたこともなく，……（中略）……規則120条（及び124条）が右の限度において法（筆者注：監獄法）50条の委任の範囲を超えることが当該法令の執行者にとって容易に理解可能であったということはできないのであって，このことは国家公務員として法令に従ってその職務を遂行すべき義務を負う監獄の長にとっても同様であり，監獄の長が本件処分当時右のようなことを予見し，又は予見すべきであった

ということはできない。」と判示し，接見を許可しなかった拘置所長の過失を否定した。

3 合議体の過失（組織体の過失）

　国又は公共団体の各種委員会・審議会や裁判の合議体等の判断に違法がある場合において，委員会・審議会や裁判の合議体等の組織一体を国家賠償法1条1項の公務員とみて，その過失（組織的過失）を問題にすべきです（深見『国家賠償訴訟』48頁）。この点は，過失を個人の心理状態ではなく，客観的な注意義務違反と捉えることから，合議体（組織体）の過失を認めることが可能となります。

　合議体（組織体）の過失を問題にした裁判例については，Ｑ6「『公務員』の意義」を参照してください。

4 過失と違法性

　近時の最高裁判例は，国家賠償法1条1項の違法について，公務員が職務上通常尽くすべき注意義務を尽くすことなく漫然と当該行為をしたと認め得るような事情がある場合に限り違法の評価を受けるとする立場に立っています（**最判平成5年3月11日民集47巻4号2863頁，最判平成11年1月21日判時1675号48頁**〔非嫡出子の住民票続柄記載取消請求事件〕）。このような立場に立てば，違法性判断基準の中に過失判断のほとんどが実質的に取り込まれていることになると考えられます（『理論と実際』67頁以下）。

　特に，規制権限の不行使（不作為）の場合には，規制権限を行使しないことが著しく合理性を欠くと認められる場合には，規制権限行使の作為義務が認められ，権限不行使は違法となるとするのが判例（**最判平成7年6月23日民集49巻6号1600頁**〔クロロキン薬害事件〕等）であることから，違法性判断基準の内容が過失の判断を取り込むことになり，過失について独立に判断する意味は

第1章　法1条 ―公務員の不法行為・総論―

なくなるといわれています。

　他方，国家賠償法1条1項は違法性とは別に，故意・過失を要件としており，上記2の「法令解釈の争い」があるときのように，過失独自の判断を要する場合もあるので，過失の意義は失われないとする意見もあります（深見『国家賠償訴訟』50頁）。

Q10 国家賠償法1条1項の「違法性」の意義等

Q10 国家賠償法1条1項の「違法性」の意義等

(1) 国家賠償法1条1項の「違法性」の有無は，どのような判断基準によりますか。

(2) いわゆる反射的利益は，国家賠償法1条1項の保護対象となりますか。

A

(1) 公権力行使の違法性の判断は，権利又は法律上保護される利益の侵害があることを前提とし，その公権力の行使が，公務員が個別の国民に対して負担する職務上の法的義務に違反するか否かで判断されます。

(2) 反射的利益とは，行政法規が他の公益目的を達成する過程において，たまたま一定の者が受けることになる一般的・抽象的な利益（事実上の利益）をいいます。このような反射的利益を有するにすぎない者は，法律上保護された利益を有するものとはいえず，国家賠償法1条1項の保護対象とはならないと解されます。ただし，具体的事件において，反射的利益を有するにすぎないか否かの判断には困難を伴うことがあります。

国家賠償法1条1項の「違法性」について

①	違法性の判断基準	公権力行使の違法性の判断は，権利又は法律上保護される利益の侵害があることを前提とし，その公権力の行使が，公務員が個別の国民に対して負担する職務上の法的義務（公権力の行使に当たって遵守すべき行為規範）に違反するか否かで判断される。

75

第1章 法1条 —公務員の不法行為・総論—

②	いわゆる反射的利益とは	反射的利益とは，行政法規が他の公益目的を達成する過程において，たまたま一定の者が受けることになる一般的・抽象的な利益（事実上の利益）をいい，反射的利益を有するにすぎない者は，国家賠償法1条1項の保護対象とはならない。ただし，反射的利益を有するにすぎないか否かの判断には困難を伴うことがある。

1 違法性の意義

　国家賠償法1条1項は，公権力の行使に当たる公務員が「その職務を行うについて，故意又は過失によって<u>違法</u>に他人に損害を加えた」ときと規定しており，違法性を要件としています。

　この点につき，一般法である民法709条も，「故意又は過失によって他人の権利又は法律上保護される利益を侵害した者は，これによって生じた損害を賠償する責任を負う。」と規定し，条文上は「権利又は法律上保護された利益」の侵害を要件としています。

(1) 民法709条の「権利又は法律上保護された利益」の侵害の意義

　民法709条の法文上，不法行為の成立には，違法性が要件とされていませんが，解釈上，違法性が要件として認められ，権利又は法律上保護すべき利益の違法な侵害があれば不法行為が成立すると解されています（判例・通説）。

　そして，この違法性の判断基準については，「被侵害利益の種類・性質」と「侵害行為の態様」との相関関係において考察されるべきものであり，保護法益が強固であれば行為の不法性が小さくとも違法性が肯定されるが，保護法益が強固でないときは行為の不法性が大きくない限り違法性は肯定されないとするもの（相関関係説）が通説であるといわれています。

(2) 国家賠償法1条1項の違法性の意義等

ア 違法性の意義

　国家賠償法1条1項は，立法当時（昭和22年）の民法709条に関する通説的見解に影響を受け，権利侵害に代えて「違法性」を要件としたものです。

76

しかし，国家賠償法1条1項の違法性と民法709条の違法性は同一ではないと解されています。

「公権力の行使」に関する公権力の意義については争いがあるものの，権力的作用のほか，行政指導などの非権力的作用を含むとする広義説が判例・通説ですが，元来，公権力の行使は，国民の権利に対する侵害を内包し，法の定める一定の要件と手続の下で国民の権利を侵害することが許容されているので，権利又は法律上保護される利益の侵害があることをもって公権力の行使を直ちに違法とすることができないことはもちろん，その侵害の程度が大きいからといって，当然に違法性の有無の判断が左右されるとすることは不合理です。

したがって，公権力の行使が違法となるか否かは，権利又は法律上保護される利益の侵害があることを前提とし，その公権力の行使が，公務員が個別の国民に対して負担する職務上の法的義務（公権力の行使に当たって遵守すべき行為規範）に違反するか否かで判断されるべきです（後記**最判昭和60年11月21日民集39巻7号1512頁**〔在宅投票事件〕等）。このように，国家賠償法1条1項の違法性は，民法の不法行為法の違法性概念とは区別されるべきであり，前記の相関関係説には拠り得ないと解されます。

なお，国家賠償制度は違法性を要件としますが，損失補償制度は，公共のために私人の財産権を侵害するには正当な補償をする（憲法29条3項）ことを目的とするもので，この損失補償制度にあっては，公権力による権利侵害行為自体は，法律の根拠に基づく適法なものであることが前提とされています。したがって，この点で，公務員の違法行為による損害を填補する国家賠償法1条1項とは，制度の趣旨・性質が異なるものです。

イ　主な裁判例

① **最判昭和60年11月21日**（民集39巻7号1512頁）〔在宅投票事件〕

在宅投票制度を廃止しこれを復活しない立法行為は，在宅選挙人（疾病，負傷，身体の障害等により歩行が著しく困難である選挙人）の選挙権の行使を妨げ，憲法に違反するもので，国会議員による違法な公権力の行使であり，これが原因で選挙において投票することができず精神的損害を受けたとする者から国に対して損害賠償を求めた事案。

「国家賠償法1条1項は，国又は公共団体の公権力の行使に当たる公務員が個別の国民に対して負担する職務上の法的義務に違背して当該国民に損害を加えたときに，国又は公共団体がこれを賠償する責に任ずることを規定するものである。したがって，<u>国会議員の立法行為（立法不作為を含む。以下同じ。）が同項の適用上違法となるかどうかは，国会議員の立法過程における行動が個別の国民に対して負う職務上の法的義務に違背したかどうかの問題であって，</u>当該立法の内容の違憲性の問題とは区別されるべきであり，仮に当該立法の内容が憲法の規定に違反する廉があるとしても，その故に国会議員の立法行為が直ちに違法の評価を受けるものではない。」「以上のとおりであるから，国会議員は，立法に関しては，原則として，国民全体に対する関係で政治的責任を負うにとどまり，個別の国民の権利に対応した関係での法的義務を負うものではないというべきであって，国会議員の立法行為は，立法の内容が憲法の一義的な文言に違反しているにもかかわらず国会があえて当該立法を行うというごとき，容易に想定し難いような例外的な場合でない限り，国家賠償法1条1項の規定の適用上，違法の評価を受けないものといわなければならない。」と判示し，昭和43年から同47年までの間に施行された合計8回の国会議員等の選挙までに在宅投票制度を復活しなかった本件立法行為は違法ではないとした。

② **最大判平成17年9月14日**（民集59巻7号2087頁）〔在外日本人選挙権事件〕

　在外日本人（国外に居住していて国内の市町村の区域内に住所を有していない日本国民）に国政選挙権の全部又は一部を認めなかったことの適否を争い，国家賠償請求等をした事案。

　同最判は，国家賠償法1条1項の違法性の法的性質について①の判決と同様な前提に立ちつつも，「<u>立法の内容又は立法不作為が国民に憲法上保障されている権利を違法に侵害するものであることが明白な場合や，国民に憲法上保障されている権利行使の機会を確保するために所要の立法措置を執ることが必要不可欠であり，それが明白であるにもかかわらず，国会が正当な理由なく長期にわたってこれを怠る場</u>

合などには，例外的に，国会議員の立法行為又は立法不作為は，国家賠償法１条１項の規定の適用上，違法の評価を受けるものというべきである。最高裁昭和53年(オ)第1240号同60年11月21日第一小法廷判決・民集39巻７号1512頁は，以上と異なる趣旨をいうものではない。」と判示し，平成８年10月20日の衆議院議員総選挙の施行に至るまで10年以上の長きにわたって国会が在外日本人の国政選挙における投票を可能にするための立法措置を執らなかったことは，国家賠償法１条１項の適用上違法の評価を受けるとして，国家賠償請求（１人慰謝料5,000円の限度）を認容した。

2 違法性判断の基準と裁判例

⑴ 違法性判断の基準及びその基準時

ア　国家賠償法１条１項の違法性の判断基準については，結果不法説と行為不法説の対立があります。結果不法説は，法の許容しない被害結果を発生させた行為を違法とする見解であり，行為不法説は法規範（行為規範）に違反する行為を違法とする見解です。

上記１でも述べたように，公権力の行使は，国民の権利に対する侵害を内包し，一定の要件と手続の下で国民の権利を侵害することが許容されており，公権力の行使に当たって遵守すべき行為規範に適合しながら，法の許容しない結果を発生させても，これを違法と評価できないというべきです。したがって，結果不法説によることはできないと解されます。

行為不法説によれば，違法性の判断は，上記１で述べたように，公務員が個別の国民に対して負担する職務上の法的義務（公権力の行使に当たって遵守すべき行為規範）に違反するか否かで判断されることになります（上記１⑵イの各判例）。この見解を「職務行為基準説」ともいいます（以下，本書では「職務行為基準説」という用語を使う。）。なお，行為不法説の中には，この職務行為基準説のほかに，公権力発動要件の欠如をもって違法と解する公権力発動要件欠如説があるとする見解もあります（深見『国家賠償

第1章　法1条 ―公務員の不法行為・総論―

訴訟』58頁参照)。

　　この職務行為基準説は，法的義務の内容からいうと，公務員が職務上
　通常尽くすべき注意義務に違反した場合に国家賠償法1条1項にいう違
　法の評価を受けることになります (後記(2)②及び③の裁判例参照)。

イ　そして，職務行為基準説からは，違法性判断の基準時は，原則として
　公務員の当該職務行為時であると解されます。

　　裁判例も，原則として職務行為基準説に立っています。その裁判例と
　して，上記1(2)イの各裁判例のほか，以下，主要なものを挙げます。

(2)　**職務行為基準説に立つ主な裁判例** (上記1(2)イの裁判例を除く。)

　①　**最判昭和53年10月20日** (民集32巻7号1367頁)〔芦別国家賠償請求事
　　件〕

　　　無罪となった刑事事件につき，検察官の起訴，公訴追行等が違法で
　　あったとして国家賠償請求をされた事案。

　　　「刑事事件において無罪の判決が確定したというだけで直ちに起訴
　　前の逮捕・勾留，公訴の提起・追行，起訴後の勾留が違法となるとい
　　うことはない。けだし，逮捕・勾留はその時点において犯罪の嫌疑に
　　ついて相当な理由があり，かつ，必要性が認められるかぎりは適法で
　　あり，公訴の提起は，検察官が裁判所に対して犯罪の成否，刑罰権の
　　存否につき審判を求める意思表示にほかならないのであるから，起訴
　　時あるいは公訴追行時における検察官の心証は，その性質上，判決時
　　における裁判官の心証と異なり，起訴時あるいは公訴追行時における
　　各種の証拠資料を総合勘案して合理的な判断過程により有罪と認めら
　　れる嫌疑があれば足りるものと解するのが相当であるからである。」
　　と判示して，国家賠償請求を棄却した (なお，無罪判決事件の国家賠償請
　　求事件について同旨の裁判例として，**最判平成元年6月29日民集43巻6号664頁**
　　〔沖縄ゼネスト警官殺害事件〕がある。)。

　②　**最判平成5年3月11日** (民集47巻4号2863頁)

　　　税務署長が収入金額を確定申告の額より増額しながら必要経費の額
　　を確定申告の額のままとして所得税の更正をしたため，当該更正につ
　　き国家賠償請求をされた事案。

80

「税務署長のする所得税の更正は，所得金額を過大に認定していたとしても，そのことから直ちに国家賠償法1条1項にいう違法があったとの評価を受けるものではなく，税務署長が資料を収集し，これに基づき課税要件事実を認定，判断する上において，職務上通常尽くすべき注意義務を尽くすことなく漫然と更正をしたと認め得るような事情がある場合に限り，右の評価を受けるものと解するのが相当である。」と判示し，当該更正当時，納税義務者の非協力等により，確定申告の必要経費の額を上回る金額を具体的に把握し得る客観的資料等がなかったなどとして，税務署長の当該更正処分の違法性を否定した。

③ **最判平成11年1月21日**（判時1675号48頁）〔非嫡出子の住民票続柄記載取消請求事件〕

市長が住民票に非嫡出子の世帯主との続柄を「子」と記載した行為が違法であるとして国家賠償請求をされた事案。

「市町村長が住民票に法定の事項を記載する行為は，たとえ記載の内容に当該記載に係る住民等の権利ないし利益を害するところがあったとしても，そのことから直ちに国家賠償法1条1項にいう違法があったとの評価を受けるものではなく，市町村長が職務上通常尽くすべき注意義務を尽くすことなく漫然と右行為をしたと認め得るような事情がある場合に限り，右の評価を受けるものと解するのが相当である」と判示し，市長は行為当時の住民基本台帳事務処理要領に従って記載したものであり，国家賠償法上，違法ではないとした。

3 違法性判断の前提となる「権利又は法律上保護された利益」の侵害

国家賠償法1条1項の違法性判断の前提として，国民の権利又は法律上保護された利益が侵害される必要がありますが，特に，法律上保護されるべき利益については，具体的にどのような利益がこれに該当するか問題となる場合があります。

第1章　法1条 ─公務員の不法行為・総論─

　以下，いわゆる反射的利益の問題等について検討します。

(1) 反射的利益

　反射的利益とは，行政法規が他の公益目的を達成する過程において，たまたま一定の者が受けることになる一般的・抽象的な利益（事実上の利益）をいいます。このような反射的利益を有するにすぎない者は，法律上保護された利益を有するものとはいえず，国家賠償法1条1項の保護対象とはならないと解されます。

　なお，行政事件訴訟法9条1項は，処分の取消訴訟は，当該処分の取消しにつき法律上の利益を有する者に限り，提起できる旨規定し，原告適格は「法律上の利益を有する者」に限るとされているところ，この原告適格においても，反射的利益を有するにすぎない者は除かれると解されており（**最判昭和53年3月14日民集32巻2号211頁**〔主婦連ジュース表示事件〕），国家賠償法における反射的利益の解釈と近似しています（深見『国家賠償訴訟』54頁参照）。

　以下，反射的利益に関する主な裁判例を挙げます。

(2) 反射的利益に関する裁判例

　　① **最判平成2年2月20日**（判時1380号94頁）→反射的利益を肯定

　　　被害者・告訴人が，捜査機関による捜査が適性を欠くこと又は検察官の不起訴処分の違法を理由として，国家賠償請求をした事案。

　　　「犯罪の捜査及び検察官による公訴権の行使は，国家及び社会の秩序維持という公益を図るために行われるものであって，犯罪の被害者の被侵害利益ないし損害の回復を目的とするものではなく，また，告訴は，捜査機関に犯罪捜査の端緒を与え，検察官の職権発動を促すものにすぎないから，<u>被害者又は告訴人が捜査又は公訴提起によって受ける利益は，公益上の見地に立って行われる捜査又は公訴の提起によって反射的にもたらされる事実上の利益にすぎず，法律上保護された利益ではない</u>というべきである。したがって，被害者ないし告訴人は，捜査機関による捜査が適正を欠くこと又は検察官の不起訴処分の違法を理由として，国家賠償法の規定に基づく損害賠償請求をすることはできないというべきである」と判示し，反射的利益を有するにすぎない者の国家賠償請求を否定した。

② **最判平成元年11月24日**（民集43巻10号1169頁）→反射的利益を肯定

　宅地建物取引業法所定の免許基準に適合しない免許の付与・更新をした知事の行為により，その業者の不正な行為により損害を被った者が国家賠償請求をした事案（規制権限不行使の違法に関する事案）。

　「法（筆者注：宅地建物取引業法）がかかる免許制度を設けた趣旨は，直接的には，宅地建物取引の安全を害するおそれのある宅建業者の関与を未然に排除することにより取引の公正を確保し，宅地建物の円滑な流通を図るところにあり，監督処分権限も，この免許制度及び法が定める各種規制の実効を確保する趣旨に出たものにほかならない。」「免許制度も……（中略）……<u>免許を付与した宅建業者の人格・資質等を一般的に保証し，ひいては当該業者の不正な行為により個々の取引関係者が被る具体的な損害の防止，救済を制度の直接的な目的とするものとはにわかに解し難く，かかる損害の救済は一般の不法行為規範等に委ねられているというべきであるから，知事等による免許の付与ないし更新それ自体は，法所定の免許基準に適合しない場合であっても，当該業者との個々の取引関係者に対する関係において直ちに国家賠償法1条1項にいう違法な行為に当たるものではない</u>」と判示した。

　同判決は，反射的利益という用語は用いていないが，実質的には同様な考え方に立脚したものと解されている（西埜『コンメンタール』229頁）。

③ **最判平成17年7月14日**（民集59巻6号1569頁）〔公立図書館図書廃棄事件〕→反射的利益を否定

　公立図書館に勤務する司書（地方公務員）が著作者に対する反感から，独断で，勤務先の図書館の蔵書を除籍基準に該当しないにもかかわらず廃棄したため，著作者が人格的利益を侵害されたとして国家賠償請求（慰謝料請求）をした事案。

　「公立図書館が，上記のとおり，住民に図書館資料を提供するための公的な場であるということは，そこで閲覧に供された図書の著作者にとって，その思想，意見等を公衆に伝達する公的な場でもあるということができる。したがって，公立図書館の図書館職員が閲覧に供されている図書を著作者の思想や信条を理由とするなど不公正な取扱い

第1章　法1条 —公務員の不法行為・総論—

によって廃棄することは，当該著作者が著作物によってその思想，意見等を公衆に伝達する利益を不当に損なうものといわなければならない。そして，著作者の思想の自由，表現の自由が憲法により保障された基本的人権であることにもかんがみると，公立図書館において，その著作物が閲覧に供されている著作者が有する上記利益は，法的保護に値する人格的利益であると解するのが相当であり，公立図書館の図書館職員である公務員が，図書の廃棄について，基本的な職務上の義務に反し，著作者又は著作物に対する独断的な評価や個人的な好みによって不公正な取扱いをしたときは，当該図書の著作者の上記人格的利益を侵害するものとして国家賠償法上違法となるというべきである。」と判示し，著作者の人格的利益を侵害するとして，国家賠償法上の違法性を認めた。

　これに対し，第1審及び第2審は，いずれも，公立図書館が閲覧に供した図書の著作者が公衆への表現伝達の利益を得ていることを認めるが，その著作物が図書館に収蔵され閲覧に供されることにつき，何ら法的な権利利益（人格的利益）を有しないとして（つまり，公衆への表現伝達の利益は反射的利益にすぎないとして），請求を棄却している。

　このように上記最高裁判決と第1審・第2審では，結論を異にしており，その相違点は著作者の表現の自由等の重要性をどのように考えるかにあると思われるが，具体的な事案において反射的利益に当たるか否かの判断の難しさを表している事案といえる（深見『国家賠償法』57頁参照）。

(2)　**信教の自由と法律上保護された利益**

　他者の宗教的行為との関連で自己の宗教上の感情，宗教上の人格権等が法律上保護された利益（法的利益）に当たるか問題となることがありますが，裁判例は，以下のように，他者の宗教的行為が自己への強制や不利益の付与を伴わない限り，法的利益の対象とならないとしています。

　①　**最判平成18年6月23日**（**判時1940号122頁**）〔首相靖国参拝事件〕

　　　総理大臣が靖国神社を参拝したことにより，精神的苦痛を受けたなどとして国家賠償請求等をした事案。

84

「人が神社に参拝する行為自体は，他人の信仰生活等に対して圧迫，干渉を加えるような性質のものではないから，他人が特定の神社に参拝することによって，自己の心情ないし宗教上の感情が害されたとし，不快の念を抱いたとしても，これを被侵害利益として，直ちに損害賠償を求めることはできないと解するのが相当である。上告人らの権利ないし利益も，上記のような心情ないし宗教上の感情と異なるものではないというべきである。このことは，内閣総理大臣の地位にある者が靖國神社を参拝した場合においても異なるものではないから，本件参拝によって上告人らに損害賠償の対象となり得るような法的利益の侵害があったとはいえない。」と判示し，法的利益の侵害を否定した。

② **最大判昭和63年6月1日**（民集42巻5号277頁）〔殉職自衛官合祀拒否事件〕

公務中に殉職した自衛官の配偶者（キリスト教信者。原告・被上告人）が，県の護国神社に夫が他の殉職者と合祀されたため，宗教上の人格権等を侵害されたとして国家賠償請求等をした事案。

「人が自己の信仰生活の静謐を他者の宗教上の行為によって害されたとし，そのことに不快の感情を持ち，そのようなことがないよう望むことのあるのは，その心情として当然であるとしても，かかる宗教上の感情を被侵害利益として，直ちに損害賠償を請求し，又は差止めを請求するなどの法的救済を求めることができるとするならば，かえって相手方の信教の自由を妨げる結果となるに至ることは，見易いところである。信教の自由の保障は，何人も自己の信仰と相容れない信仰をもつ者の信仰に基づく行為に対して，それが強制や不利益の付与を伴うことにより自己の信教の自由を妨害するものでない限り寛容であることを要請しているものというべきである。このことは死去した配偶者の追慕，慰霊等に関する場合においても同様である。」と判示し，上記殉職自衛官の配偶者（原告・被上告人）の宗教上の人格権等の法的利益性を否定した。

なお，原審は宗教上の人格権の侵害を認めて国家賠償請求を認容したが，本最判は，この法的利益性を否定し，国家賠償請求を棄却した。

第1章 法1条 —公務員の不法行為・総論—

Q11 国家賠償法1条1項の「損害」と「因果関係」について

(1) 国家賠償責任が生じるには，公務員の加害行為と損害との間にどの程度の因果関係が必要ですか。

(2) 損害の種類には，どのようなものがありますか。

A

(1) 国家賠償責任が生じるには，公務員の加害行為と損害との間で相当因果関係の存在が必要です。

　最高裁判例によれば，訴訟上の因果関係の立証は，一点の疑義も許さない自然科学的証明ではなく，経験則に照らして全証拠を総合検討し，特定の事実が特定の結果発生を招来した関係を是認し得る高度の蓋然性を証明することであり，その蓋然性の判定は，通常人が疑いを差し挟まない程度に真実性の確信を持ち得るものであることを必要とし，かつ，それで足りるとしています。

(2) 損害には，民法同様に，財産的損害と精神的損害に分類され，また，財産的損害は，積極的損害と消極的損害とに分類されます。

　積極的損害とは，既存の財産が現実に減少するという形で受けた損害をいい，①入院治療に要する費用，②葬儀等に関する費用，③弁護士費用が入り，また，消極的損害とは，加害行為がなかったとすれば被害者が得たであろう利益（逸失利益）をいいます。

　精神的損害は，慰謝料のことであり，生命侵害の場合には，被害者固有の損害のほか，被害者の父母，配偶者，子からの慰謝料請求が認められます（民法711条）。

86

Q11　国家賠償法1条1項の「損害」と「因果関係」について

国家賠償法1条1項の「損害」と「因果関係」について

①	加害行為と損害との訴訟上の因果関係の立証の程度	一点の疑義も許さない自然科学的証明ではなく，経験則に照らした高度の蓋然性の証明であり，その蓋然性の判定は，通常人が疑いを差し挟まない程度に真実性の確信を持ち得るものであることを必要とし，かつ，それで足りる。
②	損害の分類	損害は，民法同様に，財産的損害と精神的損害に分類され，財産的損害は，積極的損害（入院費用，葬儀費用，弁護士費用）と消極的損害（逸失利益）とに分類される。精神的損害は，慰謝料のことである。

1　公務員の加害行為と損害との間の因果関係について

　民法709条の不法行為による損害賠償責任が生じるには，加害行為と損害との間で相当因果関係が必要です。

　国家賠償責任においても，公務員の加害行為（作為義務違反を伴う不作為を含む。）と損害との間で相当因果関係が存在することが必要であり，その解釈は，民法の不法行為と同様であると解されています。

　以下，国家賠償訴訟において，特に問題となる因果関係と損害の問題点について説明します。

2　訴訟上の因果関係の存在等及び裁判例

⑴　訴訟上の因果関係の存在とその立証程度

　公害訴訟，医療・薬害訴訟等においては，因果関係の存否が争われることが多いですが，被害者側から科学的・医学的に因果関係を厳密・正確に立証することは困難な場合があるといえます。

　この点に関し，最高裁判例では，訴訟上の因果関係の立証は，一点の疑義

87

第1章　法1条 —公務員の不法行為・総論—

も許さない自然科学的証明ではなく，経験則に照らして全証拠を総合検討し，特定の事実が特定の結果発生を招来した関係を是認し得る高度の蓋然性を証明することであり，その蓋然性の判定は，通常人が疑いを差し挟まない程度に真実性の確信を持ち得るものであることを必要とし，かつ，それで足りるとしています（後記(2)①②の裁判例）。

　なお，「いじめ」を苦にした自殺事件について，学校側（校長，教頭，教諭ら）の安全配慮義務違反と生徒の自殺（うつ病罹患）との間に相当因果関係の存否が争われる事例もあり，因果関係の判断には難しい面があります（後記(2)③④の裁判例）。

　以下，因果関係に関する主な裁判例を紹介します。

(2)　**主な裁判例**

①　**最判昭和50年10月24日（民集29巻9号1417頁）〔東大ルンバール過失事件〕→因果関係肯定**

　　化膿性髄膜炎の治療としてルンバール（腰椎穿刺による髄液の採取とペニシリンの髄腔内注入）の施術により，知能障害等が後遺症として残ったとする者が，同施術のショックによる脳出血がその原因であり，担当医のルンバール施術等に過失があるとして，国に損害賠償請求をした事案。

　　「訴訟上の因果関係の立証は，一点の疑義も許されない自然科学証明ではなく，経験則に照らして全証拠を総合検討し，特定の事実が特定の結果発生を招来した関係を是認しうる高度の蓋然性を証明することであり，その判定は，通常人が疑を差し挟まない程度に真実性の確信を持ちうるものであることを必要とし，かつ，それで足りるものである。」「本件発作は，上告人の病状が一貫して軽快しつつある段階において，本件ルンバール実施後15分ないし20分を経て突然に発生したものであり，他方，化膿性髄膜炎の再燃する蓋然性は通常低いものとされており，当時これが再燃するような特別の事情も認められなかったこと，以上の事実関係を，因果関係に関する前記1（筆者注：上記下線部分）に説示した見地にたって総合検討すると，他に特段の事情が認められないかぎり，経験則上本件発作とその後の病変の原因は脳出

88

血であり，これが本件ルンバールに因って発生したものというべく，結局，上告人の本件発作及びその後の病変と本件ルンバールとの間に因果関係を肯定するのが相当である。」と判示し，因果関係を認めた。

② **最判平成18年6月16日**（民集60巻5号1997頁）〔B型肝炎事件〕→因果関係肯定

　　B型肝炎ウイルスに感染した患者が乳幼児期に受けた集団予防接種等が原因でB型肝炎ウイルスに感染しB型肝炎を発症したとして国に国家賠償請求をした事案。

　　「訴訟上の因果関係の立証は，一点の疑義も許されない自然科学的証明ではなく，経験則に照らして全証拠を総合検討し，特定の事実が特定の結果発生を招来した関係を是認し得る高度の蓋然性を証明することであり，その判定は，通常人が疑いを差し挟まない程度に真実性の確信を持ち得るものであることを必要とし，かつ，それで足りるものと解すべきである」「原告X_1らは，本件集団予防接種等における注射器の連続使用によってB型肝炎ウイルスに感染した蓋然性が高いというべきであり，経験則上，本件集団予防接種等と原告X_1らの感染との間の因果関係を肯定するのが相当である。」と判示し，因果関係を認めた。

③ **東京高判平成14年1月31日**（判時1773号3頁）〔津久井いじめ自殺事件〕→教諭の安全配慮義務違反と生徒の自殺との間の因果関係を肯定

　　町立中学校の生徒が同級生からのいじめを苦に自殺したことにつき，担当教諭に安全配慮義務違反があったとして，その遺族が町及び県らに対して国家賠償請求等をした事案。

　　「公立中学校における教員には，学校における教育活動及びこれに密接に関連する生活関係における生徒の安全の確保に配慮すべき義務があり，特に，生徒の生命，身体，精神，財産等に大きな悪影響ないし危害が及ぶおそれがあるようなときには，そのような悪影響ないし危害の現実化を未然に防止するため，その事態に応じた適切な措置を講じる一般的な義務がある（なお，この義務は，契約関係に伴って認められるものではなく，教員の職務上の義務として認められるもので

第1章　法1条 ―公務員の不法行為・総論―

ある。)。」「そして，K教諭において本件いじめ行為が複数回にわたり行われ，これに対するその都度の注意，指導が功を奏しなかった段階で，前記の継続的指導監督措置（筆者注：いじめ生徒らに対する継続的な行動観察，指導をし，被害生徒及び加害生徒の家庭との連絡を密にし，さらには，学校全体に対しても組織的対応を求めることを含めた指導監督措置をとるべきであったこと）を講じていれば，その後の本件いじめ行為の続発を阻止することができ，亡Aにおいて本件自殺に至らなかったであろうといえるから，K教諭の安全配慮義務違反と本件自殺との間には因果関係（相当因果関係）がある（K教諭において自殺の予見可能性があったことは，前記認定説示のとおり（筆者注：平成6年当時には既に，いじめに関する報道，通達等によって，いたずら，悪ふざけと称して行われている学校内における生徒同士のやりとりを原因として小中学生が自殺するに至った事件が続発していることが相当程度周知されていたことなどの事情から，自殺の予見可能性があったこと）である。)。」と判示し，担当教諭の亡Aの自殺に対する安全配慮義務違反があったものとして，町及び県に対し，国家賠償法1条1項に基づき合計約2,155万円（弁護士費用含む。過失相殺7割）の損害賠償を認めた。

④　**東京高判平成19年3月28日**（判時1963号44頁）〔鹿沼いじめ自殺事件〕
→教師の安全配慮義務と生徒の自殺との間の因果関係を否定

　公立中学校における生徒間のいじめが原因で生徒が自殺したことにつき，教員らの安全配慮義務違反があるとして，遺族が市及び県らに対して国家賠償請求等をした事案。

　「教員らが安全配慮義務を尽くしていれば，第3学年1学期中早期にパンツ下げ事件以後のいじめを阻止し得た高度の蓋然性を認めることができ，第3学年1学期が終わるまでの間にAがE1らからほぼ毎日のように暴行や辱めを内容とするいじめを受け，肉体的・精神的苦痛を被ったことが，教員らの安全配慮義務違反と相当因果関係のある損害に当たることは明らかである。」「しかし，Aは，1学期が終了した時点ではうつ病にり患していたとまでは認められず，その後の経緯を経てうつ病にり患したこと，Aに対するいじめは，暴行自体は深刻

な傷害を負わせる程度であったとは認めることができず，いじめにより受けていた精神的な苦痛が他者からは把握し難い性質のものであったことを併せ考えると，Aが1学期中に受けたいじめを原因としてうつ病にり患し，自死に至るのが通常起こるべきことであるとはいい難く，いじめを苦にした生徒の自殺が平成11年以前にも度々報道されており，いじめが児童生徒の心身の健全な発達に重大な影響を及ぼし，自殺等を招来する恐れがあることなどを指摘して注意を促す旧文部省初等中等教育局長通知等が教育機関に対して繰り返し発せられていたことを勘案しても，甲中学校教員らが，第3学年1学期当時，Aがいじめを誘因としてうつ病にり患することを予見し得たとまでは認めるに足りないといわざるを得ない。よって，甲中学校教員らの安全配慮義務違反とAのうつ病り患及び自死との相当因果関係を認めることはできない。」と判示し，教員らの安全配慮義務違反を認めたが（生徒Aの慰謝料請求は認容），その安全配慮義務違反と生徒の自殺との間に相当因果関係が認められないとして，市及び県に対し，国家賠償法1条1項に基づき慰謝料1,000万円及び弁護士費用100万円の限度で損害を認めた（なお，いじめをした生徒側が合計240万円を遺族に支払うなどの内容で，訴訟上の和解を成立させていたことから，市及び県に対する請求認容額の合計は，その差額である860万円であった。）。

3 損害の立証

(1) 損害の概念

損害の概念は，国家賠償法特有の理論的な問題はなく，民法の一般理論に従うことになるので，以下，要点のみ説明します。

損害の定義としては，一般に，「もし加害原因がなかったとしたならばあるべき利益状態と，加害がなされた現在の利益状態との差」（差額説）とされていますが（差額説に立つ裁判例として，**最判昭和39年1月28日民集18巻1号136頁**等），近時は「被害者に生じた不利益な事実それ自体を損害とすべきである」とす

第1章　法1条 —公務員の不法行為・総論—

る見解（損害事実説）が有力です（損害事実説を採用した下級審裁判例として，**福岡地判平成4年5月29日判時1449号120頁**。内田『民法Ⅱ』384頁参照）。

　例えば，差額説では，交通事故等によって後遺症が残ったとしても，事故等の前後で被害者に収入差が生じていなければ，損害賠償請求ができないことになりますが，損害事実説によれば，後遺症という不利益な事実が存続していれば，それを金銭に換算して損害賠償請求をすることが可能となります。

(2) **損害の分類**

　損害は，財産的損害と精神的損害に分類され，また，財産的損害は，積極的損害と消極的損害（逸失利益）とに分類されます。

　ア　**財産的損害**

　　(ア)　積極的損害

　　　積極的損害とは，既存の財産が現実に減少するという形で受けた損害をいいます。

　　　①　入院治療に要する費用

　　　②　葬儀等に関する費用

　　　葬儀費用も，死亡事故と相当因果関係にある積極的損害です。

　　　③　弁護士費用

　　　　不法行為に基づく損害賠償請求訴訟の弁護士費用は，事案の難易，請求額，認容額その他諸般の事情を斟酌して相当と認められる範囲のものに限り，当該不法行為と相当因果関係に立つ損害として，加害者に賠償させることができると解されています（**最判昭和44年2月27日民集23巻2号441頁**）。国家賠償法は，民法の不法行為法の特則に当たるので，国家賠償請求においても，弁護士費用（一般に損害賠償請求額の10％程度）を損害賠償請求額に含めて請求しているのが一般です。

　　(イ)　消極的損害

　　　消極的損害とは，加害行為がなかったとすれば被害者が得たであろう利益（逸失利益）をいいます。この逸失利益の算定は，一般に，被害者が現実に得ていた収入（未成年者等でそれが判明しない場合は，賃金センサス等の資料による。）及び稼働可能年数を基準として将来の全収入を

推計し，中間利息を控除して現在の損害を算定します。中間利息を控除する計算式には，主にホフマン式とライプニッツ方式がありますが，東京地方裁判所ではライプニッツ方式によっています。

イ　精神的損害

民法は，不法行為について，財産的損害とともに精神的損害（慰謝料）の賠償を認めています（民法710条）。また，生命侵害の場合には，被害者固有の損害のほか，被害者の父母，配偶者，子からの慰謝料請求が認められます（民法711条）。

(3)　損害額の立証の困難性

水害や火災等の場合，家屋が流出や消失するなどして，その家屋の価格やその中の家財の存在・その価格の立証等に困難を伴うことがあります。

この点につき，民事訴訟法248条は，「損害が生じたことが認められる場合において，損害の性質上その額を立証することが極めて困難であるときは，裁判所は，口頭弁論の全趣旨及び証拠調べの結果に基づき，相当な損害額を認定することができる。」と規定していることから，損害額の立証が困難な場合には，同条により損害額が算定されることになりますが，原告は，経験則や良識を活用して，できる限り蓋然性のある金額を算出するよう努める必要があります。家屋や家財の流出・消失の場合には，旧民事訴訟法下において，損害保険の保険額算定の方式（損害保険会社発行の「保険価額評価の手引き」等）を利用して損害額を算定した裁判例（**岐阜地判昭和57年12月10日判時1063号30頁**〔長良川・安八水害事件〕等）もあり，今後も立証上の参考になると考えられます（深見『国家賠償訴訟』216頁以下参照）。

また，公害や水害訴訟等のような被害者の多い集団訴訟においては，原告側が原告相互の賠償請求額を均等にする方法（包括一律請求方式）をとることが少なくありません。これは，個々の被害者の損害の立証の負担を緩和し，また，原告らの団結を維持するため，財産的損害と精神的損害を一括して，多数の被害者について一律の損害（名目は慰謝料）を請求する方法であり，これを認容する裁判例もあります（**最大判昭和56年12月16日民集35巻10号1369頁**〔大阪国際空港公害事件〕等。内田『民法Ⅱ』425頁参照）。

第1章　法1条 —公務員の不法行為・総論—

Q12　規制権限の不行使の違法

　公務員の規制権限不行使で国家賠償法上違法と判断される場合は，どのような場合ですか。

A

　公務員の規制権限不行使が違法と判断されるためには，この不行使によって損害を受けたと主張する国民との関係において，当該公務員が規制権限を行使すべき作為義務が認められ，当該作為義務に違反することが必要です。

　そして，判例によれば，規制権限の行使の要件が法定されず，公務員に裁量権が認められている場合には，原則として作為義務は生じないが，具体的事案の下で，規制権限を行使しないことが著しく合理性を欠くと認められる場合に，規制権限行使の作為義務が認められ，権限不行使は違法となるとされています。

公務員の規制権限不行使が違法となる場合

① 　規制権限不行使によって損害を受けたと主張する国民との関係において，当該公務員が規制権限を行使すべき作為義務が認められ，当該作為義務に違反することが必要である。

② 　公務員に裁量権が認められている場合には，原則として作為義務は生じないが，具体的事案の下で，規制権限を行使しないことが著しく合理性を欠くと認められる場合に，規制権限行使の作為義務が認められ，権限不行使は違法となる。

1　規制権限不行使の不作為性

　国又は公共団体が直接の加害者ではないが，国又は公共団体が法令により

94

認められた規制権限・監督権限（以下「規制権限」という。）を適切に行使していれば，被害者である国民に損害が発生あるいは拡大しなかったにもかかわらず，国又は公共団体がその行使を懈怠したために，損害が発生・拡大したとして国家賠償訴訟を提起されることが多くあります。

　例えば，薬事・医療関係では，スモン訴訟，クロロキン訴訟，ＨＩＶ訴訟，Ｃ型肝炎訴訟等が，食品衛生関係では，カネミ油症訴訟，水俣病訴訟等が，労働衛生関係では，じん肺訴訟，アスベスト訴訟等で規制権限の不行使が問題とされています。

　この規制権限の不行使は，国又は公共団体の公務員の不作為が問題となり，当該公務員が被害者である特定の国民に対する関係において規制権限を行使すべき義務（作為義務）に違反した場合に国家賠償法上違法と評価されることになります。

2　規制権限を行使すべき義務（作為義務）の存在と裁判例

⑴　作為義務の存在

　上記のように，規制権限の不行使という公務員の不作為が国家賠償法上違法となるためには，この規制権限不行使によって損害を受けたと主張する特定の国民との関係において，当該公務員が規制権限を行使すべき義務（作為義務）が認められ，当該作為義務に違反することが必要です。

　この作為義務については，①規制権限行使の要件が法定され，この要件を満たす場合に権限を行使しなければならないとされている場合には，作為義務の有無の判断は容易ですが，②多くの場合，規制権限の行使の要件は具体的に定められておらず，また，担当公務員にその裁量権が認められています。

　当該②の場合は，作為義務の存否の判断は容易ではなく，学説は，大別して以下の３説があります（山下郁夫「判解」平成７年度（下）598頁以下）。

ア　裁量権収縮論

　公務員に裁量権がある場合には，①国民の生命，身体に対する侵害の危険の切迫性，②当該危険の予見可能性，③規制権限行使による結果回避可能性，

第1章 法1条 —公務員の不法行為・総論—

④規制権限行使以外に結果の発生を回避しがたいこと（補充性），⑤規制権限
行使に対する国民の期待のあるときは，公務員の裁量権が収縮し，規制権限
の行使が義務付けられ，その不行使が国家賠償法上違法となるという見解で
す。学説・裁判例によっては，上記要件の一部のみを上げるものもあります。

イ　裁量権消極的濫用論

行政庁の規制権限の不行使がその裁量の範囲を逸脱し，裁量権の濫用に当
たる場合には，規制権限行使が作為義務となり，権限不行使が違法と評価さ
れるとする見解です。いかなる場合に裁量権の逸脱・濫用と認められるかに
ついては，一般的な要件を示すものと，一般的な要件を示さずに個々の事案
の具体的事情の下で逸脱，濫用の有無を判断するものとがあります。

ウ　「規制権限の不行使が著しく合理性を欠くこと」を要件とする見解

公務員の裁量権がある場合には，原則として作為義務は生じないが，具体
的事案の下で，規制権限を行使しないことが著しく合理性を欠くと認められ
る場合には，規制権限行使の作為義務が認められ，権限不行使は違法となる
という見解です。いかなる場合に権限不行使が著しく合理性を欠くかについ
ては，要件は特に示されておらず，個別事案ごとに具体的事情の下で判断さ
れています。

エ　裁判例の動向

当初の裁判例は，上記アの裁量権収縮論に立つものが有力であったと考え
られます（裁量権収縮論に立つ裁判例として，**東京地判昭和53年8月3日判時899号48
頁**〔東京スモン事件〕，**東京地判昭和57年2月1日判時1044号19頁**〔クロロキン薬害事件〕，
熊本地判昭和62年3月30日判時1235号3頁〔水俣病国賠事件（熊本三次第一陣）〕等）。

しかし，後記(2)①の**最判平成元年11月24日**（民集43巻10号1169頁）や後記(2)
②の**最判平成7年6月23日**（民集49巻6号1600頁）〔クロロキン薬害事件〕が上
記ウの「規制権限の不行使が著しく合理性を欠くこと」を要件とする見解を
採用するようになり，現在では，下級審裁判例もこの見解によって判断して
いるといえます。今後は，「規制権限の不行使が著しく合理性を欠くこと」
の判断基準等の累積に留意すべきものと思われます。

96

Q12　規制権限の不行使の違法

⑵　「規制権限の不行使が著しく合理性を欠くこと」を要件とする見解を採用する主な裁判例

①　**最判平成元年11月24日**（民集43巻10号1169頁）

同判例については，Ｑ8「『職務を行うについて』（職務関連性）の意義」の3⑵①参照。

②　**最判平成7年6月23日**（民集49巻6号1600頁）〔クロロキン薬害事件〕

同判例については，Ｑ8「『職務を行うについて』（職務関連性）の意義」の3⑵②参照。

③　**最判平成16年4月27日**（民集58巻4号1032頁）〔筑豊じん肺事件〕

炭鉱で粉じん作業によりじん肺にり患した者等が，国に対し，じん肺の発生・増悪を防止するために鉱山保安法に基づく規制権限を行使することを怠ったことが違法であるなどとして，国家賠償請求をした事案。

「国又は公共団体の公務員による規制権限の不行使は，その権限を定めた法令の趣旨，目的や，その権限の性質等に照らし，具体的事情の下において，その不行使が許容される限度を逸脱して著しく合理性を欠くと認められるときは，その不行使により被害を受けた者との関係において，国家賠償法1条1項の適用上違法となるものと解するのが相当である（最高裁昭和61年㈱第1152号平成元年11月24日第二小法廷判決・民集43巻10号1169頁，最高裁元年㈱第1260号同7年6月23日第二小法廷判決・民集49巻6号1600頁参照）。」「本件における以上の事情を総合すると，昭和35年4月以降，鉱山保安法に基づく上記の保安規制の権限を直ちに行使しなかったことは，その趣旨，目的に照らし，著しく合理性を欠くものであって，国家賠償法1条1項の適用上違法というべきである。」と判示し，国の規制権限不行使の違法を認めた。

④　**最判平成16年10月15日**（民集58巻7号1802頁）〔水俣病関西事件〕

水俣病の患者等が，国及び県に対し，水俣病の発生・被害拡大の防止のために規制権限を行使することを怠ったことにつき国家賠償法1条1項に基づく損害賠償請求等をした事案。

第1章　法1条 ―公務員の不法行為・総論―

　上記③の判決と同様に，①及び②の判決（規制権限の不行使に関する部分）を引用した上，「本件における以上の諸事情を総合すると，昭和35年1月以降，（上告人国が）水質二法に基づく上記規制権限を行使しなかったことは，上記規制権限を定めた水質二法の趣旨，目的や，その権限の性質等に照らし，著しく合理性を欠くものであって，国家賠償法1条1項の適用上違法というべきである。」「上告人県の責任についてみると，……（中略）……K県知事は，水俣病にかかわる前記諸事情について上告人国と同様の認識を有し，又は有し得る状況にあったのであり，同知事には，昭和34年12月末までに県漁業調整規則32条に基づく規制権限を行使すべき作為義務があり，昭和35年1月以降，この権限を行使しなかったことが著しく合理性を欠くものであるとして，上告人県が国家賠償法1条1項による損害賠償責任を負うとした原審の判断は，……（中略）……是認することができる。」と判示し，国及び県の規制権限不行使の違法を認めた。

⑤　**京都地判平成30年3月15日**（判時2375・2376合併号14頁）〔東京電力福島第一原発事故京都事件第1審判決〕

　平成23年3月11日に発生した東北地方太平洋沖地震及びこれに伴う津波により，被告東京電力ホールディングス株式会社（以下「被告東電」という。）が設置・運営する福島第一原子力発電所1～4号機において，放射性物質が外部に放出される事故（以下「本件事故」という。）が発生したため，原告らが本件事故当時の居住地から避難することを余儀なくされ，その避難費用等の損害や精神的損害が生じたとして，被告東電に対し，民法709条及び原子力損害の賠償に関する法律（以下「原賠法」という。）3条1項に基づき，また，被告国に対し，経済産業大臣が被告東電に対し電気事業法に基づく規制権限を行使しなかったことが違法であるとして，国家賠償法1条1項に基づき，それぞれ損害賠償請求をした事案。

　同地判は，被告東電に対して，大規模地震による上記発電所の敷地高を超える津波の到来を予見すべき義務及びその結果回避義務があったとして，原賠法3条1項に基づく損害賠償義務を認め，また，被告

98

国に対して，「平成14年以後，遅くとも平成18年末頃時点においては，経済産業大臣が電気事業法40条に基づく技術基準適合命令又は炉規法（筆者注：「核原料物質，核燃料物質及び原子炉の規制に関する法律」）上の権限を行使して，被告東電に対して，長期評価の見解に基づく津波高の試算をさせるとともに，敷地高を超える津波へ対応をすることを命じなかったことは，<u>その規制権限を付与された目的，権限の性質等に照らし，その許容される程度を逸脱して著しく合理性を欠くと認められる</u>から，経済産業大臣の権限不行使は，職務上の法的義務に反し違法であると認められる。」と判示した上，同大臣に過失も認められるとして，被告国の規制権限不行使の違法を是認し国家賠償責任を認めた。

　なお，同地判は，被告東電と被告国の責任割合につき，いずれもが各原告に対する損害全額に寄与したものと認められるので，被告国は被告東電とともに，全額の責任を負うと判示している。

　ところで，同地判は，全国において提訴されている福島第一原発事故の避難者集団訴訟の4件目になる判決であり，先行3判決として，①**前橋地判平成29年3月17日**（判時2339号4頁）〔東京電力福島第一原発事故群馬事件第1審判決〕，②**千葉地判平成29年9月22日**（裁判所ウェブサイト），③**福島地判平成29年10月10日**（判時2356号3頁）〔東京電力福島第一原発事故福島事件（生業訴訟）第1審判決〕があるが，①の前橋地判と③の福島地判は，本京都地判と同様に，被告国の規制権限不行使の違法を認めたが，②の千葉地判は被告国の規制権限不行使の違法を認めず，被告国の責任を否定した（なお，当該3件の判決はいずれも被告東電の賠償責任は認めた。）。また，被告東電と被告国の責任割合につき，①の前橋地判は，本京都地判と同様に，被告国の賠償額は被告東電の賠償額と同額としたが，③の福島地判は，被告国の責任は被告東電を監督する第2次的なものであるから，被告国の賠償額は被告東電の賠償額の2分の1にとどまるとしている（先行3判決内容の比較については，③の福島地判掲載の判時2356号3頁以下の解説部分を参照していただきたい。）。

第1章 法1条 —公務員の不法行為・総論—

3 規制権限不行使と反射的利益

　公務員の規制権限の行使により受ける国民の利益は，その権限の根拠を定める行政法規において保護されていることが必要です。

　したがって，行政法規が他の公益目的を達成する過程において，たまたま一定の者が反射的に受けることになる事実上の利益（反射的利益）は，法律上保護された利益ではなく，この点につき規制権限の不行使があっても国家賠償法上違法の評価を受けることはありません（前記2(2)①の**最判平成元年11月24日民集43巻10号1169頁**。なお，反射的利益については**Q10「『違法性』の意義等」**参照）。

100

Q13 抗告訴訟と国家賠償法の関係

Q13 抗告訴訟と国家賠償法の関係

⑴　行政処分の違法を理由に国家賠償請求をするに当たり，あらかじ
　めその処分の取消訴訟等を提起する必要がありますか。
⑵　処分の取消訴訟等において行政処分の違法の存在を否定する請求
　棄却の判決が確定した場合，その既判力が後に提起された国家賠償
　訴訟に及びますか。
⑶　抗告訴訟（処分の取消訴訟等）の違法性と国家賠償法の違法性との
　判断は，異なる判断をすることができますか。

A
⑴　判例では，行政処分の違法を理由に国家賠償請求をするために，
　あらかじめ処分の取消しや無効の判決を得ておく必要はないとし
　ています。
⑵　判例では，処分の取消訴訟等における上記請求棄却の確定判決
　の既判力は，後に提起された国家賠償訴訟に及びます。
⑶　裁判例では，取消訴訟等における行政処分の違法性と国家賠償
　法における行政処分の違法性には差異があり，両者の目的の相違
　から，前者（取消訴訟等）に違法性があっても，後者（国家賠償請
　求）に違法性がないと判断されることがあります（違法性相対説）。

抗告訴訟と国家賠償法の関係

⑴　行政処分の違法を理由に国家賠償請求をするために，あらかじめ処分の取
　消しや無効の判決を得ておく必要はない。
⑵　処分の取消訴訟等において行政処分の違法の存在を否定する請求棄却の判
　決が確定した場合，その既判力が後に提起された国家賠償訴訟に及ぶ。
⑶　取消訴訟等における行政処分の違法性と国家賠償法における行政処分の違
　法性には差異があり，両者の目的の相違から，前者（取消訴訟等）に違法性
　があっても，後者（国家賠償請求）に違法性がないと判断されることがある。

101

第1章　法1条 ―公務員の不法行為・総論―

1　抗告訴訟（処分の取消訴訟等）と国家賠償請求訴訟の関係

⑴　処分の取消訴訟等の判決と国家賠償請求訴訟の提起

　抗告訴訟とは，行政庁の公権力の行使に関する不服の訴訟をいい（行政事件訴訟法3条1項），行政事件訴訟法は，抗告訴訟として，処分の取消訴訟（同条2項），裁決の取消訴訟（同条3項），無効等確認訴訟（同条4項），不作為の違法確認訴訟（同条5項）等を規定しています。

　行政処分（同条2項参照）は，国家賠償法1条1項の「公権力の行使」に当たりますが，行政処分には，公定力があり，処分庁等による職権取消し，行政上の不服申立てによる取消し，抗告訴訟の判決による取消し，無効確認判決があるまで有効であると解されています。

　そこで，行政処分の違法を理由に国家賠償請求をするに当たり，あらかじめその取消訴訟等を提起しなければならないかが問題になりますが，裁判例は，行政処分の違法を理由に国家賠償請求をするために，あらかじめ処分の取消しや無効の判決を得ておく必要はないとしています。

⑵　**主な裁判例**

　①　**最判昭和36年4月21日（民集15巻4号850頁）**

　　　行政処分の無効確認訴訟提起後に処分庁がその処分を取り消した場合において，上告人が無効確認訴訟を提起したのは，国家賠償請求をするための前提であるから，無効確認訴訟の訴えの利益が失われることはないと主張した事案。

　　　「行政処分が違法であることを理由として国家賠償の請求をするについては，あらかじめ右行政処分につき取消又は無効確認の判決を得なければならないものではないから，本訴が被上告人委員会の不法行為による国家賠償を求める目的に出たものであるということだけでは，本件買収計画の取消後においても，なおその無効確認を求めるにつき法律上の利益を有することの理由とするに足りない。」と判示し，国家賠償請求をするために，あらかじめ取消訴訟等の判決を得ておく必要はないとした（なお，無効確認訴訟の訴えの利益は否定。）。

102

② **最判平成22年6月3日**（民集64巻4号1010頁）

固定資産の価格を過大に決定されたことによって損害を被った納税者が，地方税法432条1項本文に基づく審査の申出及び同法434条1項に基づく取消訴訟等の手続を経ることなく，国家賠償請求をした事案。

「地方税法は，固定資産評価審査委員会に審査を申し出ることができる事項について不服がある固定資産税等の納税者は，同委員会に対する審査の申出及びその決定に対する取消しの訴えによってのみ争うことができる旨を規定するが，同規定は，固定資産課税台帳に登録された価格自体の修正を求める手続に関するものであって（435条1項参照），当該価格の決定が公務員の職務上の法的義務に違背してされた場合における国家賠償責任を否定する根拠となるものではない。」「したがって，たとい固定資産の価格の決定及びこれに基づく固定資産税等の賦課決定に無効事由が認められない場合であっても，公務員が納税者に対する職務上の法的義務に違背して当該固定資産の価格ないし固定資産税等の税額を過大に決定したときは，これによって損害を被った当該納税者は，地方税法432条1項本文に基づく審査の申出及び同法434条1項に基づく取消訴訟等の手続を経るまでもなく，国家賠償請求を行い得るものと解すべきである。」と判示し，国家賠償請求を否定した原判決を破棄し，職務上の法的義務に違背等の有無を更に審理させるため原審裁判所に差し戻した。

(2) **抗告訴訟の請求棄却判決の既判力と国家賠償請求**

ア **抗告訴訟の請求棄却判決の既判力が国家賠償請求に及ぶか**（肯定）

処分の取消訴訟等において行政処分の適法性が確定した場合，その既判力は後に提起された国家賠償訴訟に及ぶと解されています。

したがって，処分の取消訴訟等において当該行政処分の違法の存在を否定する請求棄却の確定判決があるときは，後の国家賠償請求訴訟において，行政処分の違法性に関し取消訴訟等の判決の判断に反する主張をすることはできないし，また，裁判所もこれと異なる判断ができないと解されます。

後記イの最高裁判例も同様な判断をしています。

なお，後記2で述べる違法性相対説（判例）の立場からは，取消訴訟にお

第1章 法1条 —公務員の不法行為・総論—

いて行政処分の違法性について既判力が生じたとしても，直ちに国家賠償法
上も違法性が認められることにはならないことに注意すべきです。

　イ　裁判例

　　① **最判昭和48年3月27日（裁判集民事108号529頁）**

　　　　換地処分取消訴訟の請求棄却の確定判決後に当該換地処分の違法を
　　　理由とする国家賠償請求を維持した事案。

　　　　「上告人が，本件において主張する違法と，所論換地処分取消請求
　　　訴訟において主張した違法とは，その内容において異なるものではな
　　　いことが記録上認められるから，右行政訴訟において上告人が請求棄
　　　却の確定判決を受け，本件換地処分につき取消原因となる違法の存在
　　　が否定された以上，その既判力により，本件においても，右換地処分
　　　が違法であるとの判断はできないものというべきである。」と判示し，
　　　当該換地処分取消訴訟の請求棄却判決の既判力が，同じ違法を理由と
　　　する国家賠償請求訴訟に及ぶことを認めた。

2　抗告訴訟の違法性と国家賠償法の違法性との関係

(1)　違法性一元説と違法性相対説

　抗告訴訟（処分の取消訴訟等）の違法性と国家賠償法の違法性との関係は，
違法な行政処分に対して，被処分者が取消訴訟を提起するとともに，これに
よる損害について国家賠償請求訴訟を提起する場合に問題となります。

　両者の違法性は同一であるとする説（違法性一元説）からは，両訴訟の違法
性の判断が異なることは許されませんが，両者の違法性には差異があるとす
る説（違法性相対説）からは，異なる判断が許されることになります。

　この点については，取消訴訟等における行政処分の違法性の有無は，当該
処分の効力を維持すべきかどうかという観点から，実体上又は手続上の要件
を充足しているか否かが判断されるのに対し，国家賠償法における行政処分
の違法性の有無は，法的利益を侵害された当該個別国民に対して負担する職
務上の法的義務に違反するか否かが判断されることになり，両者の違法性に

104

は差異があると解されます（違法性相対説）。

以下のように近時の裁判例も違法性相対説に立っています。

(2) **違法性相対説に立つ主な裁判例**

① **最判平成 5 年 3 月11日**（民集47巻 4 号2863頁）

税務署長が収入金額を確定申告の額より増額しながら必要経費の額を確定申告の額のままとして所得税の更正をしたため，当該更正につき国家賠償請求された事案。

「税務署長のする所得税の更正は，所得金額を過大に認定していたとしても，そのことから直ちに国家賠償法 1 条 1 項にいう違法があったとの評価を受けるものではなく，税務署長が資料を収集し，これに基づき課税要件事実を認定，判断する上において，職務上通常尽くすべき注意義務を尽くすことなく漫然と更正をしたと認め得るような事情がある場合に限り，右の評価を受けるものと解するのが相当である。」と判示し，違法な行政処分を行ったとしても，直ちに国家賠償法上違法の評価を受けるものではないとした。

② **東京地判平成元年 3 月29日**（判時1315号42頁）

公安委員会による自動車運転免許取消処分の違法を理由に国家賠償請求をした事案。

「国家賠償法上の違法性は，公務員が具体的状況の下において職務上尽くすべき法的義務に違反したかどうかという観点から判断すべきものであり，したがって，行政処分がその根拠となる行政法規に定める実体的又は手続的な要件を客観的に欠缺しているかどうかという瑕疵判断とは，その判断基準を異にしている」として，自動車運転免許取消処分の違法を理由に同処分を取り消しながら，担当委員等には国家賠償法上の違法がない旨判示した。

③ **最判平成 3 年 4 月26日**（民集45巻 4 号653頁）〔熊本水俣病認定不作為事件〕

水俣病にり患したとする者が，知事に対して水俣病認定申請をしたにもかかわらず，長期間にわたり処分が留保され，その間不安定な地位におかれ精神的苦痛を被ったとして国家賠償請求（慰謝料）をした

第1章　法1条 —公務員の不法行為・総論—

事案。

　「処分庁の侵害行為とされるものは不処分ないし処分遅延という状態の不作為であるから，これが申請者に対する不法行為として成立するためには，その前提として処分庁に作為義務が存在することが必要である。……（中略）……また，作為義務のある場合の不作為であっても，その作為義務の類型，内容との関連において，その不作為が内心の静穏な感情に対する介入として，社会的に許容し得る態様，程度を超え，全体としてそれが法的利益を侵害した違法なものと評価されない限り，不法行為の成立を認めることができないと解すべきである。これを，本件についてみると，次のとおりである。……（中略）……一般に，処分庁が認定申請を相当期間内に処分すべきは当然であり，これにつき不当に長期間にわたって処分がされない場合には，早期の処分を期待していた申請者が不安感，焦燥感を抱かされ内心の静穏な感情を害されるに至るであろうことは容易に予測できることであるから，処分庁には，こうした結果を回避すべき条理上の作為義務があるということができる。そして，処分庁が右の意味における作為義務に違反したといえるためには，客観的に処分庁がその処分のために手続上必要と考えられる期間内に処分できなかったことだけでは足りず，その期間に比して更に長期間にわたり遅延が続き，かつ，その間，処分庁として通常期待される努力によって遅延を解消できたのに，これを回避するための努力を尽くさなかったことが必要であると解すべきである。」と判示し，不作為の違法確認訴訟の違法と不作為を理由とする国家賠償訴訟の違法が異なることを認めた（本判決は，原判決がこうした判断基準を前提とする事実認定をしていなかったとして破棄し原審に差し戻した。）。

106

第2章

法 1 条
―類型別検討―

第 2 章　法 1 条 —類型別検討—

Q14　国家賠償法 1 条関係の類型別検討①：国会・地方議会関係

(1)　国会の立法行為（作為・不作為を含む。）が違憲又は違法と判断された場合に，これが直ちに国家賠償法 1 条 1 項の適用上も違法と評価されますか。

(2)　地方議会の条例制定行為の場合はどうですか。

A

(1)　判例では，国会議員の立法行為の違法性について職務行為基準説に立ち，「立法内容の違憲性」と「立法行為の国家賠償法上の違法性」とは区別されるべきである（違法性二元説）とし，国会議員は立法に関しては，原則として個別の国民に対して法的義務を負わないものの，例外的に国家賠償法上，違法の評価を受ける場合として「立法の内容が憲法の一義的な文言に違反しているにもかかわらず国会があえて当該立法を行うというごとき，容易に想定し難いような例外的な場合」であるとしています（**最判昭和60年11月21日民集39巻 7 号1512頁**等）。

(2)　地方議会の条例制定行為についても，裁判例では上記(1)と同様に解されています。

国会の立法行為（作為・不作為を含む。）の国家賠償法上の違法性について

(1)　**最判昭和60年11月21日**（**民集39巻 7 号1512頁**）では，

①　国会議員の立法行為の違法性について職務行為基準説に立ち，「立法内容の違憲性」と「立法行為の国家賠償法上の違法性」とは区別されるべきである（違法性二元説）とし，

②　国会議員は立法に関しては，原則として個別の国民に対して法的義務を負わないものの，

③　例外的に国家賠償法上，違法の評価を受ける場合として「立法の内容が憲法の一義的な文言に違反しているにもかかわらず国会があえて当該立法

108

を行うというごとき，容易に想定し難いような例外的な場合」であるとしている。

(2) なお，地方議会の条例制定行為についても，同様に解されている。

1 国会の立法行為及び地方議会の条例制定行為の違憲・違法性と国家賠償請求等

国会の立法行為及び地方議会の条例制定行為が違憲又は違法と判断された場合に，これが直ちに国家賠償法1条1項の適用上も違法と評価されるのか（違法性一元説），それとも，国会の立法や条例の違憲・違法性と立法行為等の国家賠償法上の違法性と区別して考えるべきであるのか（違法性二元説）という問題があります。

また，国会議員の免責特権（憲法51条）と関係して，国会議員が国会内での発言で第三者の名誉等を侵害した場合において，どのような判断基準の下で国家賠償の対象となるか問題となります。

以下，これらの点について，国会関係と地方議会関係に分けて，裁判例を中心に検討します。

2 国会関係

「国会の立法行為（作為・不作為を含む。）」と「国会議員の質疑応答等」に分けて，それぞれ国家賠償法1条の適用対象となるか検討します。

(1) 国会の立法行為（作為・不作為を含む。）

通説・判例は，国家賠償法上，立法行為を除外する特別規定がないことなどから，立法行為（作為・不作為を含む。）が国家賠償法1条の適用の対象となることを肯定しています。

ア 立法行為（作為・不作為を含む。）の違法性の判断

(ア) 立法行為の違法性に関しての基本的判例は，後記イ①の**最判昭和60**

第2章　法1条 ―類型別検討―

年11月21日（民集39巻7号1512頁）〔在宅投票事件〕です。

　当該最判以前の裁判例は，立法の内容が違憲となる場合には，当該立法行為もまた当然違法になるとの立場（違法一元説（違憲即違法説））を採っていました（**札幌高判昭和53年5月24日判時888号26頁〔在宅投票事件控訴審判決〕**等）。

　これに対し，上記最判は，国会の立法行為（不作為を含む。）が国家賠償法1条1項の違法に当たるか否かの問題について，①「国会議員の立法過程における行動が個別の国民に対して負う職務上の法的義務に違背したかどうか（筆者注：職務行為基準説）の問題であって，当該立法の内容の違憲性の問題とは区別されるべきであり，仮に当該立法の内容が憲法の規定に違反する廉があるとしても，その故に国会議員の立法行為が直ちに違法の評価を受けるものではない。」と判示し，立法内容の違憲性と立法行為の国家賠償法上の違法性とは区別されるべきである（違法性二元説）とした上で，「国会議員は，立法に関しては，原則として，国民全体に対する関係で政治的責任を負うにとどまり，個別の国民の権利に対応した関係での法的義務を負うものではない」と判示しました。次いで，②同最判は，例外的に個別の国民に対する関係で法的義務違反の責任を負う場合に関して，「国会議員の立法行為は，立法の内容が憲法の一義的な文言に違反しているにもかかわらず国会があえて当該立法を行うというごとき，容易に想定し難いような例外的な場合でない限り，国家賠償法1条1項の規定の適用上，違法の評価を受けない」と判示しました。

　すなわち，同最判は，国会議員の立法行為の違法性について職務行為基準説に立ち，「立法内容の違憲性」と「立法行為の国家賠償法上の違法性」とは別物であるとして，違法性二元説に立脚し，国会議員は立法に関しては，原則として個別の国民に対して法的義務を負わないものの，例外的に国家賠償法上，違法の評価を受ける場合として「立法の内容が憲法の一義的な文言に違反しているにもかかわらず国会があえて当該立法を行うというごとき，容易に想定し難いような例外的な場合」であるとしています。

なお，同最判の上記判断法理は，その後の裁判例に採用されていま
す（後記イの各裁判例参照）が，同最判と異なる趣旨をいうものではな
いとしながら，国家賠償請求を認容した最高裁判例もあるので，注意
を要します（後記イ②の**最大判平成17年9月14日（民集59巻7号2087頁）**〔在外
日本人選挙権事件〕）。

㈡　また，上記最判昭和60年11月21日の上記判断法理は，条約締結の承
認に関する議決行為や財政に関する議決行為など，多数決原理により
統一的な国家意思を形成する行為一般に妥当すると考えられます（大
橋弘「判解」平成9年度（下）1192頁）。

さらに，同最判の上記判断法理は，条例制定権を持つ地方議会にも
妥当するというのが裁判例です（後記3参照）。

イ　立法行為に関する主な裁判例

①　**最判昭和60年11月21日（民集39巻7号1512頁）〔在宅投票事件〕**

在宅投票制度を廃止しこれを復活しない立法行為は，在宅選挙人
（疾病，負傷，身体の障害等により歩行が著しく困難である選挙人）の選挙権の
行使を妨げ，憲法13条等に違反するもので，国会議員による違法な公
権力の行使であり，これが原因で選挙において投票することができず
精神的損害を受けたとする者（上告人）から国に対して国家賠償請求
をした事案。

「国家賠償法1条1項は，国又は公共団体の公権力の行使に当たる
公務員が個別の国民に対して負担する職務上の法的義務に違背して当
該国民に損害を加えたときは，国又は公共団体がこれを賠償する責に
任ずることを規定するものである。したがって，国会議員の立法行為
（立法不作為を含む。以下同じ。）が同項の適用上違法となるかどうか
は，国会議員の立法過程における行動が個別の国民に対して負う職務
上の法的義務に違背したかどうかの問題であって，当該立法の内容の
違憲性の問題とは区別されるべきであり，仮に当該立法の内容が憲法
の規定に違反する廉があるとしても，その故に国会議員の立法行為が
直ちに違法の評価を受けるものではない。……（中略）……以上のと
おりであるから，国会議員は，立法に関しては，原則として，国民全

第2章 法1条 ―類型別検討―

体に対する関係で政治的責任を負うにとどまり，個別の国民に対応した関係での法的義務を負うものではないというべきであって，国会議員の立法行為は，立法の内容が憲法の一義的な文言に違反しているにもかかわらず国会があえて当該立法を行うというごとき，容易に想定し難いような例外的な場合でない限り，国家賠償法1条1項の規定の適用上，違法の評価を受けないものといわなければならない。」と判示し，本件は上記例外的な場合に当たると解すべき余地はないとして，上告人の請求を棄却した。

なお，同最判の判断法理は，(a)**最判平成2年2月6日（訟月36巻12号2242頁）**〔西陣ネクタイ事件〕（同最判は，生糸の一元輸入措置及び生糸価格安定制度を内容とする繭糸価格安定法改正の立法行為が，国家賠償法1条1項の適用上，違法の評価を受けない旨判示。），(b)**最判平成5年9月10日（税務訴訟資料198号813頁）**（同最判は，消費税法の立法行為は，立法の内容が憲法の一義的な文言に違反しているにもかかわらず国会があえて当該立法を行うというごとき，容易に想定し難いような例外的な場合に当たると解する余地はないから，国家賠償法1条1項の適用上，違法の評価は受けない旨判示。），(c)**最判平成7年12月5日（判時1563号81頁）**〔再婚禁止期間違憲訴訟〕（同最判は，再婚禁止期間について男女間に差異を設ける民法733条を改廃しない国会ないし国会議員の行為は，国家賠償法1条1項の適用上，違法の評価を受けない旨判示。）等に採用されています。

② **最大判平成17年9月14日（民集59巻7号2087頁）**〔在外日本人選挙権事件〕

国外居住者で国内住所を有していない日本国民の国政選挙権について，平成8年10月20日の衆議院議員総選挙の施行に至るまで10年以上にわたって国会が国政選挙の投票を可能にするための立法措置を執らなかったことにつき，当該衆議院議員総選挙に投票できなかった在外国民ら（上告人ら）が精神的苦痛を被ったとして国家賠償請求（1人当たり5万円の慰謝料請求）等をした事案。

同最判は，国家賠償法1条1項の違法性の法的性質について前記**最判昭和60年11月21日**と同様の前提に立ちつつも，「立法の内容又は立

112

法不作為が国民に憲法上保障されている権利を違法に侵害するもので
あることが明白な場合や，国民に憲法上保障されている権利行使の機
会を確保するために所要の立法措置を執ることが必要不可欠であり，
それが明白であるにもかかわらず，国会が正当な理由なく長期にわ
たってこれを怠る場合などには，例外的に，国会議員の立法行為又は
立法不作為は，国家賠償法1条1項の規定の適用上，違法の評価を受
けるものというべきである。最高裁昭和53年(オ)第1240号同60年11月21
日第一小法廷判決・民集39巻7号1512頁は，以上と異なる趣旨をいう
ものではない。」と判示した上で，平成8年10月20日の衆議院議員総
選挙の施行に至るまで10年以上の長きにわたって国会が在外日本人の
国政選挙における投票を可能にするための立法措置を執らなかったこ
とにつき，「このような著しい不作為は上記の例外的な場合に当たり，
このような場合においては，過失の存在を否定することはできな
い。」と判示し，国家賠償法1条1項の適用上違法の評価を受けると
して，国家賠償請求（1人慰謝料5,000円の限度）を認容した。

　同最判は，大法廷判決であるところ，前記**最判昭和60年11月21日**
〔在宅投票事件〕と異なる趣旨をいうものでないと判示しながら，国
家賠償請求を認容した事案であり，今後の裁判例の累積が待たれます。

(2) 内閣の法律案提出（不提出）の違法と裁判例

ア　内閣の法律案提出（不提出）の違法

　国会ないし国会議員の立法行為（作為・不作為を含む。）に関連して，内閣が
法律案を国会に提出する（提出しない）行為の違法性が問題とされることがあ
ります。この点につき，判例（後記イ裁判例①参照）は，内閣の法律案提出（不
提出）行為が国会の立法行為に吸収されるので，内閣の法律案提出（不提出）
行為自体の違法性を独自に検討する必要はないとしています。

イ　裁判例

①　**最判昭和62年6月26日**（判時1262号100頁）

　(a)国会ないし国会議員が一般民間人被災者を対象として戦傷病者戦
没者遺族等援護法と同等の立法をしないこと（立法不作為），あるいは，
(b)内閣が同立法に係る法律案を国会に提出しない行為が違法であると

第2章　法1条 —類型別検討—

して，一般民間人被災者（上告人）が国家賠償請求をした事案。

同最判は，上記(a)の国会ないし国会議員の立法不作為については，前記**最判昭和60年11月21日**の判断法理を引用し，補償のために適宜の立法措置を講ずるか否かの判断は国会の裁量的権限に委ねられるとして，「これが前示の例外的場合に当たると解すべき余地はないものというべきである」と判示し，国家賠償法1条1項の適用上，違法の評価を受けるものではないとし，次いで，上記(b)の内閣が法律案を国会に提出しない不作為については，「立法について固有の権限を有する国会ないし国会議員の前記立法不作為につき，国家賠償法1条1項の適用上違法性を肯定することができないものであること前記のとおりである以上，国会に対して法律案の提出権を有するにとどまる内閣の前記法律案不提出についても，同条項の適用上違法性を観念する余地のないことは当然というべきである。」と判示し，上告人らの請求を棄却した。

(3)　**国会議員の国会における質疑等の違法と主な裁判例**

ア　**国会議員の国会における質疑等の違法**（違法限定説）

憲法51条は，「両議院の議員は，議院で行った演説，討論又は表決について，院外で責任を問はれない。」と規定し，議院外において法的責任（民事・刑事責任のほか，弁護士等の懲戒責任等を含む。）を問われません（国会議員の免責特権）。

そこで，国会において，国会議員は法案審議等のため質疑等を行いますが，この質疑等において他人の名誉を毀損した場合に，どのような判断法理の下に国が国家賠償法1条1項の責任を負うか問題があります。

この点につき，**最判平成9年9月9日**（民集51巻8号3850頁）は，国会議員が国会で行った質疑等において，国の損害賠償責任が肯定されるためには，「当該国会議員が，その職務とはかかわりなく違法又は不当な目的をもって事実を摘示し，あるいは，虚偽であることを知りながらあえてその事実を摘示するなど，国会議員がその付与された権限の趣旨に明らかに背いてこれを行使したものと認め得るような特別の事情があることを必要とすると解するのが相当である。」と判示しています。すなわち，同最判は，国が国家賠償

114

法1条1項の責任を負うのは，国会議員が違法・不法の目的等をもって，その付与された権限の趣旨に明らかに背いてこれを行使したものと認め得るような特別の事情がある場合に限定しました（違法限定説）。

なお，国会議員の質疑や発言が憲法58条2項で規定する「議院の懲罰権」の対象となることは別問題です。

また，国務大臣としての答弁については，憲法51条の免責特権が及ぶとは解されず，国会議員が国会で行った質疑等と同視し得るとまではいえない（つまり，前記**最判平成9年9月9日**が直接適用されない。）とする下級審裁判例（後記イ裁判例①）があります。

イ　主な裁判例

①　**大阪高判平成17年11月30日**（訟月52巻9号2776頁）

国会議員であり，国務大臣であった者が国会の委員会における答弁中の「私を脅迫している人に遊びに来なさいなんて，私は言いません。」「私は，むしろ脅迫，恐喝されたのを知らなかっただけの話で，……（中略）……，私はむしろ被害者でございます。」という発言部分（以下「本件脅迫等部分」という。）について，控訴人が自己の名誉を毀損するものであるとして，国家賠償請求をした事案。

本判決は，国務大臣としての答弁は，憲法51条の免責特権が及ぶとは解されず，国会議員が国会で行った質疑等と同視し得るとまではいえない（つまり，前記**最判平成9年9月9日**が直接適用されない。）としながら，「本件脅迫等部分においては，『脅迫している人』並びに『脅迫，恐喝された』との控訴人の社会的評価を低下させるおそれのある表現がされており，これが国務大臣の発言として穏当でないことはいうまでもないものの，未だ国務大臣であった補助参加人が控訴人に対して負担していた職務上の法的義務に違背したとまでは認められず，国家賠償法1条1項所定の違法性があったとはいえないと解するのが相当である。」と判示し，控訴人の請求を棄却した。

第2章　法1条 ―類型別検討―

3 地方議会の条例制定行為（不制定行為）と主な裁判例

(1) 地方議会の条例制定行為（不制定行為）

　地方議会の条例制定行為（不制定行為）が違憲又は違法と判断された場合に，これが直ちに国家賠償法1条1項の損害賠償請求の対象となるのか否かについても，裁判例では，前記2(1)イ①の**最判昭和60年11月21日**（民集39巻7号1512頁）〔在宅投票事件〕及び同②の**最大判平成17年9月14日**（民集59巻7号2087頁）〔在外日本人選挙権事件〕の判断法理が採用され，条例の違憲・違法性と条例制定行為等の国家賠償法上の違法性と区別して考えるべきであるとしています（違法性二元説）。

(2) 主な裁判例

① **東京地判昭和62年10月16日**（判時1299号97頁）

　東京都議会議員選挙（昭和60年7月）当時の議員定数配分の定めが選挙人及び候補者に対する関係で投票価値に著しい不平等があり，違法であるとして，選挙人（原告）が国家賠償請求をした事案。

　「都議会議員及び都知事は，立法過程における行為に関しては，原則として，住民全体に対する関係で政治的責任を負うにとどまり，個別の住民に対応した関係での法的義務を負うものではないから，ある条例の内容が憲法又は法律の一義的な文言に違反しているにもかかわらず議会があえてこれを制定する場合あるいは既存の条例の内容が憲法又は法律の一義的な文言に違反していることが明白であり，かつ，右違憲又は違法の条例の改正案の発議・提出をするのに通常必要と考えられる相当期間を経過したにもかかわらず，都議会議員及び都知事があえて右改正案の発議・提出を行わない場合などのごとき，容易に想定し難いような例外的な場合でない限り，都議会議員及び都知事の右各行為は，個別の住民の権利に対応した関係での職務上の法的義務に違反するものではなく，国賠法1条1項の規定の適用上違法の評価を受けることはないといわなければならない（最高裁判所昭和60年11月21日第1小法廷判決，民集39巻7号1512頁参照）。」と判示した上，本件が上記例外的な場合に当たらないとして，原告の請求を棄却した。

なお，前記**最判昭和60年11月21日**を引用する裁判例として，上記①
の判決の外，(a)**名古屋地判平成17年１月26日**（**判時1941号49頁**）〔愛知
県給与抑制条例事件〕（県職員の給与等を抑制する条例の内容が憲法又は法律
の一義的な文言に違反していると認めることはできないとして，県職員の県に対
する国家賠償請求を棄却した。），(b)**千葉地判昭和61年９月29日**（**判時1226号
111頁**）（千葉県議会議員の定数条例改正の立法行為は，同県議会議員が原告（県
民）に対して負う職務上の法的義務に違背したということはできないので，国家
賠償法上，違法の評価を受けないとして，原告の国家賠償請求を棄却した。）等
がある。

② 　**東京高判平成21年１月29日**（**判時2057号６頁**）〔横浜市立保育園廃止
　処分取消請求事件〕

　横浜市が４つの市立保育園の廃止及び民営化を内容とする条例を制
定したのに対し，本件４園に入所等していた児童及びその保護者ら
（被控訴人ら）が，本件条例の制定は行政処分に該当し，児童らの保育
所選択権等を侵害するもので違法であるとして，本件４園の廃止処分
の取消し及び国家賠償請求をした事案。

　「控訴人の設置運営する保育所の廃止は，保育所を取り巻く諸事情
を総合的に考慮した上での控訴人の政策的な裁量判断に委ねられてい
るものというべきであり，ましてや本件民営化のごとく住民による選
挙で選ばれた議員によって構成される市議会の議決による条例の改正
により本件４園が廃止された場合において，条例の制定行為が国家賠
償法１条１項の適用上違法となるかどうかは，控訴人の市議会議員の
条例制定過程における行動が個別の市民に対して負う職務上の法的義
務に違背したかどうかの問題であって，本件改正条例の内容が法令の
規定に違反する廉があるとしても，その故に本件改正条例定立行為が
直ちに違法の評価を受けるものではない（最高裁判所昭和53年㋑第
1240号同60年11月21日第一小法廷判決・民集39巻７号1512頁参照）。
結局のところ，本件改正条例制定行為が国家賠償法１条１項の適用上
違法と評価されるのは，その条例の内容が市民に保障されている権利
ないし法的利益を違法に侵害するものであることが明白な場合に限ら

第2章 法1条 —類型別検討—

れると解される（最高裁判所平成13年（行ツ）第82号，第83号，平成13年（行ヒ）第76号，第77号同17年9月14日大法廷判決・民集59巻7号2087頁参照）。」と判示し，本件改正条例制定が被控訴人らの保育実施を受ける利益を明らかに侵害するとはいえないなどとして，国家賠償法上の違法性も否定し，原判決を取り消して被控訴人らの国家賠償請求を棄却した（なお，本高判は，本件改正条例制定は，特定個人の権利義務ないし法的地位を直接定めるものではないなどとして，その処分性を否定し，本件4園の廃止処分の取消しを求める請求部分を不適法として却下した。）。

Q15　国家賠償法1条関係の類型別検討②：裁判官，書記官，執行官関係

Q15 国家賠償法 1 条関係の類型別検討②：裁判官，書記官，執行官関係

(1) 裁判官の職務行為について国家賠償法 1 条 1 項の賠償責任が生じるのはどのような場合ですか。

(2) 裁判所書記官及び執行官の場合はどうですか。

A

(1) 判例では，原則として，裁判官の職務行為について国家賠償責任が肯定されるには，当該裁判官が違法又は不当な目的をもって裁判をしたなど，裁判官がその付与された権限の趣旨に明らかに背いてこれを行使したものと認め得るような特別の事情があることが必要であるとされています（違法限定説）。

(2) 裁判所書記官及び執行官の場合には，その職務の性質上，違法限定説は妥当せず，一般に職務行為基準説により判断されます。

裁判官，裁判所書記官，執行官の各職務の国家賠償法上の違法性について

①	裁判官の場合	裁判官の職務行為について国家賠償責任が肯定されるには，原則として，当該裁判官が違法又は不当な目的をもって裁判をしたなど，裁判官がその付与された権限の趣旨に明らかに背いてこれを行使したものと認め得るような特別の事情があることを必要とされる（違法限定説）。ただし，（ⅰ）強制競売等の特殊性から国家賠償法の適用を制限する裁判例や（ⅱ）違法限定説によらなくても，違法性がないことを認定・判断できる場合には，違法限定説に依拠しない裁判例等がある。
②	裁判所書記官・執行官の場合	これらの場合には，その職務の性質上，違法限定説は妥当せず，一般に職務行為基準説により判断される。

第 2 章　法 1 条 ―類型別検討―

1　裁判所関係

　ここでは，裁判官，裁判所書記官，執行官について，国家賠償法 1 条 1 項の違法性の判断基準について検討します。

　特に，裁判官には，憲法上，裁判官の独立が保障されていること（憲法76条 3 項）や上訴制度が存在することなどから，違法性の判断は狭く解釈される素地があると考えられます。

2　裁判官

⑴　裁判官の行う裁判についての国家賠償法適用の有無

　裁判官の行う裁判にも，原則として国家賠償法が適用されます。この点につき，**最判昭和43年 3 月15日**（**判時524号48頁**）は，法廷等の秩序維持に関する法律 2 条 1 項の規定に基づく制裁決定の違法を理由とする国家賠償請求について，「裁判官のなす職務上の行為について，一般に国家賠償法の適用があることは所論のとおりであって，裁判官の行う裁判についても，その本質に由来する制約はあるが，同法の適用が当然排除されるものではない。」と判示しています（ただし，同最判は上告人の請求は理由がないとして上告を棄却した。）。

　なお，例外として，不動産の強制競売の事案で，その強制競売等の特殊性から，国家賠償法の適用を制限する裁判例もあります（後記⑵イ(イ)①の**最判昭和57年 2 月23日民集36巻 2 号154頁**）。

⑵　違法性の判断基準と主な裁判例

ア　違法性の判断基準（違法限定説が原則）

　　(ア)　現在の実務には，原則として，裁判官の職務行為について国家賠償責任が肯定されるには，当該裁判官が違法又は不当な目的をもって裁判をしたなど，裁判官がその付与された権限の趣旨に明らかに背いてこれを行使したものと認め得るような特別な事情があることを必要とすると解されています（後記イ(ア)①の**最判昭和57年 3 月12日民集36巻 3 号329**

頁等)。このような見解を「違法限定説」といい，現在の実務に定着しています。

この違法限定説を妥当とする根拠は，①裁判官の良心に従った裁判と裁判官の独立の保障（憲法76条3項），②裁判の終局性と完結性，上訴制度の存在等の裁判制度の本質，③裁判行為の相対的性格等にあると解されています（『理論と実際』95頁参照）。

なお，例外として，上記のように強制競売等の特殊性から，国家賠償法の適用が制限する裁判例（後記イ(イ)裁判例①）がありますが，これは違法限定説と相反するものではないと解されています（深見『国家賠償訴訟』108頁）。また，違法限定説によらなくても，違法性がないことを認定・判断できる場合には，違法限定説に依拠しない場合もあります（後記イ(イ)裁判例②③）。

(イ) 違法限定説に立つ前記**最判昭和57年3月12日**は，控訴期間の徒過により原告敗訴の第1審判決が確定していた民事訴訟の事案につき，これは担当裁判官の違法な判決によるものであるとして国家賠償請求をした事案に関するものであり，上訴，再審等の違法是正手段をとらなくとも，国家賠償請求をできることを否定するものではないと考えられます（深見『国家賠償訴訟』104頁）。

イ 違法性の判断に関する主な裁判例

(ア) 違法限定説に立つ裁判例

① **最判昭和57年3月12日**（**民集36巻3号329頁**）

控訴期間の徒過により原告敗訴の第1審判決が確定していた民事訴訟の事案につき，これは担当裁判官の違法な判決によるものであるとして，当該敗訴者（上告人）が国に対して国家賠償請求をした事案。

「裁判官がした争訟の裁判に上訴等の訴訟法上の救済方法によって是正されるべき瑕疵が存在したとしても，これによって当然に国家賠償法1条1項の規定にいう違法な行為があったものとして国の損害賠償責任の問題が生ずるわけのものではなく，右責任が肯定されるためには，当該裁判官が違法又は不当な目的をもって裁判をしたなど，裁判官がその付与された権限の趣旨に明らかに背いてこれを行使したも

第2章　法1条 —類型別検討—

のと認めうるような特別の事情があることを必要とすると解するのが相当である。……（中略）……したがって，本件において仮に前訴判決に所論のような法令の解釈・適用の誤りがあったとしても，それが上訴による是正の原因となるのは格別，それだけでは未だ右特別の事情がある場合にあたるものとすることはできない。」と判示し，上告人の請求に理由がないとした。

② **最判平成元年3月8日**（民集43巻2号89頁）〔レペタ事件〕

　一般傍聴人が法廷内でメモを取る行為を裁判長が法廷警察権に基づき事前に禁止した措置が違法であるとして，国に対して国家賠償請求をした事案。

　「法廷警察権の趣旨，目的，更に遡って法の支配の精神に照らせば，その行使に当たっての裁判長の判断は，最大限に尊重されなければならない。したがって，それに基づく裁判長の措置は，それが法廷警察権の目的，範囲を著しく逸脱し，又はその方法が甚だしく不当であるなどの特段の事情のない限り，国家賠償法1条1項の規定にいう違法な公権力の行使ということはできないものと解するのが相当である。このことは，前示のような法廷における傍聴人の立場にかんがみるとき，傍聴人のメモを取る行為に対する法廷警察権の行使についても妥当するものといわなければならない。」と判示し，裁判官の争訟の裁判に関係しない法廷警察権の行使についても，違法限定説を採用した。

③ **最判平成2年7月20日**（民集44巻5号938頁）〔弘前大教授夫人殺し冤罪事件〕

　再審で無罪判決が確定した者（上告人）が自己を有罪とした刑事判決に違法があるとして，国に対して国家賠償請求をした事案。

　「裁判官がした争訟の裁判に上訴等の訴訟法上の救済方法によって是正されるべき瑕疵が存在したとしても，これによって当然に国家賠償法1条1項の規定にいう違法な行為があったものとして国の損害賠償責任の問題が生ずるものではなく，当該裁判官が違法又は不当な目的をもって裁判をしたなど，裁判官がその付与された権限の趣旨に明らかに背いてこれを行使したものと認め得るような特別の事情がある

122

場合にはじめて右責任が肯定されると解するのが当裁判所の判例（筆者注：前記最判昭和57年3月12日等）であるところ，この理は，刑事事件において，上告審で確定した有罪判決が再審で取り消され，無罪判決が確定した場合においても異ならないと解するのが相当である。」と判示し，刑事第2審裁判所が上告人に対する殺人の公訴事実につき有罪の判決をし，上告審裁判所がこれを維持した点について国家賠償法上の違法は認められないとした。

④　**東京高判平成22年10月7日**（判タ1332号64頁）

　所在不明者（被控訴人）のために家庭裁判所の選任した不在者財産管理人（被控訴人の次男）が預かり保管中の財産を横領した場合に，家事審判官の不在者財産管理人の監督についての職務上の義務違反があったとして，被控訴人が国（控訴人）に対して約6,100万円の国家賠償請求をした事案。

　「家事審判官による不在者財産管理人の監督は，管理人に対する命令の発令のように裁判をもって遂行されることもあり，また，質問権の行使のように裁判以外の事実行為をもって遂行されることもあるが，いずれも，独立した判断権を有し，かつ，独立した判断を行う職責のある裁判官たる家事審判官の職務行為として行われることにかんがみると，<u>家事審判官による不在者財産管理人の監督につき職務上の義務違反があるとして国家賠償法上の損害賠償責任が肯定されるためには，争訟の裁判を行う場合と同様に，家事審判官が違法又は不当な目的をもって権限を行使し，又は家事審判官の権限の行使の方法が甚だしく不当であるなど，家事審判官がその付与された趣旨に背いて権限を行使し，又は行使しなかったと認め得るような特別の事情があることを必要とするものと解すべきである。</u>」と判示し，家事審判官に職務上の義務違反があったとは認められないとして，国家賠償請求を一部認容（約1,939万円を認容）した原判決を取り消し，被控訴人の請求を棄却した。

⑤　**東京高判平成29年4月27日**（判時2371号45頁）

　成年後見人である司法書士が成年被後見人の預金等の一部（約6,750

第2章　法1条 —類型別検討—

万円）を横領したことについて，成年被後見人の相続人（原告・控訴人）が家庭裁判所の成年被後見人の選任及びその後見監督に違法があるとして，国（控訴人）に対して当該横領金額に相当する金額等（約7,282万円（弁護士費用を含む。））の国家賠償請求をした事案。

同高判は，成年後見人の選任及びその後見監督につき，国家賠償法上の損害賠償責任が肯認されるためには，「裁判官が違法若しくは不当な目的をもって権限を行使し，又は裁判官の権限の行使の方法が甚だしく不当であるなど，裁判官がその付与された権限の趣旨に背いてこれを行使し，又は行使しなかったものと認め得るような特別の事情があることを必要とすると解するのが相当である。」と判示し，本件においてそのような事情は認められないとして，原告の請求を棄却した原判決（原判決も違法限定説を採用）を支持して，控訴人の請求を棄却した。

上記④及び⑤の裁判例は，いずれも違法限定説を採用したものであるが，後記(イ)の④の**広島高判平成24年2月20日**（判タ1385号141頁）は，同じ家庭裁判所の後見監督の事案であるところ，違法限定説を採用せず，規制権限不行使が違法となる場合の基準と同様の判断基準を示している。

(イ)　違法限定説を採用しなかった裁判例

①　**最判昭和57年2月23日**（民集36巻2号154頁）

不動産の強制競売事件における執行裁判所の処分が実体的権利関係に適合しないことにより自己の権利を侵害された者（上告人）が，損害を被ったとして，国に対して国家賠償請求をした事案（なお，上告人は強制執行法上の救済の手続を求めることを怠っていた。）。

「不動産の強制競売事件における執行裁判所の処分は，債権者の主張，登記簿の記載その他記録にあらわれた権利関係の外形に依拠して行われるものであり，その結果関係人間の実体的権利関係との不適合が生じることがありうるが，これについては執行手続の性質上，強制執行法に定める救済の手続により是正されることが予定されているものである。したがって，執行裁判所みずからその処分を是正すべき場

合等特別の事情がある場合は格別，そうでない場合には権利者が右の手続による救済を求めることを怠ったため損害が発生しても，その賠償を国に対して請求することはできないものと解するのが相当である。」と判示し，上告人の請求を棄却した。

同最判は，違法限定説によっていないが，これは強制競売手続の性質を考慮したものであり，違法限定説と矛盾するものではない。

② **最判平成 6 年12月 6 日**（判時1517号35頁）

上告人（担保権実行としての競売の債務者・所有者）が配当異議の申出をし，その後配当異議の訴えの提起し，その受理証明書を執行裁判所に提出したにもかかわらず，これを無視して，執行裁判所が配当表どおりに配当を実施したのは違法であるとして，国（被上告人）に対して国家賠償請求をした事案。

同最判は，上告人は配当異議の訴えについての訴状受理証明書の交付を受けたものの，配当期日から 1 週間以内に執行裁判所に対し配当異議の訴えを提起したことの証明をしなかったのであるから，執行裁判所が配当表に従って抵当権者Aに対する配当を実施したことについて違法はない旨判示した。なお，民事執行法90条 6 項は，配当異議の申出をした債務者が，配当期日から 1 週間以内に，執行裁判所に対し，配当異議の訴えを提起したことの証明をしないときは，配当異議の申出は，取り下げたものとみなす旨規定している。

本件は，違法限定説に言及しなくても，違法性がないことを認定・判断できる場合であったと考えられる。

③ **最判平成10年 9 月 7 日**（判時1661号70頁）

旧外国人登録法に定める指紋押なつを拒否した者（被上告人）が自己に対する逮捕状の請求及び発付が違法であるとして国等に対して国家賠償請求をした事案。

同最判は，被上告人は，司法警察員らから 5 回にわたって任意出頭するように求められたのに，正当な理由がなく出頭せず，また，その行動には組織的な背景が存することがうかがわれたこと等に鑑みると，当該逮捕状の請求及び発付につき明らかに逮捕の必要性がなかったと

第2章　法1条 ―類型別検討―

いうことはできない旨判示し，請求の一部（40万円）を認容した原判決を破棄し，被上告人の請求を棄却した。

本件も，違法限定説に言及しなくても，違法性がないことを認定・判断できる場合であったと考えられる。

④　**広島高判平成24年2月20日**（判タ1385号141頁）

新たに成年後見人に選任された弁護士が被後見人（控訴人）を代理して，前任の成年後見人が被後見人の財産を横領したことに関し，家事審判官の監督違反等があったとして，当該横領金額に相当する金額（約3,794万円）につき，国（被控訴人）に対して国家賠償請求をした事案。

「上記法理（筆者注：違法限定説）は，裁判官が行う争訟の裁判について適用されるものであるところ，家事審判官が職権で行う成年後見人の選任やその後見監督は，審判の形式をもって行われるものの，その性質は後見的な立場から行う行政作用に類するものであって，争訟の裁判とは性質を異にするものであるから，上記主張（筆者注：被控訴人の違法限定説の主張）は採用することができない。」と判示する一方，「成年後見の制度（法定後見）の趣旨，目的，後見監督の性質に照らせば，成年後見人が被後見人の財産を横領した場合に，<u>成年後見人の被後見人に対する損害賠償責任とは別に，家庭裁判所が被後見人に対し国家賠償責任を負う場合，すなわち，家事審判官の成年後見人の選任や後見監督が被害を受けた被後見人との関係で国家賠償法1条1項の適用上違法となるのは，具体的事情の下において，家事審判官に与えられた権限が逸脱されて著しく合理性を欠くと認められる場合に限られるというべきである。</u>」と判示した上，前任の成年後見人らが被後見人（控訴人）の預金から金員を払い戻してこれを横領していたのにもかかわらず，これを認識した担当家事審判官がこれを防止する監督処分をしなかったことは，家事審判官に与えられた権限を逸脱して著しく合理性を欠くと認められる場合に当たるとして，違法限定説に立って原告の請求を棄却した原判決を変更し，控訴人の請求の一部（231万円）を認容した。

同高判は，上記(ｱ)④及び⑤の各高判と異なり，違法限定説を採用せ

ず，規制権限不行使が違法となる場合の基準（つまり，具体的事情の下において，その不行使が許容される限度を逸脱して著しく合理性を欠くと認められるときは，その不行使により被害を受けた者との関係において，国家賠償法１条１項の適用上違法となるとする基準）と同様の判断基準を示している。これは，家庭裁判所の後見監督的性質を重視し，家事審判官について厳格な判断基準を設定したものと思われ，今後の同種裁判例の動向に注視すべきと思われる（**京都地判平成30年１月10日裁判所ウェブサイト**は，規制権限不行使が違法となる基準を採用し，家事審判官の職務の違法性を認め，原告請求の一部を認容している。）。

3 裁判所書記官

(1) 違法性の判断基準

　裁判所書記官については，裁判官のような職務の独立の保障等がない（裁判所法60条参照）ので，違法限定説によることはできず，一般に職務行為基準説により，国家賠償法上の違法性の判断をすることになると思われます（深見『国家賠償訴訟』108頁）。

(2) 裁判例

① **最判平成10年９月10日**（判時1661号81頁）

　　上告人が，株式会社Ａから提起された訴訟において，裁判所書記官が上告人の住所宛にした訴状等の書留郵便に付する送達（以下「付郵便送達」という。）が違法無効であったため訴訟に関与する機会が与えられないまま，上告人敗訴の判決が確定したため，損害を被ったとして，国に対して国家賠償請求をした事案。

　　「民事訴訟関係書類の送達事務は，受訴裁判所の裁判所書記官の固有の職務権限に属し，裁判所書記官は，原則として，その担当事件における送達事務を民訴法の規定に従い独立して行う権限を有するものである。受送達者の就業場所の認定に必要な資料の収集については，担当裁判所書記官の裁量にゆだねられているのであって，担当裁判所

第2章　法1条 —類型別検討—

書記官としては，相当と認められる方法により収集した認定資料に基づいて，就業場所の存否につき判断すれば足りる。担当裁判所書記官が，受送達者の就業場所が不明であると判断して付郵便送達を実施した場合には，受送達者の就業場所の存在が事後に判明したときであっても，その認定資料の収集につき裁量権の範囲を逸脱し，あるいはこれに基づく判断が合理性を欠くなどの事情がない限り，右付郵便送達は適法であると解するのが相当である。」と判示し，裁判所書記官が株式会社Aに対して上告人の住所への居住の有無及びその就業場所等につき照会をし，上告人の就業場所が不明であるとの回答を得てなした上記付郵便送達を適法であるとして，上告人の請求を棄却した。

4　執行官

(1)　違法性の判断基準

執行官は，各地方裁判所に配置される裁判所職員（裁判所法62条1項）であり，執行官法1条において所掌事務（①民事訴訟法等において執行官が取り扱うべきものとされている事務，及び②民事執行法の規定による民事執行手続，民事保全法の規定による保全執行手続を構成する物の保管・管理・換価等の事務で，裁判において執行官が取り扱うべきものとされた事務）が規定されており，これらの事務処理は，国の公権力の行使に当たります。

執行官についても，違法限定説ではなく，一般に職務行為基準説により，国家賠償法上の違法性の判断をすることになると思われます。

執行官に関する裁判例は，不動産執行事件における現況調査に関するものが多いようです。現況調査は，執行裁判所の調査命令に従い，目的物件を特定し，その形状・占有状態等の現況を調査・報告するものですが（民事執行法57条，民事執行規則29条），現況調査報告書は，最低売却価格の適正な決定の資料となるとともに，買受けの申出をしようとする者の判断資料にもなります。

(2) **主な裁判例**

① **最判平成 9 年 7 月15日**（民集51巻 6 号2645頁）

　　現況調査に当たり，町役場職員の案内指示により隣地である土地を目的土地と誤認し，その調査結果に基づいて現況調査報告書を作成したため，その記載を信じて土地を競落した者から国家賠償を求められた事案。

　　「このような現況調査制度の目的に照らすと，執行官は，執行裁判所に対してはもとより，不動産の買受希望者に対する関係においても，目的不動産の現況をできる限り正確に調査すべき注意義務を負うものと解される。もっとも，現況調査は，民事執行手続の一環として迅速に行わなければならず，また，目的不動産の位置や形状を正確に記載した地図が必ずしも整備されていなかったり，所有者等の関係人の協力を得ることが困難な場合があるなど調査を実施する上での制約も少なくない。これらの点を考慮すると，現況調査報告書の記載内容が目的不動産の実際の状況と異なっても，そのことから直ちに執行官が前記注意義務に違反したと評価するのは相当でないが，執行官が現況調査を行うに当たり，通常行うべき調査方法を採らず，あるいは，調査結果の十分な評価，検討を怠るなど，その調査及び判断の過程が合理性を欠き，その結果，現況調査報告書の記載内容と目的不動産の実際の状況との間に看過し難い相違が生じた場合には，執行官が前記注意義務に違反したものと認められ，国は，誤った現況調査報告書の記載を信じたために損害を被った者に対し，国家賠償法 1 条 1 項に基づく損害賠償の責任を負うと解するのが相当である。」と判示した上で，本件執行官としては，町役場職員の指示説明の正確性を検討すべきところ，同職員の指示を鵜呑みにし，これを検討せず，また，本件執行官は旧不動産登記法17条地図の写しを携行していたにもかかわらず，同地図の写しと現況との照合を十分にしていなかったとして，執行官の注意義務違反を認め，競落者の請求を一部認容した原判決の判断を是認し，国（上告人）の上告を棄却した。

第2章　法1条 ―類型別検討―

② **東京地判平成14年7月15日**（訟月49巻8号2185頁）

　　原告が以前所有していた不動産の競売手続において，評価人Ａが当該不動産の地積の認定を誤って（実際より小面積に認定），不当に廉価に評価し，また，現況調査を行った執行官も地積の認定を誤り，執行裁判所も評価人の評価をもとに不当に廉価な最低売却価額を決定し，これらの各行為によって原告が損害を被ったとして，評価人Ａの相続人Ｂ（被告）に対して不法行為に基づく損害賠償請求を，被告国に対して国家賠償請求をした事案。

　　同地判は，①評価人Ａには地積の認定を誤った過失があるとして，元所有者の評価人Ａの相続人Ｂ（被告）に対する損害賠償請求を一部認容（過失相殺6割）し，また，②被告国に対しては，「民事執行手続において，執行裁判所の処分が実体的な権利関係や事実関係に適合しないことが生じ得るが，これについては，民事執行法に定める救済手続により是正されることが予定されているから，執行裁判所みずからその処分を是正すべき場合等特別の事情がある場合は格別，そうでない場合には権利者が執行法上の手続による救済を求めることを怠ったため損害が発生しても，その賠償を国に対して請求することはできないと解するのが相当である（最高裁判所昭和57年2月23日第三小法廷判決参照）。」との法理が，原告が執行官の過失を理由として被告国に対して損害賠償請求をなし得るか否かの判断に当たっても妥当するとし，執行官が現況調査報告書を是正すべき場合等の特別の事情及び執行裁判所が最低売却価額を是正すべき場合等の特別の事情がないとして，原告の被告国に対する損害賠償請求を棄却した。

Q16 国家賠償法1条関係の類型別検討③：検察官，警察官関係

Q16 国家賠償法1条関係の類型別検討③：検察官，警察官関係

(1) 無罪判決が確定した場合に，検察官が公訴提起について国家賠償法1条1項の賠償責任を負うのはどのような場合ですか。

(2) 弁護人が身柄を拘束されている被疑者と接見しようとする場合において，検察官は，どのような場合に接見の日時・時間及び場所を指定することができますか。

(3) 警察官の逮捕行為について，国家賠償法1条1項の賠償責任を負うのはどのような場合ですか。

A

(1) 裁判例は，職務行為基準説及び合理的理由欠如説によっています。例えば，**最判平成元年6月29日**（民集43巻6号664頁）〔沖縄ゼネスト警官殺害事件〕は，「公訴の提起時において，検察官が現に収集した証拠資料及び通常要求される捜査を遂行すれば収集し得た証拠資料を総合勘案して合理的な判断過程により有罪と認められる嫌疑があれば，右公訴の提起は違法性を欠くものと解するのが相当である。」と判示しています。

(2) 裁判例では，検察官が接見の指定をできる場合について，「現に被疑者を取調中であるとか，実況見分，検証等に立ち会わせる必要がある等捜査の中断による支障が顕著な場合（間近い時に取調べや実況見分等をする確実な予定があって，弁護人等の必要とする接見等を認めたのでは，取調べや実況見分等が予定どおり開始できなくなるおそれがある場合も含む。）」としています（**最判昭和53年7月10日**民集32巻5号820頁〔杉山事件〕等）。

(3) 裁判例は，検察官の場合と同様に，職務行為基準説及び合理的理由欠如説によっていると考えられます。例えば，**最判平成8年3月8日**（民集50巻3号408頁）は，現行犯逮捕に伴う留置の違法性

131

第2章 法1条 —類型別検討—

が問題となった事案において，司法警察員が，留置時において，捜査により収集した証拠資料を総合勘案し，留置の必要性について合理的根拠が客観的に欠如していることが明らかな場合に限り，国家賠償法上違法の評価を受ける旨判示しています。

検察官・警察官の職務の国家賠償法上の違法性について

①	無罪判決が確定した場合に，検察官が公訴提起等について国家賠償責任を負う場合	裁判例は，職務行為基準説（公務員の職務行為時を基準として，当該公務員がその法的職務義務に違反していると認められる場合に限って，国家賠償法上違法と評価されるとする説）及び合理的理由欠如説（検察官が有罪判決を期待できる合理的な理由がないのに，公訴を提起した場合に，公訴提起は違法となるとする説）によっている。
②	検察官が接見の指定をできる場合	裁判例では，「現に被疑者を取調中であるとか，実況見分，検証等に立ち会わせる必要がある等捜査の中断による支障が顕著な場合（間近い時に取調べや実況見分等をする確実な予定があって，弁護人等の必要とする接見等を認めたのでは，取調べや実況見分等が予定どおり開始できなくなるおそれがある場合も含む。）」としている。
③	警察官の逮捕行為について，国家賠償法責任を負う場合	裁判例は，検察官の場合と同様に，職務行為基準説及び合理的理由欠如説によっていると考えられる。

1 検察官・警察官関係

　警察官及び検察官が行った逮捕・勾留，取調べ，捜索・差押え・押収，接見拒否等の違法のほか，検察官の公訴提起・維持及び上訴等の違法を理由として，国家賠償請求訴訟を提起されることがあります。

そこで，検察官及び警察官について，国家賠償法1条1項の違法性の判断基準について検討します。

2 検察官

⑴ 無罪判決の確定と国家賠償法上の違法並びにその主な裁判例

ア 無罪判決の確定と国家賠償法上の違法

(ｱ) 無罪判決が確定した場合に，捜査・公訴提起・公訴追行手続等の国家賠償法上の違法をどのように評価すべきかについて問題があります。

この点につき，学説には，結果違法説（無罪判決が確定した以上，捜査，公訴提起等は結果的に正当性を失い，国家賠償法上当然に違法の評価を受けるとする見解）もありますが，裁判例は，「職務行為基準説」（公務員の職務行為時を基準として，当該公務員がその法的職務義務に違反していると認められる場合に限って，国家賠償法上違法と評価されるとする説）によっています。

例えば，後記イ①の**最判昭和53年10月20日**（民集32巻7号1367頁）〔芦別国家賠償請求事件〕は，「刑事事件において無罪の判決が確定したというだけで直ちに起訴前の逮捕・勾留，公訴の提起・追行，起訴後の勾留が違法となるということはない。……（中略）……起訴時あるいは公訴追行時における検察官の心証は，その性質上，判決時における裁判官の心証と異なり，起訴時あるいは公訴追行時における各種の証拠資料を総合勘案して合理的な判断過程により有罪と認められる嫌疑があれば足りるものと解するのが相当である」と判示し，検察官の公訴提起・公訴追行等について職務行為基準説に立つことを明確にしています。

(ｲ) 次に，当該職務行為基準説を採る場合の公訴提起・公訴追行等の違法性の具体的判断基準について，裁判例は「合理的理由欠如説」（検察官が有罪判決を期待できる合理的な理由がないのに，公訴を提起した場合に，公訴提起は違法となるとする見解）を採用しています。例えば，後記イ②の**最判平成元年6月29日**（民集43巻6号664頁）〔沖縄ゼネスト警官殺害

第2章　法1条 —類型別検討—

事件〕は，「公訴の提起時において，検察官が現に収集した証拠資料
及び通常要求される捜査を遂行すれば収集し得た証拠資料を総合勘案
して合理的な判断過程により有罪と認められる嫌疑があれば，右公訴
の提起は違法性を欠くものと解するのが相当である。」と判示し，通
常の捜査を遂行しても公訴の提起前に収集することができなかったと
認められる証拠資料をもって公訴提起の違法性の有無を判断する資料
とすることはできないとしています（同種の裁判例として，後記イ③の**最
判平成2年7月20日民集44巻5号938頁**〔弘前大教授夫人殺し冤罪事件〕等）。

(ウ)　このような職務行為基準説及び合理的理由欠如説は，公訴の提起・
追行時において，合理的な判断過程により有罪と認められる嫌疑の存
在の有無を問題としていることから，同種の性質を有する刑事訴訟法
上の捜査行為（例えば，逮捕状の請求，勾留請求，勾留延長請求）について
も当てはまると考えられます。

イ　**主な裁判例**

①　**最判昭和53年10月20日**（民集32巻7号1367頁）〔芦別国家賠償請求事
件〕

刑事事件で無罪が確定した被告人ら（上告人ら）が，逮捕・勾留，
公訴提起等に違法があるとして，国等に対して国家賠償請求等をした
事案。

「刑事事件において無罪の判決が確定したというだけで直ちに起訴
前の逮捕・勾留，公訴の提起・追行，起訴後の勾留が違法となるとい
うことはない。けだし，逮捕・勾留はその時点において犯罪の嫌疑に
ついて相当な理由があり，かつ，必要性が認められるかぎりは適法で
あり，公訴の提起は，検察官が裁判所に対して犯罪の成否，刑罰権の
存否につき審判を求める意思表示にほかならないのであるから，起訴
時あるいは公訴追行時における検察官の心証は，その性質上，判決時
における裁判官の心証と異なり，起訴時あるいは公訴追行時における
各種の証拠資料を総合勘案して合理的な判断過程により有罪と認めら
れる嫌疑があれば足りるものと解するのが相当であるからである。」
と判示し，上告人らの請求を棄却した。

② **最判平成元年 6 月29日**（民集43巻 6 号664頁）〔沖縄ゼネスト警官殺害事件〕

　デモ行進中に警察官を殺害したという公訴事実で無罪となった被告人（被上告人）が公訴提起等が違法であるとして，国（上告人）に対して国家賠償請求をした事案。

　「公訴の提起時において，検察官が現に収集した証拠資料及び通常要求される捜査を遂行すれば収集し得た証拠資料を総合勘案して合理的な判断過程により有罪と認められる嫌疑があれば，右公訴の提起は違法性を欠くものと解するのが相当である。したがって，公訴の提起後その追行時に公判廷に初めて現れた証拠資料であって，通常の捜査を遂行しても公訴の提起前に収集することができなかったと認められる証拠資料をもって公訴提起の違法性の有無を判断する資料とすることは許されないものというべきである。」「次ぎに，公訴追行時の検察官の心証は，その性質上，判決時における裁判官の心証と異なり，公訴追行時における各種の証拠資料を総合勘案して合理的な判断過程により有罪と認められる嫌疑があれば足りるものと解するのが当裁判所の判例（前記第二小法廷判決（筆者注：上記①の判決））であり，公訴の提起が違法でないならば，原則としてその追行も違法でないと解すべき」であると判示し，被上告人の請求を一部認容した原判決を破棄して原審に差し戻した。

③ **最判平成 2 年 7 月20日**（民集44巻 5 号938頁）〔弘前大教授夫人殺し冤罪事件〕

　再審で無罪判決が確定した者（上告人）が検察官の公訴の提起及び追行に違法があったとして，国に対して国家賠償請求をした事案。

　「刑事事件において，無罪の判決が確定したというだけで直ちに検察官の公訴の提起及び追行が国家賠償法 1 条 1 項の規定にいう違法な行為となるものではなく，公訴の提起及び追行時の検察官の心証は，その性質上，判決時における裁判官の心証と異なり，右提起及び追行時における各種の証拠資料を総合勘案して合理的な判断過程により有罪と認められる嫌疑があれば足りるものと解するのが当裁判所の判例

第2章 法1条 ―類型別検討―

（最高裁昭和49年(オ)第419号同53年10月20日第二小法廷判決・民集32巻7号1367頁）であるところ，この理は，上告審で確定した有罪判決が再審で取り消され，無罪判決が確定した場合においても異ならないと解するのが相当である。」と判示し，検察官が，上告人に対する殺人の公訴事実につき，本件公訴の提起・追行をしたことについて，国家賠償法上の違法は認められないとした。

(2) **検察官の不起訴処分と国家賠償法上の違法**

　犯罪被害者や告訴人が，捜査機関による捜査が適正を欠くこと又は検察官の不起訴処分の違法を理由として，国家賠償請求をすることができるかについて，**最判平成2年2月20日**（**判時1380号94頁**）は，被害者又は告訴人が捜査・公訴提起によって受ける利益は，公益上の見地に立って行われる捜査・公訴の提起による反射的な利益にすぎないことから，これらの違法を理由として国家賠償請求をすることはできないと判示しています。

(3) **接見指定の違法について**

　ア　検察官については，上記の公訴提起等の国家賠償請求のほか，接見指定に関する国家賠償請求（接見国賠）が問題となることがあります。

　　しかし，現在では，検察官も接見指定について，できるだけ刑事弁護人の要望を受け入れるなど，柔軟な対応をしているので，実務では問題となることはほとんどないようです。接見指定の方法も，接見指定書（具体的指定書。つまり，弁護人から接見の要望があった場合に，検察官が発行する，接見の日時・時間及び場所を記載した書面）によらず，一般に，検察官の取調べ時間外であれば，自由に接見ができ，また，取調べ時間と重複する場合などには，電話による口頭指定が行われているようです（なお，検察官が被疑者の収容施設長に交付していた，いわゆる「一般的指定書」は昭和63年4月に廃止された。）。

　イ　刑事訴訟法39条1項は，身体の拘束を受けている被告人又は被疑者は，弁護人又は弁護人を選任することができる者の依頼により弁護人になろうとする者（以下「弁護人等」という。）と，立会人なくして接見し，又は書類・物の授受することができることを規定し，弁護人との自由な接見交通権を保障しています。

136

しかし他方，刑事訴訟法39条3項本文は，検察官等は，「捜査のため必要があるとき」は，公訴提起前に限り，前記の接見又は授受に関し，その日時，場所及び時間を指定できることを規定し，同項ただし書は，当該指定は，被疑者が防御の準備をする権利を不当に制限するものであってはならないことを規定しています。同項本文のうち，接見の日時・場所・時間の指定が「接見指定」の問題です。

刑事訴訟法39条3項本文の合憲性について，**最判平成11年3月24日**（**民集53巻3号514頁**）〔安藤事件〕は，同項本文の規定は，憲法34条前段の弁護人依頼権の保障の趣旨を実質的に損なうものではないなどとして，その合憲性を認めています。

また，従来，刑事訴訟法39条3項本文の「捜査のために必要があるとき」の意義についての学説として，大別して，非制限説（罪証隠滅の防止等を含めて捜査全般の必要性をいう見解）と限定説（取調べを開始しようとしているとき，被疑者が実況見分等の立会いに赴こうとしている場合などに限るとする見解）がありましたが，**最判昭和53年7月10日**（**民集32巻5号820頁**）〔杉山事件〕は，限定説に立ち，「現に被疑者を取調中であるとか，実況見分，検証等に立ち会わせる必要がある等捜査の中断による支障が顕著な場合」と解しており，また，**最判平成3年5月10日**（**民集45巻5号919頁**）〔浅井事件〕は，上記「捜査の中断による支障が顕著な場合」の意義について，「捜査機関が，弁護人等の申出を受けた時に，現に被疑者を取調べ中であるとか，実況見分，検証等に立ち会わせているというような場合だけでなく，間近い時に右取調べ等をする確実な予定があって，弁護人等の必要とする接見等を認めたのでは，右取調べ等が予定どおり開始できなくなるおそれがある場合も含むものと解すべきである。」と判示しています。

しかし他方，逮捕直後の初回接見については，原則として，引致直後の所要の手続を終えた後，たとえ短時間であっても接見を認める措置を採るべきであるとする裁判例があります（**最判平成12年6月13日民集54巻5号1635頁**）。また，**最判平成17年4月19日**（**民集59巻3号563頁**）は，検察官が検察庁の庁舎内における被疑者と弁護人の接見を，庁舎内に接見の場

第2章　法1条 ―類型別検討―

所がないことを理由に拒否する場合においても，弁護人がなお検察庁の
庁舎内で立会人の居る部屋での短時間の接見（面会接見）でもよいとい
う意向を示したときは，面会接見ができるよう特別の配慮をすべきであ
る旨判示しています。

ウ　以上の裁判例等を踏まえて，接見指定に関する現在の実務の運用は，
ほとんどトラブルを生じることなく，スムーズに行われているものと思
われます。

3　警察官

(1)　警察官による逮捕と留置の違法

警察官の逮捕行為の違法性の判断基準も，上記のとおり，職務行為基準説
及び合理的理由欠如説によることになると考えられます。

ところで，逮捕状による逮捕（通常逮捕）の場合は，司法警察員が事前に
裁判官に逮捕状の請求をして，その発付を得た上で被疑者を逮捕することに
なりますが（刑事訴訟法199条），現行犯逮捕の場合には，犯人及び犯罪が明白
であることから，司法審査を経ることなく，逮捕後，最大48時間，被疑者を
留置することができます（更に留置の必要があるときは，48時間以内に被疑者を書類
等とともに検察官に送致する手続をする必要がある。刑事訴訟法216条による同法203条1
項の準用）。

この現行犯逮捕に伴う留置の違法性が問題となった裁判例として，**最判平
成8年3月8日**（民集50巻3号408頁）があります。同最判は，「司法警察員に
よる被疑者の留置については，司法警察員が，留置時において，捜査により
収集した証拠資料を総合勘案して刑訴法203条1項所定の留置の必要性を判
断する上において，合理的根拠が客観的に欠如していることが明らかである
にもかかわらず，あえて留置したと認め得るような事情がある場合に限り，
右の留置について国家賠償法1条1項の適用上違法の評価を受けるものと解
するのが相当である。」と判示した上で，本件留置（現行犯逮捕後，約44時間に
及ぶ留置）には合理的根拠が客観的に欠如していることが明らかではなく，

違法性は認められないと判示しました。したがって，同最判は，職務行為基準説及び合理的理由欠如説に依拠していると理解されます。

　なお，国家賠償請求訴訟における文書提出命令の申立てに関して，**最判平成31年1月22日**（**裁判所ウェブサイト**）は，抗告人（原告）が，O府警察の違法な捜査により傷害事件（以下「本件傷害事件」という。）の被疑者として逮捕されたなどとして，相手方（被告O府）に対し国家賠償法1条1項に基づき損害賠償を求める訴訟において，相手方が所持する本件傷害事件の捜査に関する報告書等の各写し並びに上記の逮捕に係る逮捕状請求書，逮捕状請求の疎明資料及び逮捕状の各写しについて，民訴法220条1号ないし3号に基づき，文書提出命令の申立て（以下「本件申立て」という。）をした事件において，「民事訴訟の当事者が，民訴法220条3号後段の規定に基づき，刑訴法47条により原則的に公開が禁止される『訴訟に関する書類』に該当する文書の提出を求める場合においても，当該文書の保管者の上記裁量的判断は尊重されるべきであるが，当該文書が法律関係文書に該当する場合であって，その保管者が提出を拒否したことが，民事訴訟における当該文書を取り調べる必要性の有無，程度，当該文書が開示されることによる上記の弊害発生のおそれの有無等の諸般の事情に照らし，その裁量権の範囲を逸脱し，又はこれを濫用するものであると認められるときは，裁判所は，当該文書の提出を命ずることができるものと解するのが相当である」「刑事事件の捜査に関して作成された書類の写しで，それ自体もその原本も公判に提出されなかったものを，その捜査を担当した都道府県警察を置く都道府県が所持し，当該写しについて引用文書又は法律関係文書に該当するとして文書提出命令の申立てがされた場合においては，当該原本を検察官が保管しているときであっても，当該写しが引用文書又は法律関係文書に該当し，かつ，当該都道府県が当該写しの提出を拒否したことが，前記イ（筆者注：民事訴訟における取調べの必要性の有無，程度，当該文書が開示されることによる弊害発生のおそれの有無等）の諸般の事情に照らし，その裁量権の範囲を逸脱し，又はこれを濫用するものであると認められるときは，裁判所は，当該写しの提出を命ずることができるものと解するのが相当である。」と判示し，本件申立てを却下した原決定を破棄し，具体的な裁量権の逸脱・濫用の有無を更に審理させるため，原審に差し戻した。

第 2 章　法 1 条 —類型別検討—

(2)　**配偶者からの暴力の防止及び被害者の保護に関する法律**（以下「DV防止法」という。）**8条の2の「援助申出の相当性」の判断基準と裁判例**

　ア　DV防止法 8 条の 2 の内容等

　　DV防止法 8 条の 2 は，「警視総監若しくは……（中略）……警察署長は，配偶者からの暴力を受けている者から，配偶者からの暴力による被害を自ら防止するための援助を受けたい旨の申出があり，その申出を相当と認めるときは，当該配偶者からの暴力を受けている者に対し，国家公安委員会規則で定めるところにより，当該被害を自ら防止するための措置の教示その他配偶者からの暴力による被害の発生を防止するために必要な援助を行うものとする。」と規定します。すなわち，警察署長等は，配偶者からの暴力を受けている者から援助の申出があり，その申出を相当と認められるときは，当該被害の発生を防止するために必要な援助を行う義務があります。

　　同条の申出の受理件数は年々増加し，平成29年の受理件数は9,000件を超えたとのことであり，それに伴い，加害者とされた者から，援助申出を受理した警察署の設置主体である都道府県に対して国家賠償請求訴訟の提起がされるようになっています（後記イ①の**名古屋地判平成29年11月 9 日判時2372号81頁**の解説部分参照。なお，同解説部分によると，平成26年には，東京高裁で，神奈川県に対する請求を棄却した横浜地裁の判決に対する加害者とされる者からの控訴を棄却する判決が出ている（**東京高判平成26年 8 月21日（公刊物未登載）**）とのことである。）。

　　以下，この援助申出の相当性の有無等を判断した裁判例を紹介します。

　イ　裁判例

　　①　**名古屋地判平成29年11月 9 日**（判時2372号80頁）

　　　　原告の元妻Aが，DV防止法 8 条の 2 の援助の申出として，原告からの暴力を理由に行方不明者届の不受理の申出を行ったことに対し，警察官がAの申出を相当と判断した行為によって，Aとの間の子Bの安否を知ることができず，また，配偶者に暴力を振るった加害者として扱われたことで精神的苦痛を被ったとして，原告が被告県（当該警察署の設置主体）に対して国家賠償請求をした事案。

　　　　「同条（筆者注：DV防止法 8 条の 2 ）は被害者の保護を図るために警察署長等に援助を行う義務があることを定めた規定であって，当該援助

140

申出の相当性の判断については警察署長等の合理的な裁量にゆだねられていると解されるところ，当該援助申出に相当性があると判断して援助申出を受理した場合には，その反面において，原告が主張するように，加害者とされる者に事実上の不利益を課すことになることも明らかであるから，その判断が著しく不合理であって，裁量を逸脱又は濫用していると認められる場合には，加害者とされる者との関係において違法と評価される場合もあり得ると解される。」と判示し，本件においては，元妻Aが平素から原告から暴行を受け，医師の診断を受けたなどという，Aの供述を踏まえ，本件援助申出に相当性があると判断し，警察署長による受理の手続を執ったことが著しく不合理であって裁量を逸脱又は濫用しているとはいえないとして，原告の請求を棄却した。

② **名古屋地判平成30年4月25日**（判例秘書LLI／DB）

　原告が，(a)被告妻に対し，原・被告間の子Aに対する面会交流審判に基づく履行義務があったのにもかかわらず，被告妻への暴力があったとの虚偽の事実を申告して，DV防止法に基づく住民基本台帳事務における支援措置の申出を行い，原告に対して住民票等の閲覧等を困難にさせた上で転居し，原告と子Aの面会交流を妨害する支援措置を行い，その面会交流を妨害したことなどによる債務不履行・不法行為に基づく損害賠償請求をし，また，(b)被告県に対し，被告県（警察）が支援措置の要件を満たしていないのに同要件を満たすとの意見を付すなどしたとして国家賠償請求をした事案（被告妻及び被告県に対する連帯による330万円の賠償請求）。

　同地判は，(a)被告妻については，原告から暴力による生命・身体の危害を受けるおそれがないことを認識しながら支援措置の申出を行ったことにより，原告の職場における社会的信用を低下させたことなどの不法行為責任を負うとし，また，(b)警察署員の調査義務懈怠を看過し，支援措置の要件を満たす旨の意見付記を行った同署長は職務上尽くすべき注意義務を怠った違法による損賠償責任があるとし，被告妻及び被告県に対して請求の一部（不真正連帯による55万円の支払）を認容した。

第2章　法1条 ―類型別検討―

しかし，新聞報道等によると，控訴審である**名古屋高判平成31年1月31日（公刊物未登載）**は，(a)被告妻に対する暴力（DV）があったと認められ，被告妻に面会妨害目的があったとはいえず，また，(b)被告県（警察）については，支援措置の要件を欠いていたとは認められないと判断し，原判決を取り消して，原告の請求を棄却したということである。

(3)　警察の犯人逮捕等の報道の違法

警察は，犯人逮捕等の時点で，報道発表をすることがありますが，その発表の内容に誤りがあるなどとして，関係者から名誉を毀損されたなどの理由で国家賠償の請求をされることがあります。

この関係については，Q21「行政指導（新聞発表等を含む。）の違法性と国家賠償請求の関係」を参照してください。

書式4　国家賠償法1条1項に基づく訴状の記載例（警察・検察国賠の事案）

```
                        訴　　　状
                                        平成○年○月○日
    ○○地方裁判所民事部　御中


                    〒000－0000　○県○市○町○丁目○番○号
                    原　　　告　　　甲　野　太　郎


    （送達場所）
    〒000－0000　○県○市○町○丁目○番○号○ビル○号
                        ○○法律事務所
                上記原告訴訟代理人
                        弁　護　士　　　○　○　○　○　㊞
        電　話　00－0000－0000
        ＦＡＸ　00－0000－0000


                    〒000－0000　Y県○市○町○丁目○番○号
                    被　　　告　　　　　Y　県
```

代表者知事　　　○　○　○　○
〒000－0000　東京都千代田区霞が関１－１－１
被　　　　告　　　　　　国
代表者法務大臣　　○　○　○　○

損害賠償請求事件
訴訟物の価額　金○万円
貼用印紙額　　金○万円

第１　請求の趣旨
1　被告らは，原告に対し，連帯して金○万円及びこれに対する平成○年○月○日から支払済みまで年５分の割合による金員を支払え。
2　訴訟費用は被告らの負担とする。
との判決及び第１項につき仮執行の宣言を求める。

第２　請求の原因
1　原告に対する違法な身柄拘束状況
　原告は，平成○年３月１日，Ｙ県○警察署署員により窃盗罪で通常逮捕された上，同月３日，○地方検察庁に身柄付きで送致され，同検察庁検察官検事Ａにより弁解の機会を与えられた上，同日，○地方裁判所に勾留請求され，同裁判官から勾留質問を受け，同月12日まで上記警察署に留置する旨の勾留状の発付を受け，上記警察署に留置された。
　そして，警察官及びＡ検事から取調べを受けた上，勾留満期である同月12日に釈放された。
　原告は，以下のとおり，当初から万引き事実を否認していたものであり，本件逮捕・勾留は違法であり，違法な逮捕・勾留期間は合計12日間に及んだものである。
2　原告が本件万引きをしていないこと
　原告に対する逮捕事実は，平成○年２月20日午後○時○分，Ｙ県○市○町○丁目○番○号所在のＴ貴金属店において，店員が見ていない隙に指輪１個を万引きしたというものであり，原告が犯人である証拠は，同店内の防犯カメラの写真であった。しかし，原告は，同日，上記Ｔ貴金属店に行ったことはなく，上記写真に写っている男性は原告ではなく，上記通常逮捕（逮捕日：平成○年３月１日）された当初から，取調べ警察官に対して，

第2章 法1条 ―類型別検討―

一貫してその旨の主張・弁解していたが，取調べ警察官はこれを全く聞き入れなかった。また，原告は，Ａ検事に対しても，勾留請求段階から，同じ主張・弁解を繰り返していたが，Ａ検事はこれを全く聞き入れなかった。

原告と上記写真に写っている男性とは，容姿が似ているとも思われるが，上記写真はさほど鮮明ではなく，上記写真の男性は，帽子を被り，口ひげを生やしているように見えるが，原告は口ひげを生やしていない。

また，原告は，犯行当日の犯行時刻頃，友人のＳ宅で一緒にパソコンゲームをしており，アリバイがあった。

3　警察官及び検事が適正な捜査を怠ったこと

原告は，警察官及びＡ検事に対して，逮捕・勾留当初から，上記写真をより精密に解析するとともに，原告のアリバイ立証のため友人Ｓから事情聴取してほしい旨依頼していたが，直ちに当該捜査をしてくれず，ようやく勾留の後半に至って，当該捜査を実施した結果，原告が犯人でないことが判明し，釈放されたものである。なお，そもそも，警察が原告を逮捕する前に，上記写真を精査し，また，原告から任意で事情聴取し，友人Ｓにその裏付捜査をしていれば，原告への嫌疑が解消されていたのである。

以上のように，警察や検察が適時適切な捜査を行っていれば，原告が身柄を拘束されることはなく，また，仮に身柄を拘束されたとしても，早期に釈放されていたはずである。つまり，警察及び検察が捜査機関として，本件事案の性質上当然なすべき捜査を著しく怠った結果，原告が逮捕・勾留されたことが明らかであり，国家賠償法1条1項の違法の評価を受け，被告Ｙ県及び被告国が同項の賠償責任を負うというべきである。

4　原告の違法な逮捕・勾留による損害

原告は，本件違法な逮捕・勾留により，勤務先会社に出勤できず，休業損害が生じ，また，精神的にも損害を被ったものであり，その損害合計額は，以下のとおり，金○万円である。

（損害額の内訳は省略）

5　まとめ

よって，原告は，被告らに対し，国家賠償法1条1項に基づき，連帯して金○円及びこれに対する平成○年○月○日から支払済みまで民法所定の年5分の割合による遅延損害金を支払うことを求める。

証拠説明書及び附属書類

（省略）

Q17　国家賠償法1条関係の類型別検討④：矯正関係

Q17 国家賠償法1条関係の類型別検討④： 矯正関係

⑴　刑事施設の長が被収容者の文書図書の閲読，信書の発受等について許否する判断基準はどのようなものですか。
⑵　刑事施設の長が受刑者に対し，第三者との接見を認める判断基準はどのようなものですか。

A

⑴　被収容者は，その拘禁目的，矯正処遇の適切な実施，刑事施設内の規律秩序の維持等の観点から，文書図書の閲読，信書の発受等には制限があり，その許否の判断は，刑事施設の長の裁量権限に属することが多く，その裁量権の逸脱・濫用があった場合に限り，国家賠償上違法の評価を受けることになると解されます。

⑵　刑事施設の長の受刑者についての接見の判断基準は，刑事収容施設及び被収容者等の処遇に関する法律（刑事収容施設法）111条に規定されています。すなわち，同条1項は，刑事施設の長は，受刑者に対し，原則として，①受刑者の親族（1号），②婚姻関係の調整，訴訟の遂行，事業の維持等の用務の処理のため面会することが必要な者（2号），③受刑者の更生保護に関係のある者等（3号）との面会を許すことを規定し，また，同条2項は，前項各号に掲げる者以外の者からの面会の申出があった場合には，交友関係の維持その他面会することを必要とする事情，刑事施設の規律秩序の維持，受刑者の矯正処遇の適切な実施に支障を生じるおそれがないと認めるときは，面会を許すことができると規定しています。

　　したがって，刑事施設の長は，同条1項各号に掲げる者以外の者との面会については，同条2項により，上記のような基準の下で，裁量権限を行使することになり，その裁量権の逸脱・濫用が

145

第2章 法1条 ―類型別検討―

あった場合に限り，国家賠償上違法の評価を受けることになると
解されます。

被収容者の権利制限について

①	文書図書の閲読，信書の発受等の制限	被収容者は，その拘禁目的，矯正処遇の適切な実施，刑事施設内の規律秩序の維持等の観点から，文書図書の閲読，信書の発受等には制限があり，その許否の判断は，刑事施設の長の裁量権限に属することが多く，その裁量権の逸脱・濫用があった場合に限り，国家賠償上違法の評価を受けることになると解される。
②	受刑者についての接見の制限	刑事収容施設法111条の規定に従うことになり，同条1項各号に掲げる者（受刑者の親族等）以外の者との面会については，同条2項により，刑事施設の長が裁量権限を有する。

1 　矯正関係

　受刑者，未決拘禁者等を収容するための刑事施設として，刑務所，少年刑務所，拘置所，刑務支所，拘置支所があります。

　被収容者に対しては，刑事収容の目的を達成するために各種の権利制限がなされています。そのため，被収容者が，当該権利制限が違法であるとして，国に対して国家賠償請求訴訟を提起することがありますが，同訴訟の種類は，大別して，①文書図書の閲読，信書の発受等の制限，②接見の拒否・制限に分類することができます。以下，この2つを中心に裁判例を検討します。

2 　被収容者の人権制限の根拠等

⑴ 被収容者の人権制限の根拠
　被収容者に対しては，刑事収容の目的（拘禁目的）等を達成するため，そ

の基本的人権が制限されることはやむを得ないことですが，その制約については，拘禁目的等を達成するために必要かつ合理的な範囲内で身体的自由及びそれ以外の自由も制限され，また，この制限が是認されるかどうかは，拘禁目的のため制限が必要とされる程度と，制限される基本的人権の内容，性質，これに加えられる具体的制限の態様，程度を衡量して決することとなり，刑事施設の長の裁量権限に属することが多く，その裁量権の逸脱・濫用があった場合に限り，国家賠償上違法の評価を受けることになるといえます（後記3⑵①の**最判昭和58年6月22日民集37巻5号793頁等**）。

　また，被収容者には，未決拘禁者（被逮捕者，被勾留者等），受刑者，死刑確定者がいますが，①未決拘禁者の自由の制限の主な根拠については，(a)「逃亡又は罪証隠滅の防止という拘禁目的達成のための制限」及び(b)「監獄内の規律秩序を維持するための制限」の2つであり（**最判平成3年7月9日民集45巻6号1049頁**），②受刑者の上記根拠については，(a)「懲役刑は，受刑者を一定の場所に拘禁して社会から隔離し，その自由をはく奪するとともに，その改善，更生を図ること」及び(b)「監獄内の規律秩序を維持するための制限」の2つであり（**最判昭和60年12月13日民集39巻8号1779頁**参照），③死刑確定者の上記根拠については，(a)「死刑確定者の心情の安定にも十分配慮して，死刑の執行に至るまでの間，社会から厳重に隔離してその身柄を確保すること」及び(b)「監獄内の規律秩序を維持するための制限」の2つです（後記3⑵②の**最判平成11年2月26日判時1682号12頁**）。

⑵　監獄法の廃止と刑事収容施設法の新設

　監獄法は，受刑者については，平成17年5月に成立した「刑事収容施設及び受刑者の処遇に関する法律」（平成18年5月24日施行）により，また，未決拘禁者及び死刑確定者については，平成18年6月に同法の一部改正（法律の名称が「刑事収容施設及び被収容者等の処遇に関する法律」に改称された。以下「刑事収容施設法」という。平成19年6月1日施行）により，廃止されました。

　裁判例は，旧監獄法に対するものがほとんどですが，改正内容の重要部分にそれほど変更がないことから，旧監獄法の判例が現在でも参考になると考えられます（西埜『コンメンタール』426頁参照）。

147

第2章　法1条 —類型別検討—

3　文書図書の閲読，信書の発受等の制限と主な裁判例

⑴　文書図書の閲読，信書の発受等の制限

　旧監獄法46条1項は，「在監者ニハ信書ヲ発シ又ハ之ヲ受クルコトヲ許ス」と，同条2項は，「受刑者及ビ監置ニ処セラレタル者ニハ其親族ニ非サル者ト信書ノ発受ヲ為サシムルコトヲ得ス但特ニ必要アリト認ムル場合ニハ此限ニ在ラス」と，同法47条1項は，「受刑者及ビ監置ニ処セラレタル者ニ係ル信書ニシテ不適当ト認ムルモノハ其発受ヲ許サス」と各規定し，同法50条は，これらの規定を受けて「接見ノ立会，信書ノ検閲其他接見及ヒ信書ニ関スル制限ハ法務省令ヲ以テ之ヲ定ム」と規定していました。

　被収容者は，その拘禁目的，矯正処遇の適切な実施，刑事施設内の規律秩序の維持等の観点から，文書図書の閲読，信書の発受等には制限があり，その許否の判断は，刑事施設の長の裁量権限に属することが多く，その裁量権の逸脱・濫用があった場合に限り，国家賠償上違法の評価を受けることになると解されます。

⑵　主な裁判例

①　**最判昭和58年6月22日**（民集37巻5号793頁）→否定例

　　拘置所長が未決勾留により拘禁されている者（上告人）の購読する新聞紙の記事を抹消する措置を執ったことが違法であるとして，上告人が国家賠償請求をした事案。

　　「具体的場合における前記法令等の適用にあたり，当該新聞紙，図書等の閲読を許すことによって監獄内における規律及び秩序の維持に放置することができない程度の障害が生ずる相当の蓋然性が存するかどうか，及びこれを防止するためにどのような内容，程度の制限措置が必要と認められるかについては，監獄内の事情に通暁し，直接その衝にあたる監獄の長による個々の場合の具体的状況のもとにおける裁量的判断にまつべき点が少なくないから，障害発生の相当の蓋然性があるとした長の認定に合理的な根拠があり，その防止のために当該制限措置が必要であるとした判断に合理性が認められる限り，長の右措置は適法として是認すべきものと解するのが相当である。」と判示し，

148

上告人の請求を棄却した。

② **最判平成11年2月26日**（判時1682号12頁）→否定例

　死刑確定者として拘置所に収容されている者（上告人）が，新聞に死刑制度の是非に関する投書をしようとしたところ，これを不許可とされたため，これを違法であるとして国家賠償請求をした事案。

　「死刑確定者の拘禁の趣旨，目的，特質にかんがみれば，監獄法46条1項に基づく死刑確定者の信書の発送の許否は，死刑確定者の心情の安定にも十分配慮して，死刑の執行に至るまでの間，社会から厳重に隔離してその身柄を確保するとともに，拘置所内の規律及び秩序が放置することができない程度に害されることがないようにするために，これを制限することが必要かつ合理的であるか否かを判断して決定すべきものであり，具体的場合における右判断は拘置所長の裁量にゆだねられているものと解すべきである。」と判示し，原審の適法に確定した事実関係の下において，拘置所長が不許可とした判断に裁量の範囲を逸脱した違法はないとして，上告人の請求を棄却した。

③ **最判平成18年3月23日**（判時1929号37頁）→肯定例

　受刑者（原告・控訴人・上告人）が国会議員に宛て受刑者の処遇に関する請願書を，検察庁に宛て刑務所職員についての告訴告発状を発信していたところ，これら請願書や告訴告発状の内容の取材や調査等を求める新聞社宛ての信書の送付を不許可とされたことを違法として国家賠償請求をした事案。

　「本件信書は，国会議員に対して送付済みの本件請願書等の取材，調査及び報道を求める旨の内容を記載したＡ新聞社西部本社あてのものであったというのであるから，本件信書の発信を許すことによってＢ刑務所内に上記の障害（筆者注：刑務所内の規律及び秩序の維持，上告人を含めた受刑者の身柄の確保，上告人を含めた受刑者の改善，更生の点において放置することのできない程度の障害）が生ずる相当のがい然性があるということができないことも明らかというべきである。そうすると，Ｂ刑務所長の本件信書の発信の不許可は，裁量権の範囲を逸脱し，又は裁量権を濫用したものとして監獄法46条2項の規定の適用上違法である

第2章　法1条 ―類型別検討―

のみならず，国家賠償法1条1項の規定の適用上も違法というべきである。」と判示し，控訴人（上告人）の請求を棄却した原判決を変更し，上告人の請求を一部（慰謝料1万円の範囲で）認容した。

4　接見の拒否・制限と主な裁判例

(1)　接見の拒否・制限

接見とは，被収容者は，収容施設の職員以外の特定の者と対面し，口頭等による意思の伝達をすることをいいます。

旧監獄法45条1項は，「在監者ニ接見センコトヲ請フ者アルトキハ之ヲ許ス」と，同条2項は，「受刑者及ビ監置ニ処セラレタル者ニハ其親族ニ非サル者ト接見ヲ為サシムルコトヲ得ス但特ニ必要アリト認ムル場合ハ此限ニ在ラス」と規定していました。したがって，受刑者と外部の者との接見については，「特ニ必要アリ」と認められる場合に，例外的に親族以外の者との接見を許すと規定しており，この許否は，原則として刑事施設の長の裁量権限に属していました。

この点につき，刑事収容施設法111条1項は，刑事施設の長は，受刑者に対し，原則として，①受刑者の親族（1号），②婚姻関係の調整，訴訟の遂行，事業の維持その他受刑者の身分上，法律上又は業務上の重大な利害に係る用務の処理のため面会することが必要な者（2号），③受刑者の更生保護に関係のある者等（3号）との面会を許すことを規定し，また，同条2項は，「刑事施設の長は，受刑者に対し，前項各号に掲げる者以外の者から面会の申出があった場合において，その者との交友関係の維持その他面会することを必要とする事情があり，かつ，面会により，刑事施設の規律及び秩序を害する結果を生じ，又は受刑者の矯正処遇の適切な実施に支障を生ずるおそれがないと認めるときは，これを許すことができる。」と規定し，旧監獄法45条と同趣旨の定めを置いています。

なお，近時，刑事弁護人が被収容者（被告人）との接見で，証拠保全のために被告人の写真撮影等をすることが許されるかということが問題となって

150

います。刑事弁護人が，当該写真撮影を禁止され，接見を終了させられたため，国家賠償請求訴訟を提起したが，敗訴した事案があります（後記(2)ア③の**東京高判平成**27年7月9日判時2280号16頁等。しかし他方，拘置所に勾留中の被告人の刑事弁護人（原告・被控訴人）が同拘置所の職員らに対し，被告人の刑事事件において証拠物として採用されたビデオテープを再生しながら被告人と接見することを申し入れたが，拒否されたため，これが違法であるとして，国家賠償請求をした事案において，刑事弁護人の請求の一部を認容した裁判例もあります（後記(2)イ①の**大阪高判平成**17年1月25日訟月52巻10号3069頁）。

(2)　**主な裁判例**

ア　**国家賠償請求の否定例**

①　**最判平成20年4月15日**（民集62巻5号1005頁）

　　　A弁護士会の設置する人権擁護委員会が受刑者甲及び丙の2名から人権救済の申立てを受け，同委員会所属の弁護士が調査の一環として他の受刑者との接見を申し入れたところ，これを拒否したB刑務所長の措置が違法であるとして，A弁護士会（被上告人）が国家賠償請求をした事案（原審は，刑務所長の裁量権の逸脱・濫用を認め，A弁護士会の請求を一部認容した。）。

　　　「（旧監獄法45条2項は，）受刑者については親族以外の者との接見を原則として禁止する一方，刑務所長において特に必要ありと認める場合はこれを許すこととしている……（中略）……。」「旧監獄法45条2項は，親族以外の者から受刑者との接見の申入れを受けた刑務所長に対し，接見の許否を判断するに当たり接見を求める者の固有の利益に配慮すべき法的義務を課するものではないというべきである。」「弁護士及び弁護士会が行う基本的人権の擁護活動が弁護士法1条1項ないし弁護士法全体に根拠を有するものであり，その意味で人権擁護委員会の調査活動が法的正当性を保障されたものであるとしても，法律上人権擁護委員会に強制的な調査権限が付与されているわけではなく，この意味においてもB刑務所長には人権擁護委員会の調査活動の一環として行われる受刑者との接見の申入れに応ずべき法的義務は存在しない。なお，前記事実関係によれば，<u>同刑務所長は，人権擁護委員会所</u>

第2章　法1条 —類型別検討—

属の弁護士に対し，同委員会に人権救済を申し立てた甲や丙との接見は許しているのであるから，人権救済を申し立てていない乙や丁との接見を許さなかったからといって，被上告人の社会的評価や社会からの信頼が低下することにはならず，人権擁護委員会の調査活動を行う利益が違法に侵害されたということはできない。」と判示し，B刑務所長の措置について国家賠償法1条1項にいう違法があったということはできないとして，原判決を破棄し，被上告人（A弁護士会）の請求を棄却した。

② **最判平成12年9月7日**（判時1728号17頁）

受刑者による国家賠償請求事件の接見に関し，受刑者とその訴訟代理人である弁護士との接見時間を30分以内とした刑務所長の制限措置及びその接見に刑務所職員の立会いを条件とした刑務所長の制限措置が違法であるとして，受刑者及び弁護士（被上告人）が国家賠償請求をした事案。

「刑務所における接見時間及び接見度数の制限は，多数の受刑者を収容する刑務所内における施設業務の正常な運営を維持し，受刑者の間における処遇の公平を図り，施設内の規律及び秩序を確保するために必要とされるものであり，また，受刑者との接見に刑務所職員の立会いを要するのは，不法な物品の授受等刑務所の規律及び秩序を害する行為や逃走その他収容目的を阻害する行為を防止するためであるとともに，接見を通じて観察了知される事情を当該受刑者に対する適切な処遇の実施の資料とするところにその目的がある。したがって，<u>具体的場合において処遇その他の必要から30分を超える接見を認めるかどうか，あるいは教化上その他の必要から立会いを行わないこととす</u>るかどうかは，いずれも，当該受刑者の性向，行状等を含めて刑務所内の実情に通暁した刑務所長の裁量的判断にゆだねられているものと解すべきであり，刑務所長が右の裁量権の行使としてした判断は，裁量権の範囲を逸脱し，又はこれを濫用したと認められる場合でない限り，国家賠償法1条1項にいう違法な行為には当たらないと解するのが相当である。以上の理は，受刑者が自己の訴訟代理人である弁護士

152

と接見する場合でも異ならないものと解すべきである。」と判示し，原則として訴訟代理人である弁護士との月2回の面接が認められていたこと，既に約180回の接見が認められていたことなどの事実関係の下では，接見時間の制限及び刑務所職員の立会いが刑務所長の裁量権の範囲を逸脱・濫用したものではないとして，被上告人らの請求を一部認容した原判決を破棄し，被上告人らの請求を棄却した。

③ **東京高判平成27年7月9日**（判時2280号16頁）

刑事弁護人が，拘置所で被告人との接見中，証拠保全のため，デジタルカメラで被告人を写真撮影したところ，拘置所職員から写真撮影・録画を禁止され，接見を終了させられたため，上記刑事弁護人が国家賠償請求をした事案。

「刑訴法39条1項の『接見』という文言は一般的には『面会』と同義に解されること，『接見』と『書類若しくは物の授受』が区別されていること，同規定が制定された昭和23年7月10日当時，カメラやビデオ等の撮影機器は普及しておらず，弁護人等が被告人を写真撮影したり，動画撮影したりすることは想定されていなかったことなどからすれば，同項の『接見』とは，被告人が弁護人等と面会して，相談し，その助言を受けるなどの会話による面接を通じて意思の疎通を図り，援助を受けることをいうものであって，被告人が弁護人等により写真撮影やビデオ撮影されたり，弁護人が面会時の様子や結果を音声や画像等に記録化することは本来的には含まれないものと解される。」「収容法（筆者注：刑事収容施設法）117条，113条は，被告人と弁護人等の接見について，被告人と弁護人等の接見交通権を踏まえ，同条1項2号の不適切な内容の発言がされる場合等を除外し，同項1号ロの刑事施設の規律及び秩序を害する行為（規律等侵害行為）をする場合に限定して，その行為を制止し，又は面会を一時停止させ，次いで，面会の終了の措置を執ることができる旨規定していること（同法117条，113条1項及び2項）から，被告人又は弁護人等が規律等侵害行為をする場合に，面会の一時停止や終了の措置を執ることは，法令に基づく措置であって，違法に接見交通権や弁護活動を侵害するものということ

第2章　法1条 —類型別検討—

はできない。」と判示し，刑事弁護人の請求を棄却した（上告審の**最決平成28年6月15日（公刊物未登載）**も，刑事弁護人の上告及び上告受理申立てを退ける決定をした。）。

　なお，同種の事案（刑事弁護人が少年刑務所内で被疑者を写真撮影した事案）で，同様に刑事弁護人の国家賠償請求を棄却した裁判例として，**福岡高判平成29年7月20日（訟月64巻7号991頁）**等があります。

イ　国家賠償請求の肯定例

①　**大阪高判平成17年1月25日（訟月52巻10号3069頁）**

　拘置所に勾留中の被告人の刑事弁護人（原告・被控訴人）が同拘置所の職員らに対し，被告人の刑事事件において証拠物として採用されたビデオテープを再生しながら，被告人と接見することを申し入れたが，拒否されたため，これが違法であるとして，上記刑事弁護人が国家賠償請求をした事案。

　同高判は，刑事訴訟法39条1項の「接見」とは，被告人等と弁護人とが直接面会して被告事件等に関する口頭での打合せを行うことに限られるものではなく，口頭での打合せに付随する証拠書類等の提示も含む打合せと解すべきである旨判示し，国の控訴を棄却し，刑事弁護人（原告・被控訴人）の請求の一部（慰謝料等110万円）を認容した。

②　**最判平成25年12月10日（民集67巻9号1761頁）**

　死刑確定者が再審請求のために選任された弁護人との間で職員の立会いのない面会（秘密面会）を許さなかった拘置所長の措置が違法であるとして，死刑確定者と弁護人（被上告人ら）が国家賠償請求をした事案。

　「死刑確定者又は再審請求弁護人が再審請求に向けた打合せをするために秘密面会の申出をした場合に，これを許さない刑事施設の長の措置は，秘密面会により刑事施設の規律及び秩序を害する結果を生ずるおそれがあると認められ，又は死刑確定者の面会についての意向を踏まえその心情の安定を把握する必要性が高いと認められるなど特段の事情がない限り，裁量権の範囲を逸脱し又はこれを濫用して死刑確定者の秘密面会をする利益を侵害するだけではなく，再審請求弁護人

154

Q17　国家賠償法1条関係の類型別検討④：矯正関係

の固有の秘密面会をする利益も侵害するものとして，国家賠償法１条
１項の適用上違法となると解するのが相当である。」と判示して，被
上告人らの請求の一部を認容した原判決を支持して，国の上告を棄却
した。

書式5　国家賠償法１条１項に基づく訴状の記載例（矯正国賠の事案）

訴　　　状

平成○年○月○日

○○地方裁判所民事部　御中

　　　　　　　　　　　　〒000－0000　○県○市○町○丁目○番○号
　　　　　　　　　　　　原　　　告　　　甲　野　太　郎
　　　　　　　　　　　　〒000－0000　○県○市○町○丁目○番○号
　　　　　　　　　　　　原　　　告　　　乙　野　次　郎

（送達場所）
〒000－0000　○県○市○町○丁目○番○号○ビル○号
　　　　　　　　○○法律事務所
　　　　　　上記原告ら訴訟代理人
　　　　　　　　　　弁　護　士　　　○　○　○　○　㊞
　　　電　話　00－0000－0000
　　　ＦＡＸ　00－0000－0000

　　　　　　　　　〒000－0000　東京都千代田区霞が関１－１－１
　　　　　　　　　被　　　告　　　　国
　　　　　　　　　　代表者法務大臣　○　○　○　○

損害賠償請求事件
　訴訟物の価額　金○万円
　貼用印紙額　　金○万円

155

第2章　法1条 —類型別検討—

第1　請求の趣旨

1　被告は，原告甲野太郎に対し，金○万円及びこれに対する平成○年○月
　○日から支払済みまで年5分の割合による金員を支払え。

2　被告は，原告乙野次郎に対し，金○万円及びこれに対する平成○年○月
　○日から支払済みまで年5分の割合による金員を支払え。

3　訴訟費用は被告の負担とする。

との判決及び第1項及び第2項につき仮執行の宣言を求める。

第2　請求の原因

1　原告甲野太郎（以下「原告甲野」という。）は，平成○年○月○日，○県
　○○警察署署員により窃盗罪（万引き）で逮捕され，○地方検察庁検察官
　検事により，○○警察署に勾留の上，取調べを受け，一貫して万引きの事
　実を否認したものの，同罪により起訴された。原告甲野は，一貫して万引
　きの事実を否認していた。

　　原告甲野は，同年○月○日，○○拘置所に移監された。

　　原告乙野次郎（以下「原告乙野」という。）は，原告甲野の国選弁護人
　（○県弁護士会所属）である。

2　原告甲野は，同月○日，同拘置所接見室において，原告乙野と接見した
　際，原告乙野から同接見室に録音・録画機を持参してもらい，原告甲野が
　万引きをしていない弁解内容を録音・録画してもらおうとした際，同拘置
　所職員からこれを拒否され，これ以上の接見を禁止された。

3　しかし，このような拒否・禁止行為は，刑事訴訟法39条規定の接見交通
　権を違法に侵害するものである。これにより，原告甲野は，自己が無実で
　あることの立証をする機会を奪われ，そのため精神的苦痛を被り，その損
　害（慰謝料）は少なくとも○万円を下らない。

　　また，原告乙野は，弁護人として接見交通権及び弁護活動の自由を侵害
　され，そのため精神的苦痛を被り，その損害は少なくとも○万円を下らない。

4　よって，原告らは，被告に対し，国家賠償法1条1項に基づき，それぞ
　れ金○円及びこれに対する平成○年○月○日から支払済みまで民法所定の
　年5分の割合による金員の支払を求める。

証拠説明書及び附属書類

（省略）

Q18 国家賠償法１条関係の類型別検討⑤：不動産登記・公証人関係

(1) 登記官に要求される国家賠償法１条１項の「過失」の内容をなす注意義務は，どの程度のものですか。

(2) 公証人が公正証書を作成する際の調査義務の範囲はどのようなものですか。

A

(1) 登記官の注意義務の程度については，登記官としての職務に従事するものとしての知識，経験を前提とする職務上の注意義務ですから，当該職務をするについて要求される知識と能力を持った平均的登記官に期待される職務能力が基準となると解されます。

(2) 公証人は，法務局又は地方法務局に所属し，国家公務員法上の公務員ではないものの，国家賠償法１条における公務員です。

公証人は，公正証書を作成するに当たり，嘱託人などの関係人から聴取した陳述等によって知り得た事実等及び当該嘱託と関連する過去の職務執行の過程において実際に経験した事実を資料として審査をすれば足り，その結果，法律行為の法令違反等の事由が存在することについて具体的な疑いが生じた場合に限り，嘱託人などの関係人に対して必要な説明を促すなどの調査義務が生じると解されています。

登記官・公証人の注意義務等

①	登記官の注意義務	登記官としての職務をするについて要求される知識と能力を持った平均的登記官に期待される職務能力が基準となると解される。

第2章　法1条 ―類型別検討―

②	公証人の公正証書作成の際における調査義務	嘱託人等から聴取した陳述等によって知り得た事実等及び当該嘱託と関連する過去の職務執行の過程において実際に経験した事実を資料として審査をすれば足り，その結果，法律行為の法令違反等の事由が存在することについて具体的な疑いが生じた場合に限り，嘱託人等に対して必要な説明を促すなどの調査義務が生じると解されている。

1　不動産登記に関する事務と国家賠償請求訴訟

　ここでは，法務局における登記事務（不動産登記，商業法人登記等）のうち，国家賠償請求訴訟の事案の多い不動産登記について，裁判例とともに検討します。

⑴　不動産登記事務における登記官の職務と内容等

ア　登記官の職務

　登記に関する事務は，法務局若しくは地方法務局若しくはその支局又は出張所に勤務する法務事務官のうちから，法務局又は地方法務局の長が指定した登記官が行います（不動産登記法6条1項，9条）。

　不動産登記事務において，登記官は，登記簿に登記事項を記録する行為，いわゆる登記簿の謄抄本（全部事項証明書・一部事項証明書）の作成・交付，登記簿等の閲覧，登記申請書等の受付・調査及び土地建物に関する実地調査等を行うことを職務とします。

イ　登記官の審査権の範囲

　登記官は，登記申請書及び添付書類（登記済証（登記識別情報），委任状，印鑑証明書等）並びに登記簿等の形式的資料によって，当該申請が申請者又は代理人によってされたものか否か，申請内容が認められるか否かを形式的に審査（形式的審査権）すればよく，それ以上に実体関係の審査義務はないとされています。

　ただし，不動産の表示に関する登記については，登記官が「必要があると

158

認めるとき」は実質的審査権が認められています（不動産登記法29条，旧不動産登記法50条）。

ウ　登記官の行為の公権力性及び登記官の過失

登記官が行う登記に関する行為は，国家賠償法1条にいう「公権力の行使」に該当するとするのが判例・通説です。

また，登記官の過失の有無の判断の前提となる注意義務の程度については，登記官としての職務に従事するものとしての知識，経験を前提とする職務上の注意義務ですから，当該職務をするについて要求される知識と能力を持った平均的登記官に期待される職務能力が基準となると解されます（『理論と実際』132頁）。

エ　不動産登記法の改正

不動産登記法は，平成16年に全面改正（平成17年3月7日施行）され，①インターネットを利用したオンライン申請制度の導入，②登記済証（権利証）に代わる「登記識別情報」の通知制度の導入，③登記簿のコンピュータ化等が行われるようになりました。そこで，上記の②の「登記識別情報」の通知制度の導入（不動産登記法21条）により，将来的には登記済証の偽造の問題はなくなるものと考えられます。

(2)　主な裁判例

ここでは，最も問題となる，登記官の登記行為（権利に関する登記及び表示に関する登記の申請についての受付，調査，記載）に関する主な裁判例を紹介します。

ア　国家賠償責任の肯定例

①　最判昭和43年6月27日（民集22巻6号1339頁）

偽造の登記済証に基づく登記申請が受理され，無効な所有権移転登記が経由されたため，これを信頼して当該不動産を購入した者（被上告人）が，代金を支払ったのに所有権を取得できなかったのは登記官吏の違法行為によるものであるとして，国に対して上記代金支払額等の損害の国家賠償請求をした事案。

「所論登記済証は，その作成された日付として記載された昭和22年9月6日当時官制上存在していなかった東京区裁判所麹町出張所受付第5301号と記載され，同庁印が押捺されていた旨の原審の認定は，そ

第2章　法1条 —類型別検討—

の挙示する証拠により首肯できる。そして，当時本件登記の所轄登記所の官制上の名称が東京司法事務局麹町出張所であることに鑑みれば，押捺された庁印の印影自体からまたは当時の真正な印影と対照することにより，登記官吏は容易に右登記済証が不真正なものであることを知りえたはずであり，かかる審査は登記官吏として当然なすべき調査義務の範囲に属する旨の原審の判断は正当である。」と判示し，登記官吏に過失を認めて国の上告を棄却し，被上告人の請求を認めた。

② **大阪高判昭和57年8月31日**（判時1064号63頁）

　X（原告・控訴人）所有名義の不動産につき，Xの長女及び警察官から，虚偽の仮登記申請（印鑑証明書の偽造等による虚偽申請）がなされている疑いがあるので登記簿への記入を行わないよう依頼があったにもかかわらず，登記官により登記簿への記入がなされたため，Xが国に対して国家賠償請求（当該仮登記の抹消費用及び慰謝料の請求）をした事案。

　「不動産登記事務の迅速な処理の要請に鑑み，登記官は，提出された申請に関する書類の形式的適法性を，申請書のほかその添付書類そのものにとどまらず，これらと既存の登記簿，印影の相互対照などによって，その審査をする権限を有するものとされているが，右調査の過程において，右各書面の外形上，申請人ないし申請の内容につき容易に疑いを抱かせるような事項が看取できるような場合，ないし，これが必ずしも容易でない事項であっても，捜査官等からの該登記申請が虚偽である旨の連絡があったような場合には，不動産登記制度における権利変動の公示の重要性から，かかる特段の事情のない通常の場合以上に，その登記申請についての審査をより慎重にし，不真正な書類に基づく登記申請を却下すべき注意義務があるものと解され，かかる注意義務の加重は形式的審査権と何ら矛盾するものではない。」と判示し，X（原告・控訴人）の請求を認容した。

　同高判は，登記官の形式的審査権の考え方に依拠しながら，本人や警察官から不実登記の申請である旨の通報等があった場合に，登記官の審査義務（注意義務）が加重されることを認めたものである。

③　東京高判平成14年12月10日（判時1815号95頁）

　土地売買を装う者らに２億7,000万円余の預金小切手を詐取され損害を被ったX（被控訴人・原告）が，国（控訴人）に対し，所有権移転登記手続を担当した登記官には提出された登記済証が偽造であることを看過した過失があるなどとして，国家賠償請求（損害額３億1,854万4,765円の請求）をした事案。

　「当裁判所も，本件偽造登記済証（筆者注：本件偽造登記済証の受付年月日は平成11年６月29日である。）に登記済印番号が記載されていないこと，登記済印番号の制度が偽造の登記済証による登記を防止するために平成８年12月１日に導入されたものであることに照らすと，登記官には，本件偽造登記済証に登記済印番号が記載されていないことを看過して偽造であることを発見できなかった点において，審査事務に関する注意義務違反があったものと判断する。」と判示し，登記官の過失を認定した上で，損害額については，本件所有権移転登記の登録免許税と弁護士費用（合計868万8,100円）の限度で被控訴人の請求を認容した。

　なお，東京法務局管内の登記所では，平成８年12月１日をもって登記済印の下部に登記済印番号を記載する取扱いとなっていたところ，本件偽造登記済証の受付年月日は平成11年６月29日であるから，本来であれば登記済印の下部に登記済印番号が記載されているはずであるのに記載されていなかったものである。

イ　国家賠償責任の否定例

①　東京地判昭和60年９月24日（訟月32巻６号1121頁）

　原告は，不動産の共有持分権者の代理人と称する者らとの間で，譲渡担保契約を締結し，原告への同不動産の共有者全員持分全部移転登記を経由したものの，当該移転登記は偽造の登記済証により登記がなされたもので，登記官が登記済証の印影と真正な印影との近接照合を怠ったこと（つまり，登記官の過失）によるとして，被告国に対して国家賠償請求をした事案。

　「登記官において常に右登記済印等の各印影と真正なそれとを相互対照すべき義務があるとはいえ，通常は提出された登記申請書及び

第2章 法1条 —類型別検討—

その添付書類と登記簿の記載とを対照検討するとともに，当該登記済証の各印影自体についてその様式，形態及び刻印文言等を総合的に観察し，登記官として真正な各印影についての正確な認識を含む職務上の経験に基づいて右印影の真否を判断すれば足り，その際何らかの疑義が生じ又は疑義を持つべかりし場合に右印影の相互対照を行うべき義務があり，それをもって足りるというべきである。そして，右印影の相互対照の方法としては，原則として，登記官が添付書類たる登記済証に押捺されている登記済印等の印影と真正な印影とを肉眼により近接照合してその彼此同一性を判別することが必要であるが，前記のとおり登記官が右近接照合を怠ったすべての場合について，過失が認められる性質のものではなく，提出された登記済証の各印影の観察等によりその真否に疑問の余地があり，肉眼による近接照合を行いさえすれば登記済証等の添付書類が不真正なものであることを容易に看取し得たにもかかわらず登記官がこれを怠り，不真正な書類に基づく登記申請を受理した場合に限って登記官の過失を認めれば足りるものと解するのが相当である。」と判示した上，本件偽造登記済証の印影と真正な印影との相違は，仮に近接照合をしたとしても容易に識別できない程度の相違であると認められるなどと認定し，登記官の過失を否定し，原告の請求を棄却した。

② **東京地判昭和62年5月13日**（判時1274号101頁）

急峻な山岳地帯にある2筆の土地に関して，登記官が，土地家屋調査士の申請に基づき，現地調査をせず，従前の地積の約200倍，約60倍の地積に更正する旨の更正登記をした後，原告が当該地積更正登記を信じて，訴外会社に対して上記土地等に根抵当権を設定して1,200万円を貸し付けたものの，その後の競売手続において，上記各土地は実際の地積と著しい差異があり，しかも隣接地との境界も全く不明であり，上記土地等に1,200万円の担保価値がないことが判明したため，原告が，現地調査をせずに当該地積更正登記をした登記官に過失があるとして，被告国に対して国家賠償請求をした事案。

「不動産登記法（筆者注：旧法）は，同法50条1項にいう右『必要ア

ルトキ』の意義について具体的に定めていないから，登記官が不動産の表示に関する登記の申請があった場合に改めて当該不動産の表示に関する項目について自ら調査をすることを要するか否かは担当登記官の合理的裁量に委ねられているものと解され，不動産の表示に関する登記の申請書の添付書類等により，不動産の現況を把握することができ，当該申請にかかる登記事項が不動産の現況に照らして十分正確であると認められる場合には，登記官が重ねて当該不動産の表示に関する事項について調査をする必要性は存在しないものというべきである。」と判示し，本件登記官に過失は認められないとして，原告の請求を棄却した（控訴審の**東京高判昭和63年1月28日訟月35巻1号1頁**も，同じ理由で原告の控訴を棄却している。）。

　なお，上記**東京地判昭和62年5月13日**の解説部分（判タ651号162頁）では，「登記官において，単に申請書のみの審査にとどまらず，土地家屋調査士に対し，例えば，公図で把握できない隣接土地の状況についてさらに資料の提出を求め，実地測量の日数，方法を質問したという事情も認められたことが，結論を大きく左右したように思われる。」と述べられている。

2　公証人の公正証書作成行為と国家賠償請求訴訟

⑴　公証人の地位・権限

　公証人は，当事者その他の関係人の嘱託により，法律行為その他私権に関する事実について公正証書を作成するなどの権限を有しています（公証人法1条）。公証人は，法務大臣に任免され，その監督を受け（公証人法11条，15条，74条），国家公務員法上の公務員ではないものの国家賠償法1条における公務員です。公証人は，法務局又は地方法務局に所属します（公証人法10条）。また，公証人が公正証書を作成する行為も，国家賠償法1条の公権力の行使に当たります。なお，公正証書のうち，執行認諾文言のある公正証書（執行証書）については，裁判官の判断を待つことなく，直ちに債務名義となりま

第2章　法1条 ―類型別検討―

す（民事執行法22条5号）。

　公証人が公正証書を作成するに当たり，法令に違反する事項，無効の法律行為等について公正証書を作成することはできないとされ（公証人法26条），また，公証人法施行規則13条1項は，「公証人は，法律行為につき証書を作成し，又は認証を与える場合に，その法律行為が有効であるかどうか，当事者が相当の考慮をしたかどうか又はその法律行為をする能力があるかどうかについて疑があるときは，関係人に注意をし，且つ，その者に必要な説明をさせなければならない」と規定しています。

　そこで，公証人の調査義務の有無や範囲が問題となります（後記(2)の裁判例参照）。

(2)　公証人の調査義務に関する裁判例

①　最判平成9年9月4日（民集51巻8号3718頁）

　　準消費貸借契約の旧債務に割賦販売法に反する部分があった公正証書に関し，公証人が違法な内容の公正証書を作成したとして，これを作成された被上告人が国（上告人）に対して国家賠償請求をした事案。

　　「公証人法（以下「法」という。）は，公証人は法令に違反した事項，無効の法律行為及び無能力により取り消すことのできる法律行為について公正証書を作成することはできない（26条）としており，公証人が公正証書の作成の嘱託を受けた場合における審査の対象は，嘱託手続の適法性にとどまるものではなく，公正証書に記載されるべき法律行為等の内容の適法性についても及ぶものと解せられる。しかし，他方，法は，公証人は正当な理由がなければ嘱託を拒むことができない（同法3条）とする反面，公証人に事実調査のための権能を付与する規定も，関係人に公証人の事実調査に協力すべきことを義務付ける規定も置くことなく，公証人法施行規則（昭和24年法務府令第9号）において，公証人は，法律行為につき証書を作成し，又は認証を与える場合に，その法律行為が有効であるかどうか，当事者が相当の考慮をしたかどうか又はその法律行為をする能力があるかどうかについて疑いがあるときは，関係人に注意をし，かつ，その者に必要な説明をさせなければならない（13条1項）と規定するにとどめており，このよ

うな法の構造にかんがみると，法は，原則的には，公証人に対し，嘱託された法律行為の適法性などを積極的に調査することを要請するものではなく，その職務執行に当たり，具体的疑いが生じた場合にのみ調査義務を課しているものと解するのが相当である。したがって，公証人は，公正証書を作成するに当たり，聴取した陳述（書面による陳述の場合はその書面の記載）によって知り得た事実など自ら実際に経験した事実及び当該嘱託と関連する過去の職務執行の過程において実際に経験した事実を資料として審査をすれば足り，その結果，法律行為の法令違反，無効及び無能力による取消し等の事由が存在することについて具体的な疑いが生じた場合に限って嘱託人などの関係人に対して必要な説明を促すなどの調査をすべきものであって，そのような具体的な疑いがない場合についてまで関係人に説明を求めるなどの積極的な調査をすべき義務を負うものではないと解するのが相当である。」と判示し，原判決を破棄して，被上告人の請求を棄却した。

　なお，このような執行証書により不利益を被る者は，民事執行法の定める救済方法（請求異議の訴え等）を選択することができることはもちろんである。

第2章　法1条 ―類型別検討―

Q19　国家賠償法1条関係の類型別検討⑥：戸籍関係

　市区町村の戸籍担当者に戸籍の記載誤りなどがあった場合において，市区町村が国家賠償請求訴訟を提起されることがありますが，戸籍担当者における国家賠償法1条1項の「過失」の内容をなす注意義務の程度は，どのようなものですか。

A

　市区町村長の戸籍担当者が戸籍事務を取り扱う上で負う職務上の注意義務の程度については，戸籍事務に従事するものとしての知識・経験を前提とする職務上の注意義務ですから，一般の市民よりも高度であり，過失の有無を判断するには平均的戸籍事務従事者に期待される職務能力が基準となると解されます。

市区町村の戸籍担当者の注意義務の程度

　戸籍事務に従事するものとしての知識・経験を前提とする職務上の注意義務であるので，一般の市民よりも高度であり，過失の有無を判断するには平均的戸籍事務従事者に期待される職務能力が基準となると解される。
　→　当該注意義務に違反すると，市区町村が国家賠償責任の対象となる。

1　戸籍に関する事務と国家賠償法に基づく損害賠償責任

　戸籍に関する事務は，市町村長及び特別区の区長がこれを所掌し（戸籍法1条，4条），人の身分関係に関する届出の受理，戸籍簿への記載，戸籍謄抄本の交付等を行う公証事務です。
　従来，戸籍に関する事務は，国がその事務処理を国の機関としての市区町村長に委任している機関委任事務とされていましたが，「地方分権の推進を

166

図るための関係法律の整備等に関する法律」（平成11年法律第87号）により改正された戸籍法（平成12年4月1日施行）により，市区町村が処理を行う法定受託事務となりました（改正地方自治法2条9項1号）。

　戸籍に関する事務は，国家賠償法1条の「公権力の行使」に当たりますので，戸籍事務処理が違法になされ，市町村長及び特別区の長又はこれらの補助者である戸籍事務担当者に故意又は過失があるときは，①上記改正地方自治法・改正戸籍法の施行前（平成12年3月31日以前）は国（ただし，市区町村も国家賠償法3条1項による費用負担者として損害賠償責任を負う。）が，②上記改正地方自治法・改正戸籍法の施行後（平成12年4月1日以降）は市区町村（ただし，国も国家賠償法3条1項による費用負担者として損害賠償責任を負い，また，国が個々の戸籍事務について具体的な勧告・指示等をしていた場合には，市区町村とともに国家賠償法1条の共同不法行為責任を負うことも考えられる。）が，それぞれ国家賠償法上の責任を負うことになります。

　なお，戸籍事務担当者個人は，その職務を行うに当たり，故意又は過失によって違法に他人に損害を負わせたとしても，賠償責任を負うことはありません（**最判昭和53年10月20日民集32巻7号1367頁**〔芦別国家賠償請求事件〕）。

2　市区町村長等の注意義務の程度

　市区町村長等が戸籍事務を取り扱う上で負う職務上の注意義務の程度については，戸籍事務に従事するものとしての知識，経験を前提とする職務上の注意義務ですから，一般の市民よりも高度であり，過失の有無を判断するには平均的戸籍事務従事者に期待される職務能力が基準となると解されます（古崎慶長『国家賠償法』（有斐閣，1971年）154頁参照）。

第2章　法1条 —類型別検討—

3　国家賠償に関する主な裁判例

(1)　肯定例

①　**東京地判昭和48年8月20日**（判時719号48頁）

区職員が他人の出生届出を原告のものとして誤記載したことは，違法であるとして，区に対して10万円の損害賠償（慰謝料）の支払を命じた。

②　**札幌地判昭和55年12月12日**（判タ449号269頁）

市吏員が戸籍抄本を作成する際，戸籍簿の一部（離婚して原告の戸籍に復籍したことを示す部分）を脱落した抄本を作成交付したことは違法であるとして，市に対して10万円の損害賠償（慰謝料）の支払を命じた。

③　**神戸地判平成4年9月10日**（判時1460号117頁）

市の区役所職員が，民法795条（昭和62年法律第101号による改正前のもの）に違反する養子縁組の届出（改正前の民法795条では，養子縁組は配偶者とともにしなければならないとされていたところ，原告には配偶者がいたのに，原告が単独で亡父の後妻Aと養子縁組をした旨の届出をした。）を受理して戸籍に記載した後，原告に補正を求めたが，原告がこれに応じなかったため，本件届出は未だ受理されていないとの見解の下に届出書を返戻したが，戸籍の記載がそのままになっていたため，その後，養子縁組の記載を消除して戸籍を再製したことは違法であるとして，市に対して50万円の損害賠償（別訴である養親子関係確認訴訟の弁護士費用の一部）の支払を命じた。

④　**東京高判平成14年10月30日**（戸籍742号31頁）

妻が協議離婚届の不受理申出をしていたところ，妻本人の知らない間に，偽造の不受理申出の取下書及び協議離婚届が提出されたため，離婚の戸籍記載がされたのは，戸籍担当職員の過失によるものであるとして，国家賠償請求をした事案。

「市区町村長に対して取下書が提出された場合には，その記載内容に誤りがなく，記載要件が満たされているかどうかを審査するだけでなく，取下書が不受理申出をした本人から提出されたものかどうかを

168

確かめる必要があり，そのためには，少なくとも取下書の筆跡や印影と不受理申出書の筆跡や印影とを照合して，その同一性を確認すべき義務があると解すべきである。もとより，この確認は，提出された書面に基づいて，戸籍事務担当者がその通常の注意力をもって行えば足りるものであるが，その結果，同一性が認められず，取下書が本人によって提出されたことについて合理的な疑いが生じたとすれば，これをそのまま受理すべきではなく，提出者の確認や同人への質問等により取下書の提出について事実上調査をし，なお疑問を払拭することができなければ，受理を留保して，基本通達第6項に準じて，監督局の長の指示を仰ぐべきものと解するのが相当である。」と判示し，過失を認定し，市に対して82万5,000円（離婚無効の裁判に要した費用及び慰謝料）の支払を命じた。

⑤　**東京地判平成27年12月21日**（判時2308号97頁）

　被告Y（探偵業務従事者）が原告X₁及び原告X₂名義の各金銭消費貸借契約書を偽造し，これをA区担当者に提示して，各住民票の写しの交付を受けたことについて，原告らが，①被告Yが原告らの住民票の写しを不正取得するなどし，また，②被告A区又はその職員が，同住民票の写しを過失により交付し，原告らの情報開示請求につき一部非開示とし，原告らに対する不誠実な言動等をし，被告Yの告発等を怠ったとして，被告Yに対しては不法行為，被告A区に対しては国家賠償法1条1項に基づき，慰謝料等の支払を求めるとともに，被告A区に対して同不誠実な言動により人格権を侵害されたとして謝罪文の交付を求めた事案。

　同東京地判は，①被告Y（探偵業務従事者）の不法行為を肯定し，原告2名に対して慰謝料等として各33万円の損害賠償責任を認め，また，②被告A区に対して，原告X₂につき上記金銭消費貸借契約書の名が戸籍と違っていた（戸籍は「花子（仮名）」であるのに，上記契約書には「はな子」と記載）ところ，被告A区担当者は戸籍と異なる表示である理由につき，被告Yに補足説明を求める法的義務があるのに，これを怠った国家賠償法上の違法があるとし，原告X₂の精神的損害等として5

第2章　法1条 —類型別検討—

万5,000円の賠償責任を認めた（本判決は被告A区の謝罪文の交付は認めなかった。）。

(2) **担当者の過失又は落ち度は認められるが，損害賠償請求が否定された例**

① **仙台高判昭和42年6月26日**（訟月13巻9号1049頁）

町吏員が新戸籍編製の際，養子縁組事項の移記を脱漏したことは，町吏員の過失であるが，これにより養子が遺産分割の争いに当たり，「養子縁組成立についての確信を失い家事審判の申立てが遅れたことによる損害」と「当該過失」との間に因果関係はない（共同相続人が遺産分割協議に応じる考えがなく，いずれにしても家事審判による解決が必要であった。）として，損害賠償請求を排斥した。

② **東京高判昭和59年2月28日**（判時1111号114頁）

出生届がされてから約6年半にわたり戸籍への記載がされず戸籍事務の処理に遺漏があったことは否定できないが，その脱漏されていた間，原告（控訴人）が特段の精神的苦痛を感じていたとは認められないなどとして，慰謝料請求が排斥された。

(3) **否定例**

① **東京地判平成19年12月20日**（判例地方自治306号10頁）

原告が被告国らに対し，A村長が昭和29年12月に出生年を誤って記載して戸籍を編製した過誤（出生年である「昭和21年」を「昭和20年」と誤記載）があり，また，B市担当者が平成18年3月に戸籍及び住民票の出生年を「昭和21年」に訂正した手続に過誤があるなどと主張して，国家賠償請求をした事案であるが，主な判示内容は以下のとおりである。

(a) 原告が，出生年を戸籍に上記のように誤記載されたことを理由として，被告国らに国家賠償請求をした点については，民法724条後段の除斥期間（不法行為の時から20年間）の起算点は特段の事情がない限り加害行為時であると解されるとして，損害の発生を待たずに除斥期間の進行を認めることが被害者にとって著しく酷であるなどの特段の事情が認められない本件においては，除斥期間の経過により本件国家賠償請求権は消滅したとして，原告の請求を棄却した。

Q19　国家賠償法1条関係の類型別検討⑥：戸籍関係

(b)　原告が戸籍の出生年の誤記載を早期に訂正できたのにこれを怠った行政上の不作為があるとして，被告B市らに国家賠償請求をした点については，戸籍の誤記載の訂正方法としては，戸籍法上，職権によるもの（戸籍法24条2項）と当事者の申請によるもの（戸籍法113条～116条）とがあるところ，原告による問い合わせ当時，被告B市が原告の出生年を誤記載であると確認できる資料を有していなかった本件では，職権による訂正はできなかったのであり，また，被告B市の担当者が当事者の申請による戸籍訂正手続を勧めたことは戸籍法上の訂正手続に沿うものであったから，早期に訂正を行わなかったことにつき行政上の作為義務違反はないとして，原告の請求を棄却した。

(c)　原告が，被告B市には戸籍の表示に合わせて職権で住民票の出生年を訂正した際に原告に対して訂正の通知等を怠った注意義務違反があるとして，被告B市に国家賠償請求をした点については，住民票の出生年月日は戸籍がこれを公証する根本であること，住民票は使用頻度が高く，行政解釈運用上，住民票の出生年月日の記載は戸籍のそれと一致させなければならないこと，B市長が住民票の誤記載を訂正する際にその旨を原告に通知すべきとは規定されていないこと（住民基本台帳法施行令12条3項参照）からすると，本件で，B市長が原告に訂正の通知をしなかったことは手続上の過誤ということはできず，また，誤記載の訂正によって原告が不利益を被ることは予想されないから，B市長に訂正を通知する法的義務はないとして，原告の請求を棄却した。

②　**東京地判平成27年12月4日**（判時2308号109頁）

　　原告が，父である被告Yの戸籍に被告Yの認知子（被告Yが認知した子）である旨の記載がされていなかったことは，被告S区の担当職員の過失及び被告Yの故意又は重過失によるものであり，被告S区と被告Yの共同不法行為が成立するとして，国家賠償法1条1項等に基づき，被告らに対し，連帯して損害賠償の支払をするよう求めた事案。

　　同地判は，①被告S区の区長ないし担当職員の認知の届出を他の市

171

第2章　法1条 —類型別検討—

区町村へ送付すべき義務は，認知子である原告に対して負担する職務
上の義務であるとまでは認められず，原告に対する注意義務違反が
あったとはいえないと判断し，また，②原告が被告Y（原告の父）の
子であることの認知を求める訴えを提起した原告の母が認知届をして
いる本件において，被告Yに，戸籍法上，認知の裁判が確定したこと
を届け出る義務があるとはいえないので，被告Yが，原告に対して，
私法上，子の身分上の地位の社会的認知・公示をはかる義務や，戸籍
に子の認知記載が確実・迅速に行われるように配慮すべき義務を負う
とは認められず，本件記載遺漏につき被告Yの故意・過失は認められ
ないと判断するなどして，原告の請求を棄却した。

172

Q20 国家賠償法1条関係の類型別検討⑦：学校事故関係

Q20 国家賠償法 1 条関係の類型別検討⑦：学校事故関係

国公立学校における生徒や学生の事故について，担当教師はどのような注意義務を負いますか。

A 教師は，学校における教育活動により生ずるおそれのある危険から生徒や学生を保護すべき一般的な注意義務を負っています。

そして，このような一般的な注意義務（又は安全配慮義務）を前提として，個々の具体的な事案ごとに教師等の故意・過失を判断していくことになりますが，その際の考慮要素としては，①被害生徒等の年齢・その運動能力・判断能力等の程度，②学校側の安全指導の有無・内容，③学校の授業中の事故か，放課後あるいは課外活動中の事故かなどの事情が挙げられます。

学校の教師の教育活動における注意義務について

(1) 教師は，学校における教育活動により生ずるおそれのある危険から生徒や学生を保護すべき一般的な注意義務を負う。

(2) 当該一般的な注意義務を前提として，個々の具体的な事案ごとの過失判断の考慮要素としては，①被害生徒等の年齢・その運動能力・判断能力等の程度，②学校側の安全指導の有無・内容，③学校の授業中の事故か，放課後あるいは課外活動中の事故かなどの事情が挙げられる。

1 学校事故と国家賠償法の適用の有無

学校事故で国家賠償法が適用されるのは，国公立学校であり，私立学校（私立学校法2条3項）については民法が適用されることになります。

173

第2章　法1条 —類型別検討—

　なお，**名古屋高判平成22年11月4日**（裁判所ウェブサイト）〔岐阜大学留学生アカデミックハラスメント事件〕は，国立大学法人の役職員は，国立大学法人法19条が規定する刑法その他の罰則の適用に関する場合を除き，「みなし公務員」ではないが，国立大学法人に講師として雇用されて学生に対する教育活動を委ねられた者は，公権力の行使に当たる公務員に該当する旨判示しています。

　学校事故は，①国家賠償法1条1項が適用される人的構成の面（教師等の学校関係者の故意又は過失）から生じたものと，②同法2条が適用される物的設備の面（学校施設の設置又は管理に関する瑕疵）から生じたものに分けられます（学校事故に対する同法2条の適用事例についてはQ28「学校施設の瑕疵関係」参照）。

　加害者となった教師等は，被害者に直接賠償責任を負うことはありません（**最判昭和53年10月20日民集32巻7号1367頁**〔芦別国家賠償請求事件〕）。

　なお，国公立学校と生徒の在学関係は入学許可という行政処分によって発生する法律関係であり，この法律関係に伴う一定の管理作用に付随する義務として信義則上の安全配慮義務が生ずるとして，学校の生徒に対する民法415条の債務不履行責任が問われるケースもあります（ただし，裁判例の中には，安全配慮義務違反を認めて国家賠償法1条1項を適用しているものもある（例えば，後記3(3)①の**東京高判平成14年1月31日判時1773号3頁**〔津久井いじめ自殺事件〕，後記3(4)⑤の**東京地判平成13年5月30日判タ1071号160頁**等）。）。

2　教師等の教育活動の公権力性及び教諭等の故意・過失

(1)　教育活動と公権力の行使

　国公立学校の教師等の教育活動が国家賠償法1条にいう「公権力の行使」に該当するとするのが確立した最高裁判例です。例えば，後記3(1)①の**最判昭和62年2月6日**（判時1232号100頁）〔横浜市立中学校プール事故事件〕は，公立中学校の体育の授業で生徒がプールへの飛び込み練習を行っていた際にプールの底に頭部を激突させて負傷をした事案において，「国家賠償法1条1項にいう『公権力の行使』には，公立学校における教師の教育活動も含ま

174

れるものと解するのが相当であ」と判示し，教師の教育活動の公権力性を明確にしています。

これに対し，私立学校の教師等の教育活動には，公権力性が認められないので，私立学校の教師等の学校関係者は民法709条に基づき，また，学校の設置者（学校法人）は民法715条に基づき，それぞれ不法行為責任を負うことになります（国公立学校と異なり，教師等と学校の設置者の双方が賠償責任を負う。）。

(2)　教師等の学校関係者の故意・過失

教師等の教育活動に国家賠償法1条1項の責任が認められるには，教師等の学校関係者の故意・過失が認められる必要があります。

教師等の学校関係者が生徒等に対して保護監督義務を負っていることは，「学校の教師は，学校における教育活動によって生ずるおそれのある危険から児童・生徒を保護すべき義務を負っている」（後記3(1)②の**最判昭和62年2月13日民集41巻1号95頁**），「学校の教師は，学校における教育活動により生ずるおそれのある危険から生徒を保護すべき義務を負っており，危険を伴う技術を指導する場合には，事故の発生を防止するために十分な措置を講じるべき注意義務があることはいうまでもない。」（後記3(1)①の**最判昭和62年2月6日判時1232号100頁**〔横浜市立中学校プール事故事件〕）とする判例等から明らかです。

このような一般的な注意義務（又は安全配慮義務）を前提として，個々の具体的な事案ごとに教師等の故意・過失を判断していくことになりますが，その際の考慮要素としては，①被害生徒等の年齢・その運動能力・判断能力等の程度，②学校側の安全指導の有無・内容，③学校の授業中の事故か，放課後あるいは課外活動中の事故かなどの事情が挙げられると考えられます。例えば，授業中の事故の方が，一般的に，生徒の自主性が尊重される放課後あるいは課外活動中の事故よりも，高度の注意義務（又は安全配慮義務）が要求されるものと考えられます（深見『国家賠償訴訟』161頁以下参照）。

後記3において，事故態様別の主な裁判例を紹介します。

(3)　国又は公共団体の公務員個人に対する求償権

公務員（教師等）個人は，上記のとおり，被害者に直接賠償責任を負うことはありませんが，体罰による自殺事案のような場合には，被害者側があえて体罰を加えた教師個人に損害賠償訴訟を提起する場合もあります。

175

第2章　法1条 ―類型別検討―

　他方，国又は公共団体が国家賠償法1条1項の規定により賠償責任を負う場合において，加害者である教師等に故意又は重過失があったときは，国又は公共団体は，当該教師等に対して求償することができます（国家賠償法1条2項）。

　しかし，実際に求償する事案は少ないようです。

　そのような中で，報道によりますと，後記3(2)④の裁判例（東京地判平成28年2月24日判時2320号71頁〔桜宮高校バスケット部体罰自殺事件〕）に関連して，市が生徒に体罰を行った元顧問教諭に対し，市が生徒の遺族に支払った賠償金の半額（遅延損害金を含め約4,300万円）の求償訴訟を提起した事案において，**大阪地判平成30年2月16日**（公刊物未登載）は，元顧問教諭に請求どおりの金額の支払を命じました（朝日新聞デジタル配信）。

　また，**福岡高判平成29年10月2日**（判例地方自治434号60頁）は，O県が，県立高校の生徒の剣道部の活動中に熱射病で倒れて死亡した事故につき，同県に対して遺族への損害賠償金の支払を命じる確定判決に従い遺族が受領を拒否した上記賠償金を供託したところ，同県の住民が，同県知事に対し，顧問教師らに賠償責任を負わせるための求償権の行使を求める住民訴訟を提起した事案において，顧問教師には生徒の熱射病による意識障害を疑うべき状況にあり，死に至ることを容易に予見可能であったとして重大な過失がある旨判示し，O県に対し，顧問教師に100万円の求償権の行使を命じた原判決を支持して，O県の控訴を棄却しています。

3　学校事故についての主な裁判例

(1)　**授業中（これに密接する時間帯を含む。）の事故**

　　①　**最判昭和62年2月6日**（判時1232号100頁）〔横浜市立中学校プール事故事件〕→肯定例（プールの飛び込み事故）

　　　　公立中学校の体育の授業で生徒Aがプールへの飛び込み練習を行っていた際にプールの底に頭部を激突させて負傷をした事故につき，被害生徒及びその両親（原告ら・被上告人ら）が，同学校の設置主体であ

176

る市（上告人）に対して国家賠償請求をした事案。

「被上告人Ａは，右指導に従い最後の方法（筆者注：２，３歩助走をして
スタート台に上がってから飛び込む方法）を練習中にプールの底に頭部を
激突させる事故に遭遇したものであるところ，助走して飛び込む方法，
ことに助走してスタート台にあがってから行う方法は，踏み切りに際
してのタイミングの取り方及び踏み切る位置の設定が難しく，踏み切
る角度を誤った場合には，極端に高く上がって身体の平衡を失い，空
中での身体の制御が不可能となり，水中深く進入しやすくなるので
あって，このことは，飛び込みの指導にあたるＢ教諭にとって十分予
見しうるところであったというのであるから，スタート台上に静止し
た状態で飛び込む方法についてさえ未熟な者の多い生徒に対して右の
飛び込み方法をさせることは，極めて危険であるから，……（中略）
……Ｂ教諭には注意義務違反があったといわなければならない。」と
判示し，被上告人の請求の大部分を認容した第１審及び第２審判決
（第２審判決では約１億3,000万円）を支持して，上告人市の上告を棄却し
た。

② **最判昭和62年２月13日（民集41巻１号95頁）→否定例**（サッカーの試合
中の事故）

公立小学校６年の児童（上告人）が体育の授業としてのサッカーの
試合中に至近距離から蹴られたボールで眼部を直撃されたため，その
１年余りのうちに網膜剝離により失明した事故につき，上告人が，担
当教師が上告人の保護者に当該事故の発生を通知しなかったため失明
したとして，学校の設置者である町（被上告人）に対して国家賠償請
求をした事案。

同最判は，上告人が，事故当時12歳であって眼に異常があればそれ
を訴える能力を有し，事故直後から眼に異常を感じていたにもかかわ
らず，担当教師が再三尋ねても異常がないと答えたばかりでなく，外
観上何らの異常も認められなかった上，担当教師において上告人が異
常を感じてもあえてこれを訴えないことを認識し得る事情もなかった
ときは，担当教師には失明防止のため事故の状況等を保護者に通知し

第2章　法1条 —類型別検討—

てその対応措置を要請すべき義務があったものとはいえない旨判示し，
上告人の請求を棄却した。

③　**最判平成20年4月18日**（判時2006号74頁）→否定例（朝自習中の事故）

　　公立小学校の3年生の児童が朝自習の時間帯に離席して，ロッカー
に落ちていたベストのほこりを払おうとしてこれを頭上で振り回した
ところ，別の児童の右眼に当たり児童が負傷した事故につき，被害児
童及び両親（被上告人ら）が担当教諭に児童の指導監督上の義務を怠っ
た過失があるなどとして，学校の設置主体である市（上告人）に対し
て国家賠償請求をした事案。

　　「Aは，離席した後にロッカーから落ちていたベストを拾うため教
室後方に移動し，ほこりを払うためベストを上下に振るなどした後，
更に移動してベストを頭上で振り回したというのであり，その間，担
任教諭は，教室入口付近の自席に座り，他の児童らから忘れ物の申告
等を受けてこれに応対していてAの動静を注視していなかったという
のであるが，ベストを頭上で振り回す直前までのAの行動は自然なも
のであり，特段危険なものでもなかったから，他の児童らに応対して
いた担任教諭において，Aの動静を注視し，その行動を制止するなど
の注意義務があったとはいえず，Aがベストを頭上で振り回すという
ような危険性を有する行為に出ることを予見すべき注意義務があった
ともいえない。したがって，担任教諭が，ベストを頭上で振り回すと
いう突発的なAの行動に気付かず，本件事故の発生を未然に防止する
ことができなかったとしても，担任教諭に児童の安全確保又は児童に
対する指導監督についての過失があるということはできない。」と判
示して，賠償責任を認めた原判決を破棄し，被上告人らの請求を棄却
した。

④　**横浜地小田原支判平成29年9月15日**（判時2373号70頁）→肯定例（図
工の授業中の事故）

　　亡Aの両親（原告X₁，原告X₂）及びその弟（原告X₃）が，Aが通っ
ていた本件小学校正門前の公道上において図工の授業で絵を描いてい
て，被告Y₁運転の普通乗用自動車に衝突・轢圧されたために死亡し

た事故について，被告Y₁並びに本件小学校を設置する被告市及び費用負担者である被告県に対し，(a)原告X₁及び原告X₂においては，亡Aの被告Y₁に対する民法709条等に基づく損害賠償請求権，被告市に対する国家賠償法1条1項に基づく国家賠償請求権，被告県に対する同法3条1項に基づく国家賠償請求権，被告らの共同不法行為による固有の慰謝料請求権に基づき，それぞれ約4,300万円の連帯支払を求め，(b)原告X₃においては被告らの共同不法行為による固有の慰謝料請求権に基づき，385万円の連帯支払を求めた事案。

「B教諭としては，児童が図工の授業中に本件公道を含む校外で絵を描くことを認めれば，上記状況のため本件公道をさほど危険なものと認識しない児童において上記車両の付近でしゃがむなどして絵を描く者が出てくることやその結果児童が上記車両によって死亡することを容易に予見することができたというべきである。そして，B教諭としては，児童に本件小学校の校外で絵を描くことを許可しなければ容易に上記死亡という結果を回避できたと認められる。これらの事情からすれば，B教諭の上記行為には亡Aの死について過失が認められる。」と判示し，E教諭の過失を認定して被告市及び被告県の国家賠償責任を認めたほか，被告Y₁の不法行為等の責任も認め，原告X₁及び原告X₂に対して各約3,580万円の支払を，原告X₃に対して110万円の支払を認容した（過失相殺はなし）。

(2) 体罰・懲戒行為

学校教育法11条は，「校長及び教員は，教育上必要があると認めるときは，文部科学大臣の定めるところにより，児童，生徒及び学生に懲戒を加えることができる。ただし，体罰を加えることはできない。」と規定し，懲戒権の行使であっても，体罰を禁止しています。したがって，体罰に該当すれば，国家賠償法1条1項の適用上，違法の評価を受けることになります。

しかし，実際には，「体罰」と「教師の懲戒権としての適法な有形力の行使」との境界は難しい判断を伴います。

なお，文部科学省は，平成19年2月，「問題行動を起こす児童生徒に対する指導について（通知)」を発し，問題を起こす児童生徒にき然とした対応

第2章　法1条 —類型別検討—

と粘り強い指導をするよう学校現場に要請していますが，その別紙に添付された「学校教育法第11条に規定する児童生徒の懲戒・体罰に関する考え方」(懲戒・体罰に関する解釈運用の指針) には，「教員等が児童生徒に対して行った懲戒の行為が体罰に当たるかどうかは，当該児童生徒の年齢，健康，心身の発達状況，当該行為が行われた場所的及び時間的環境，懲戒の態様等の諸条件を総合的に考え，個々の事案ごとに判断する必要がある。」「児童生徒に対する有形力 (目に見える物理的な力) の行使により行われた懲戒は，その一切が体罰として許されないというものではな」いという指針を示し，教員の児童生徒に対する有形力の行使が許容される余地がある旨を明示しています。

① **最判昭和52年10月25日**（判タ355号260頁）→教師の違法な懲戒行為と自殺との相当因果関係を否定

　　県立高校の高校生Aが，授業中の態度や過去の非行事実につき担任教師から3時間にわたり応接室に留めおかれて反省を命ぜられた上，頭部を数回殴打されるなど違法な懲戒を受け，それを恨んで翌日自殺したことにつき，その両親が担当教師の違法な懲戒が原因でAが自殺したとして，県に対して国家賠償請求をした事案。

　　「被上告人Yの右懲戒行為は，担任教師としての懲戒権を行使するにつき許容される限界を著しく逸脱した違法なものではあるが，それがされるに至った経緯，その態様，これに対するAの態度，反応等からみて，被上告人Yが教師としての相当の注意義務を尽くしたとしても，Aが右懲戒行為によって自殺を決意することを予見することは困難な状況にあった，というのである。以上の事実関係によれば，被上告人Yの懲戒行為とAの自殺との間に相当因果関係がないとした原審の判断は，正当として是認することができ，その過程に所論の違法はない。」と判示し，懲戒行為と自殺との間には因果関係を否定した (ただし，同最判は，違法な懲戒行為によるAの慰謝料60万円は認めた。)。

② **最判平成21年4月28日**（民集63巻4号904頁）〔体罰事件〕→体罰該当性否定例

　　公立小学校の教員Cが，他の男子生徒と共に女子数人を蹴った上，これを注意し職員室に向かおうとしたCのでん部付近を2回にわたっ

て蹴って逃げ出した小学2年生の男子Xを追い掛けて捕まえ，胸元をつかんで壁に押し当て大声で叱ったことにつき，X（原告・被上告人）がCから違法な体罰を受け，PTSDになったとして，市（被告・上告人）に対して国家賠償請求をした事案（第1審及び第2審は，いずれも教師の上記行為を違法とし，認容額は異なる（第1審は慰謝料等合計約65万円，第2審は慰謝料等合計約21万円）ものの，市に賠償を命じた。）。

「Cの本件行為は，児童の身体に対する有形力の行使ではあるが，他人を蹴るという被上告人（筆者注：2年生の男子X）の一連の悪ふざけについて，これからはそのような悪ふざけをしないように被上告人を指導するために行われたものであり，悪ふざけの罰として被上告人に肉体的苦痛を与えるために行われたものではないことが明らかである。Cは，自分自身も被上告人による悪ふざけの対象となったことに立腹して本件行為を行っており，本件行為にやや穏当を欠くところがなかったとはいえないとしても，本件行為は，その目的，態様，継続時間等から判断して，教員が児童に対して行うことが許される教育的指導の範囲を逸脱するものではなく，学校教育法11条ただし書にいう体罰に該当するものではないというべきである。したがって，Cのした本件行為に違法性は認められない。」と判示して，第1審及び第2審判決を取り消し，被上告人の請求を棄却した。

なお，刑事事件であるが，**東京高判昭和56年4月1日（判時1007号133頁）**は，中学校教師が中学2年生（男子）の軽率な態度を是正するため，生活指導の一環として，平手及び軽く握った手拳で同人の頭部を数回軽く叩いたという暴行罪の成否が問題となった事案（原判決は暴行罪の成立を認め罰金刑に処した。）において，「本件行為の動機・目的は，Aの軽率な言動に対してその非を指摘して注意すると同時に同人の今後の自覚を促すことにその主眼があったものとみられ，また，その態様・程度も平手及び軽く握った右手の拳で同人の頭部を数回軽くたたいたという軽度のものにすぎない。そして，これに同人の年令，健康状態及び行った言動の内容等をも併せて考察すると，被告人の本件行為は，その有形力の行使にあたっていたずらに個人的感情に走ら

ないようその抑制に配慮を巡らし，かつ，その行動の態様自体も教育的活動としての節度を失わず，また，行為の程度もいわば身体的説諭・訓戒・叱責として，口頭によるそれと同一視してよい程度の軽微な身体的侵害にとどまっているものと認められるのであるから，懲戒権の行使としての相当性の範囲を逸脱してAの身体に不当・不必要な害悪を加え，又は同人に肉体的苦痛を与え，体罰といえる程度にまで達していたとはいえず，同人としても受忍すべき限度内の侵害行為であったといわなければならない。」と判示して，原判決を破棄して，無罪の言渡しをした。

また，さいたま地熊谷支判平成29年10月23日（判時2380号87頁）は，小学校教諭が児童（小学3年生）に対し，給食後の食器汚れを確認した際，その背中に触れたり，授業時間中にルール違反の有無につき問い質したりした行為が体罰に該当するか，あるいは懲戒行為や教育的指導の限界を逸脱するかなどが問題となった事案において，これらを否定して，児童らの国家賠償請求を棄却している。

③ **前橋地判平成24年2月17日**（判時2192号86頁）→体罰該当性肯定例

原告が，県立高校に在学中，所属していた女子バレー部の顧問Aから竹刀で叩くなどの暴行や侮辱的な発言を受けたため，強い精神的苦痛を被ったとして，被告県に対して国家賠償請求をした事案。

同地判は，本件暴行は，懲戒としてではなく，気合を入れるため等の目的で，本件バレー部の部活指導の一環として行われたもので，違法な有形力の行使である暴行に該当するとした上で，顧問Aが原告宅に赴き，本件暴行等について謝罪したほか，本件バレー部部員の保護者などに対し，経緯を説明するなど相応の対応をしていることを考慮し，被告県に対し，慰謝料及び弁護士費用合計143万円の支払を求める限度で，原告の請求を認容した。

なお，私立学校の事案であるが，**鹿児島地判平成24年1月12日**（**判例秘書ＬＬＩ／ＤＢ**）は，高校サッカー部の部長（教員）が同部のキャプテンの男子生徒に対し，その腹や胸の辺りを5，6回蹴りつけるなどの行為をしたことにつき，学校教育法によって禁止されている「体

罰」に該当するとして，当該教員及び私立高校に対し，民法709条又は民法715条1項に基づき165万円（慰謝料）の支払を命じた。

④ **東京地判平成28年2月24日**（判時2320号71頁）〔桜宮高校バスケット部体罰自殺事件〕→体罰と自殺の因果関係を肯定

　　市立高校バスケットボール部の顧問であった男性教諭が，同部のキャプテンであった男子生徒（2年生）に対し，継続的な暴行や威迫的言動等の行為を伴う指導を行い，その結果，当該男子生徒が自殺したことにつき，その遺族らが国家賠償請求をした事案。

　　同地判は，当該教諭の暴行や威迫的言動等が生徒に対する指導の過程で行われたものであっても，有形力の行使（体罰）は，学校教育法第11条ただし書の趣旨等に鑑み許されず，不法行為に該当し，かつ，当該教諭の当該行為と自殺との間に相当因果関係が認められ，当該生徒の自殺における当該教諭の当該行為の寄与度が7割と認められる旨判示し，遺族らに生じた損害額の7割（合計約7,500万円）について，その請求を認容した。

(3) **いじめと自殺**

① **東京高判平成14年1月31日**（判時1773号3頁）〔津久井いじめ自殺事件〕→教諭の安全配慮義務違反と生徒の自殺との間の因果関係を肯定

　　町立中学校の生徒が同級生からのいじめを苦に自殺したことにつき，担当教諭に安全配慮義務違反があったとして，その遺族が町及び県らに対して国家賠償請求等をした事案。

　　「K教諭において本件いじめ行為が複数回にわたり行われ，これに対するその都度の注意，指導が功を奏しなかった段階で，前記の継続的指導監督措置（筆者注：いじめ生徒らに対する継続的な行動観察，指導をし，被害生徒及び加害生徒の家庭との連絡を密にし，さらには，学校全体に対しても組織的対応を求めることを含めた指導監督措置を執るべきであったこと）を講じていれば，その後の本件いじめ行為の続発を阻止することができ，亡Aにおいて本件自殺に至らなかったであろうといえるから，K教諭の安全配慮義務違反と本件自殺との間には因果関係（相当因果関係）がある（K教諭において自殺の予見可能性があったことは，前記認定説

第2章　法1条 —類型別検討—

示のとおり（筆者注：平成6年当時には既に，いじめに関する報道，通達等によって，いたずら，悪ふざけと称して行われている学校内における生徒同士のやりとりを原因として小中学生が自殺するに至った事件が続発していることが相当程度周知されていたことなどの事情から，自殺の予見可能性があったこと）である。）。」と判示し，担当教諭の亡Aの自殺に対する安全配慮義務違反があったものとして，町及び県に対しての国家賠償を認めた（過失相殺7割，賠償額合計約2,155万円）。

② **横浜地判平成18年3月28日**（判時1938号107頁）→教師の安全配慮義務と生徒の自殺との間の因果関係を否定

公立高校の生徒が同級生らからのいじめが原因で自殺したことにつき，教員らの注意義務違反があったとして，遺族が市及び県に対して国家賠償請求をした事案。

「Aが自殺にまで至るについては様々な要因があったとみざるを得ないし，T高校の教員にAの自殺につき予見可能性があったと認めることはできないから，被告県の責任は生前のAに精神的苦痛を与えたことに関する損害賠償に限られるというべきである。」と判示し，教員らの安全配慮義務違反と生徒の自殺との間に相当因果関係を否定したが，教員らの安全配慮義務違反を認め，生徒Aの精神的苦痛についての慰謝料300万円及び弁護士費用30万円の限度で請求を認めた。

③ **東京高判平成19年3月28日**（判時1963号44頁）〔鹿沼いじめ自殺事件〕→教師の安全配慮義務と生徒の自殺との間の因果関係を否定

公立中学校における生徒間のいじめが原因で生徒が自殺したことにつき，教員らの安全配慮義務違反があるとして，遺族が市及び県らに対して国家賠償請求等をした事案。

「甲中学校教員らが，第3学年1学期当時，Aがいじめを誘因としてうつ病にり患することを予見し得たとまでは認めるに足りないといわざるを得ない。よって，甲中学校教員らの安全配慮義務違反とAのうつ病り患及び自死との相当因果関係を認めることはできない。」と判示し，教員らの安全配慮義務違反と生徒の自殺との間に相当因果関係を否定したが，教員らの安全配慮義務違反を認め，生徒Aの精神的

苦痛等についての慰謝料1,000万円及び弁護士費用100万円の限度で損害を認めた（なお，いじめをした生徒側が合計240万円を遺族に支払うなどの内容で，訴訟上の和解を成立させていたことから，市及び県に対する請求認容額の合計は，その差額である860万円であった。）。

(4) **放課後の事故・課外活動中の事故**

① **最判昭和58年2月18日**（民集37巻1号101頁）→原審差戻し（クラブ活動中の事故）

　　町立中学校の生徒が，放課後体育館において，課外のクラブ活動であるバレーボール部の練習中に運動部員の練習の妨げとなる行為をしたとして同部員から顔面を殴打されて左眼を失明した事故につき，その失明した生徒（原告・被上告人）が学校の設置者である町（被告・上告人）に対し，事故当時，同部顧問の教諭が同クラブ活動に立ち会っていなかった過失があるとして，国家賠償請求をした事案。

　　「課外のクラブであっても，それが学校の教育活動の一環として行われるものである以上，その実施について，顧問の教諭を始め学校側に，生徒を指導監督し事故の発生を未然に防止すべき一般的な注意義務のあることを否定することはできない。」と判示した上で，同部顧問の教諭がクラブ活動に立ち会っていなかったとしても，当該事故の発生する危険性を具体的に予見することが可能であるような特段の事情のない限り，当該失明につき同教諭に過失があるとはいえないとして，教諭の過失を認めた原判決を破棄し，その過失責任の有無を更に審理させるため原審に差し戻した。

② **最判昭和58年6月7日**（判時1084号70頁）→否定例（放課後のポスター完成作業中の事故）

　　市立小学校5年の児童が放課後担任教諭の許可を得てポスター完成作業中，同級生の飛ばした画鋲つき紙飛行機が左眼に当たって負傷した事故につき，被害児童とその両親（上告人ら）が，事故当時担当教諭が教室に不在で監督義務違反があるとして，学校の設置者である市（被上告人）に対して国家賠償請求をした事案。

　　同最判は，担当教諭が教室に不在であっても，同教諭が居残りを必

要としない児童に速やかな帰宅を指示して職員会議に出席したものであり，画鋲つき紙飛行機を飛ばすという遊びが過去になく，また画鋲の保管管理について特に注意義務違反がないなど原判示の事実関係のもとにおいては，同教諭に監督上の過失があるとはいえない旨判示し，上告人らの請求を棄却した。

③ **最判昭和58年7月8日**（判時1089号44頁）→原審差戻し（ラクビー部の事故）

　　県立高校（Ｎ工業高校）のラグビー部の顧問兼監督である教諭Ｋが，自校のラグビー部と社会人のチームが練習試合をする際に社会人チームの人員不足を補うため，その場に居合わせた他の県立高校（Ｎ商業高校）のラグビー部員に社会人チームへの参加を要請し，それに応じた生徒Ａにポジションを指定した試合において，当該生徒Ａがタックルを受けて死亡した事故につき，その遺族が，当該教諭Ｋが技能・体力の異なる社会人チームとの試合に被害生徒を参加させた過失があるとして，当該教諭Ｋ所属の学校の設置者である県に対して国家賠償請求をした事案。

　　「Ｋ教諭がＡらＮ商ラグビー部員に対しＮ工ラグビー部員に対すると同様の指揮監督を有していたと認められるような特段の事情がない限り，Ｎ商ラグビー部員の右練習試合への参加がＮ工のクラブ活動の一環としてされたとみる余地はない」と判示し，当該教諭Ｋが死亡した生徒Ａの参加に関して公権力を行使したと判断した原判決には法令解釈の誤りなどがあるとして，原判決を破棄し，更に特段の事情等の審理をさせるため原審に差し戻した。

④ **最判平成2年3月23日**（判時1345号73頁）〔都立高専木曽駒ケ岳遭難事件〕→肯定例（山岳部の事故）

　　都立高等専門学校の山岳部春山合宿に学校行事として参加した学生等が雪崩に遭難・死亡した事故につき，その遺族（原告・被上告人）が，引率教師が山小屋に留まらず下山を強行したことなどに過失があるとして，学校の設置者である都（被告・上告人）に対して国家賠償請求をした事案。

「学校行事も教育活動の一環として行われるものである以上，教師が，その行事により生じるおそれのある危険から生徒を保護すべき義務を負っており，事故の発生を未然に防止すべき一般的な注意義務を負うものであることはいうまでもない。本件高等専門学校の本件山岳部春山合宿が学校行事として行われたこと，いずれも山岳部顧問である O助教授及びN講師が公務出張により同合宿の引率指導していたことは原審の適法に確定したところであり，その他の原審の適法に確定した事実関係の下において，O助教授及びN講師には，同合宿に参加した学生をその実施により生じるおそれのある危険から保護すべき注意義務があったものとした原審の判断は，正当として是認することができる。」「原審の事実認定は，原判決挙示の証拠関係に照らし，正当として是認することができ，右事実関係の下において，本件春山合宿に参加した者が雪崩に遭難して死亡したことにつき，O助教授及びN講師に注意義務違反があったとした原審の判断（筆者注：O助教授らが山小屋に留まらず下山を強行したことなどに過失があるとの判断）は，正当として是認することができる。」と判示し，被上告人の請求を認め，都の上告を棄却した。

　なお，同種の事例として，**浦和地判平成12年3月15日**（判時1732号100頁）は，県立高校の夏山合宿登山に参加した高校生が，合宿登山中に熱射病で死亡した事故につき，引率教諭に過失があるとして県に対する国家賠償責任を認めている。

⑤　**東京地判平成13年5月30日**（判タ1071号160頁）→肯定例（水泳部員のプール飛び込み事故）

　区立中学1年生の男子生徒Aが課外の水泳部の練習中，フラフープの輪をくぐってプールに飛び込み，プールの底に頭部を衝突させ，負傷し後遺障害が残存した事故につき，顧問教諭に安全配慮義務違反があるとして，被害生徒及びその両親が学校の設置者である区等に対して国家賠償請求をした事案。

　同地判は，顧問教諭が生徒Aに対し，持ち出していたフラフープの使用方法を問い，その適切な使用方法を教示するか，事情によっては

第2章　法1条 ―類型別検討―

その使用を禁止するなどして，生徒の身体の安全に配慮すべき注意義
務があったのに，そのままその場を離れて職員室に向かったというの
であるから，担当教諭には過失がある旨判示し，原告らの請求の一部
(過失相殺なし。賠償額合計約1億7,400万円) を認容した。

　なお，同種の事例として，**東京地判平成16年1月13日** (判タ1164号
131頁) は，都立高校2年の男子生徒が水泳部のクラブ活動後の居残り
自主練習の際，プールの飛び込み台から逆飛び込みをしプール底に頭
部を強打し頚髄損傷等の傷害を負い，両上下肢の機能に後遺障害が生
じた事故について，水泳部の顧問教諭には生徒に事故の危険性や基本
動作の留意事項につき注意を促し，立会いのない逆飛び練習を禁止す
る措置を執り，又は立ち会って監視するなどして事故防止に努め，生
徒の安全を保護すべき義務があるところ，これを怠った過失があると
して，東京都の国家賠償責任を認めた (過失相殺4割，賠償額合計約9,680
万円)。

⑥　**札幌地判平成24年3月9日** (判時2148号101頁) →肯定例 (柔道部の事
　故)

　道立高校の柔道部に所属していた原告X₁が試合練習中に後頭部を
強打し，四肢不全麻痺，高次脳機能障害等の重篤な後遺障害を負った
事故につき，原告X₁及びその母原告X₂，祖父である原告X₃が，顧
問教諭ら及び学校長に安全配慮義務を怠った過失があるなどとして，
被告北海道に対し，国家賠償請求をした事案。

　同地判は，原告X₁は事故前にも練習で頭部を負傷していたこと及
びその体調や技能を考えれば，顧問教諭は原告X₁を練習試合に出場
させるべきではなかったとして，顧問教諭の過失を認め，原告X₁及
び原告X₂の請求の一部 (合計約1億3,690万円) を認容した (原告X₃の請
求は棄却)。

⑦　**大阪高判平成28年12月22日** (判時2331号31頁) →肯定例 (クラブ活動中
　の熱中症事故)

　被控訴人 (被告) 市の設置する中学校のバドミントン部に所属して
いた控訴人 (原告) が，指導教諭等による熱中症予防対策が不十分で

188

あったことにより，部活動中に熱中症にり患して脳梗塞を発症したとして，被控訴人（被告）市に対し，国家賠償請求をした事案。

同高判は，部活動の指導教諭を監督する立場にある本件中学校長には，本件事故を防ぐため，部活動を行う室内又は室外に温度計を設置すべき義務があり，部活動の過程でＷＢＧＴ（湿球黒球温度。気温・湿度・輻射熱を考慮して指標化したもので熱中症予防の目安となるもの）等の温度を把握することができる環境を整備しなかった過失があるとして，被控訴人（被告）市の国家賠償1条の責任を認めた原判決を支持して，その賠償金額を増額（約411万円を約487万円に増額）した。

(5) その他（東日本大震災の津波による児童の死亡事故）

① 仙台高判平成30年4月26日（判時2387号31頁）

いわゆる東日本大震災（東北地方太平洋沖地震）の地震発生を受け，市立Ｏ小学校の教員が，児童の下校を見合わせて校庭で避難を継続した後，大規模な津波襲来を予見して別の場所に向け移動を始めたが，移動中に襲来した津波により児童74名が死亡（教員10名も死亡）した事故につき，死亡した児童のうち23名の遺族ら（原告ら・控訴人ら）が，同小学校の教員等に児童の死亡に関する過失があるなどと主張して，学校設置者である市及び教員の給与の費用負担者である県（被告ら・被控訴人ら）に対する国家賠償法1条1項及び同法3条1項に基づき損害賠償請求をした事案。

同高判は，同小学校の校長等は，本件震災前に，学校保健安全法29条1項に基づく児童等に対する安全確保義務（つまり，同小学校付近の川まで遡上する津波の発生が予想される地震が発生した場合（少なくとも，津波警報の発令があった場合）には，第二次避難場所である校庭から速やかに移動して避難すべき第三次避難場所とその避難経路及び避難方法をあらかじめ定めておく義務）に違反し，国家賠償法1条1項にいう違法の評価を免れないとして，第1審判決（仙台地判平成28年10月26日判時2387号81頁）同様に被告らの国家賠償責任を認めた。

第2章　法1条 —類型別検討—

Q21　行政指導（新聞発表等を含む。）の違法性と国家賠償請求の関係

(1)　行政指導とは，どのような意味ですか。

(2)　行政指導は，どのような場合に違法となりますか。

(3)　記者発表等の「公表」が行政指導として違法となる場合がありますか。

A

(1)　行政指導とは，行政機関がその任務又は所掌事務の範囲内において一定の行政目的を実現するため特定の者に一定の作為又は不作為を求める指導，勧告，助言その他の行為であって処分に該当しないものをいいます（行政手続法2条6項）。

(2)　行政指導の違法に関する裁判例によれば，①行政指導が行われていることを理由に処分（許可等）の留保を行うことは直ちに違法とはならないが，②相手方が行政指導に従わない意思を明確にした場合には，特段の事情がない限り，その時点以降，違法となると考えられ，この場合，国家賠償責任を負うことになります。

(3)　公表とは，一般に行政が保有する情報を公開することをいいますが，行政指導面でみると，①国民に対する情報提供としての公表，②行政指導に対する不服従があった場合の事実の公表の2種類があります。特に，問題となるのは，前者であり，多人数の食中毒に関する情報提供や捜査機関の犯罪についての記者発表等においては，公表事実に誤りがあった場合には，国家賠償責任を負う場合があります。

190

Q21 行政指導（新聞発表等を含む。）の違法性と国家賠償請求の関係

1 行政指導の意義

　行政指導とは，行政機関がその任務又は所掌事務の範囲内で一定の行政目的を達成するため，特定の者（法人等を含む。）に一定の行為（作為又は不作為）を求める指導，勧告，助言その他の行為であって，法的拘束力を伴わない（処分に該当しない）ものをいいます。

　行政指導は，行政目的の円滑な達成，行政活動の弾力性の確保等の観点からその意義を否定することはできませんが，その濫用が法治主義の空洞化をもたらすおそれがあるなどの批判があったことから，これまでの裁判例で広く認められている考え方を踏まえて，行政手続法が平成 6 年10月 1 日に施行され，行政指導の定義を定めるとともに，行政指導を行う場合の遵守すべき一定の規定が設けられています。

　行政手続法 2 条 6 項において，「行政指導」とは，「行政機関がその任務又は所掌事務の範囲内において一定の行政目的を実現するため特定の者に一定の作為又は不作為を求める指導，勧告，助言その他の行為であって処分に該当しないものをいう。」と定義されています。

　したがって，行政指導に携わる者は，当然にその行政機関の任務又は所掌事務の範囲を越えて行政指導はできず，また，行政指導は，相手方の任意の協力を得て一定の行為が実現されるために行われるものであって，国民の権利を制限し又は国民に対し義務を課すような，法律上の強制力（処分性）を有するものでもありません。

　あくまでも相手方の任意の協力を前提として，その求めた行為の実現を図ろうとするものであるので，行政指導に従うか否かは相手方の自由であり，当該行政指導に従わなかったとしても，不利益な取扱いをしてはなりません（行政手続法32条）。

　行政指導は，行政の客体である特定の国民に対して行われますが，この国民とは，一般私人である国民のほか，会社等の私企業・財団等の法人，その他の任意的団体や法人格を有しない団体等を含みます。

　なお，行政指導は，国又は公共団体が行政上の目的を達成するために行う作用であるから，行政機関が国民と対等の立場に立って，私人間に認められ

191

第2章　法1条 —類型別検討—

ているものと同様の売買・請負等の契約を締結しこれに基づいて行うような
行為は，行政指導には含まれません。

行政手続法における行政指導に関する関係条文

2条6項 （行政指導 の定義）	行政指導とは，「行政機関がその任務又は所掌事務の範囲内におい て一定の行政目的を実現するため特定の者に一定の作為又は不作 為を求める指導，勧告，助言その他の行為であって処分に該当し ないものをいう。」
7条 （申請に対 する審査, 応答）	「行政庁は，申請がその事務所に到達したときは遅滞なく当該申請 の審査を開始しなければならず，かつ，申請書の記載事項に不備 がないこと，申請書に必要な書類が添付されていること，申請を することができる期間内にされたものであることその他の法令に 定められた申請の形式上の要件に適合しない申請については，速 やかに，申請をした者（以下『申請者』という。）に対し相当の期 間を定めて当該申請の補正を求め，又は当該申請により求められ た許認可等を拒否しなければならない。」
32条1項 （行政指導 の一般原 則）	「行政指導にあっては，行政指導に携わる者は，いやしくも当該行 政機関の任務又は所掌事務の範囲を逸脱してはならないこと及び 行政指導の内容があくまでも相手方の任意の協力によってのみ実 現されるものであることに留意しなければならない。」
32条2項	「行政指導に携わる者は，その相手方が行政指導に従わなかったこ とを理由として，不利益な取扱いをしてはならない。」
33条 （申請に関 連する行 政指導）	「申請の取下げ又は内容の変更を求める行政指導にあっては，行政 指導に携わる者は，申請者が当該行政指導に従う意思がない旨を 表明したにもかかわらず当該行政指導を継続すること等により当 該申請者の権利の行使を妨げるようなことをしてはならない。」

34条 (許認可等 の権限に 関連する 行政指導)	「許認可等をする権限又は許認可等に基づく処分をする権限を有する行政機関が，当該権限を行使することができない場合又は行使する意思がない場合においてする行政指導にあっては，行政指導に携わる者は，当該権限を行使し得る旨を殊更に示すことにより相手方に当該行政指導に従うことを余儀なくさせるようなことをしてはならない。」
36条 (複数の者 を対象と する行政 指導)	「同一の行政目的を実現するため一定の条件に該当する複数の者に対し行政指導をしようとするときは，行政機関は，あらかじめ，事案に応じ，行政指導指針を定め，かつ，行政上特別の支障がない限り，これを公表しなければならない。」

2　行政指導の違法性と裁判例

(1)　行政指導の違法性

　行政指導は，国家賠償法 1 条の「公権力の行使」に関する広義説に立つ限り，全て「公権力の行使」に該当します。

　行政指導に関する裁判例によれば，①行政指導が行われていることを理由に処分（許可等）の留保を行うことは直ちに違法とはならないが（後記⑵①の**最判昭和56年 7 月16日民集35巻 9 号930頁**〔豊中市給水拒否事件〕），②相手方が行政指導に従わない意思を明確にした場合には，特段の事情がない限り，その時点以降，違法となると考えられます。

　例えば，裁判例は，①水道事業者が宅地開発等についての指導要綱に基づく行政指導に従わなかったことを理由に，建設会社との給水契約の締結を留保・拒否することは違法である（後記⑵③の**最決平成元年11月 8 日判時1328号16頁**〔武蔵野市長給水拒否事件〕），②指導要綱に基づき負担金の納付を求める行政指導をすることも，負担金の納付を事実上強制しようとするものと認められるときは違法となる（後記⑵③の**最判平成 5 年 2 月18日民集47巻 2 号574頁**〔教育施設負担金返還請求事件〕），③建築業者が行政指導に不協力・不服従の意思を表明し

第 2 章　法 1 条 —類型別検討—

ている場合に，建築計画の確認処分を留保した事案につき特段の事情がない
限り違法となる（後記(2)②の**最判昭和60年 7 月16日民集39巻 5 号989頁**〔品川区マン
ション事件〕），としています。

　以下，主な裁判例を挙げます。

(2)　**主な裁判例**

　　①　**最判昭和56年 7 月16日**（民集35巻 5 号930頁）〔豊中市給水拒否事件〕

　　　　違法建築物の建築主（上告人）が水道事業者である市（被上告人）か
　　　ら給水を事実上拒絶されたことにつき，これを違法な行政指導等であ
　　　るとして，市に対して損害賠償請求をした事案。

　　　　「被上告人市の水道局給水課長が上告人の本件建物についての給水
　　　装置新設工事申込の受理を事実上拒絶し，申込書を返戻した措置は，
　　　<u>右申込の受理を最終的に拒否する旨の意思表示をしたものではなく，</u>
　　　<u>上告人に対し，右建物につき存する建築基準法違反の状態を是正して</u>
　　　<u>建築確認を受けたうえ申込をするよう一応の勧告をしたものにすぎな</u>
　　　<u>い</u>と認められるところ，これに対し上告人は，その後 1 年半余を経過
　　　したのち改めて右工事の申込をして受理されるまでの間右工事申込に
　　　関してなんらの措置を講じないままこれを放置していたのであるから，
　　　<u>右の事実関係の下においては，前記被上告人市の水道局給水課長の当</u>
　　　<u>初の措置のみによっては，未だ，被上告人市の職員が上告人の給水装</u>
　　　<u>置工事申込の受理を違法に拒否したものとして，被上告人市において</u>
　　　<u>上告人に対し不法行為法上の損害賠償の責任を負うものとするには当</u>
　　　<u>たらない</u>と解するのが相当である。」と判示し，最終的な給水拒絶の
　　　意思表示をしたものではないとして市の賠償責任を否定した。

　　②　**最判昭和60年 7 月16日**（民集39巻 5 号989頁）〔品川区マンション事件〕

　　　　マンションの建設計画をめぐって付近住民と建築主との間に紛争が
　　　生じている場合に，建築確認申請を受理した東京都の建築主事が行政
　　　指導が行われていることを理由に建築確認申請に対する処分を留保・
　　　遅滞させたことは違法であるとして国家賠償請求をした事案。

　　　　「確認処分の留保は，建築主の任意の協力・服従のもとに行政指導
　　　が行われていることに基づく事実上の措置にとどまるものであるから，

194

建築主において自己の申請に対する確認処分を留保されたままでの行政指導には応じられないとの意思を明確に表明している場合には，かかる建築主の明示の意思に反してその受忍を強いることは許されない筋合のものであるといわなければならず，建築主が右のような行政指導に不協力・不服従の意思を表明している場合には，当該建築主が受ける不利益と右行政指導の目的とする公益上の必要性とを比較衡量して，右行政指導に対する建築主の不協力が社会通念上正義の観念に反するものといえるような特段の事情が存在しない限り，行政指導が行われているとの理由だけで確認処分を留保することは，違法であると解するのが相当である。」と判示し，都の賠償責任を認めた。

　同判決は，建築主が行政指導に不協力・不服従の意思を表明している場合には，その行政指導に対する不協力が社会通念上正義の観念に反するものといえるような特段の事情が存在しない限り，確認処分の留保は違法となると判示したものであり，同判決を踏まえて，行政手続法32条により行政指導への規制が立法化されている。

③　**最判平成5年2月18日（民集47巻2号574頁）〔教育施設負担金返還請求事件〕**

　B市（被告・上告人）がマンションを建築しようとする事業主A（原告。Aは控訴中に死亡し，その相続人が訴訟を承継している。）に対して，B市宅地開発等に関する指導要綱に基づき教育施設負担金（約1,523万2,000円）の寄付を求めた行為が違法な公権力の行使に当たるとして，B市に対し，納付した当該教育施設負担金相当額の国家賠償請求をした事案。

　「前記1（一）の指導要綱制定に至る背景（筆者注：マンション建設等による生活環境の破壊等），制定の手続，被上告人が当面していた問題等を考慮すると，行政指導として教育施設の充実に充てるために事業主に対して寄付金の納付を求めること自体は，強制にわたるなど事業主の任意性を損うことがない限り，違法ということはできない。」と判示した上で，「本件当時，被上告人は，事業主に対し，法が認めておらずしかもそれが実施された場合にはマンション建築の目的の達成が

第2章　法1条 ─類型別検討─

事実上不可能となる水道の給水契約の締結の許否等の制裁措置を背景
として，指導要綱を遵守させようとしていたというべきである。被上
告人がAに対し指導要綱に基づいて教育施設負担金の納付を求めた行
為も，被上告人の担当者が教育施設負担金の減免等の懇請に対し前例
がないとして拒絶した態度とあいまって，Aに対し，指導要綱所定の
教育施設負担金を納付しなければ，水道の給水契約の締結及び下水道
の使用を拒絶されると考えさせるに十分なものであって，マンション
を建築しようとする以上右行政指導に従うことを余儀なくさせるもの
であり，Aに教育施設負担金の納付を事実上強制しようとしたものと
いうことができる。指導要綱に基づく行政指導が，B市民の生活環境
をいわゆる乱開発から守ることを目的とするものであり，多くのB市
民の支持を受けていたことなどを考慮しても，右行為は，本来任意に
寄付金の納付を求めるべき行政指導の限度を超えるものであり，違法
な公権力の行使であるといわざるを得ない。」と判示し，事業者側の
国家賠償請求を棄却した原判決を破棄して原審に差し戻した。

　なお，本判決に関連して，刑事事件であるが，**最決平成元年11月8
日**（判時1328号16頁）〔武蔵野市長給水拒否事件〕は，B市長が上記宅
地開発に関する指導要綱を順守させるため水道の給水契約の締結を留
保したことが水道法15条1項の「正当の理由」ないのに給水契約の締
結を拒んだ行為に当たるかが問題となった事案（水道法違反被告事件）
において，「原判決が，このような場合には，水道事業者としては，
たとえ指導要綱に従わない事業主らからの給水契約の申込であっても，
その締結を拒むことは許されないというべきであるから，被告人らに
は本件給水契約の締結を拒む正当の理由がなかったと判断した点も，
是認することができる。」などと判示し，B市長を罰金10万円に処し
た原判決を支持した。

④　**長野地判平成22年3月26日**（判例地方自治334号36頁）
　　知事が原告会社の産業廃棄物処理業の事業計画変更許可申請書を繰
り返し返戻した上，同許可申請に対して不許可処分にしたのは違法で
あるとして国家賠償請求をした事案。

Q21　行政指導（新聞発表等を含む。）の違法性と国家賠償請求の関係

「本件においては，原告X₁社は，平成17年9月26日に産業廃棄物処理業の事業範囲変更許可申請書を提出しようとしたが，その受領を拒まれた後，本件各申請を行い，行政指導に従う意思がない旨を表明した文書とともに本件各申請書類を郵送しているのであって……（中略）……，本件各申請の際には行政指導に従う意思がないことを表明していたといえる。ところが，被告M地方事務所長は，本件各申請書類を漫然と返戻したのであるから，行政手続法7条における審査，応答義務に違反する。」「公権力の行使に当たる公務員がその職務を行うについて行政手続法に定めた義務に違反したとしても，直ちに国家賠償法上も違法な行為となるものではないが，産業廃棄物処理業の事業範囲変更許可申請は，産業廃棄物処理業を営む権利を実現するための手続であり，その申請者である原告X₁社は，行政手続法に従って適正に扱われる権利を有しているといえ，被告職員の上記義務違反により，本件申請1からは約2年3か月にわたり，本件申請2からは約2年にわたり，その許否の処分が行われなかったことからすると，原告X₁社は被告職員の上記義務違反により上記権利を侵害されたということができるから，国家賠償法上も違法であるというべきである。」「N県知事は，補正等の機会を与える義務を負っていたのに，これに反して本件各不許可処分をしたのであるから，本件各不許可処分をしたことは国家賠償法上も違法であるといえる。そして，事前に行政指導をして本件承認までしている経過からすれば，本件承認の取消しの理由にも挙げられず，その後指導もされなかった事由に基づいて不許可処分をすることが信義に反することは容易に認識できるから，補正等の機会を与えないままに本件各不許可処分をしたことに過失があったといえる。」と判示し，県の賠償責任を認めた。

⑥　**大阪高判平成16年5月28日**（判時1901号28頁）

産業廃棄物処分業の許可申請をした業者が，県の行政指導に応じて，地元自治会の同意を得るよう努力したが，同意を得られないことが明らかになり，業者も行政指導には協力できないことを明らかにした後，県が，なお行政指導を継続し，許可申請の審査をしなかったときは，

197

第2章　法1条 ―類型別検討―

その行政指導及び許可申請の審査留保は違法であるとして，国家賠償法1条に基づく損害賠償請求（4,656万円の限度）を認容した。

3　公　表

公表とは，一般に行政が保有する情報を公開することをいいますが，行政指導面でみると，①国民に対する情報提供としての公表，②行政指導に対する不服従があった場合の事実の公表の2種類があります（西埜『コンメンタール』211頁）。

(1)　国民に対する情報提供としての公表

ア　国民に対する情報提供としての公表の重要性は，大規模な地震情報提供（例えば，東日本大震災（東北地方太平洋沖地震）に関する情報提供）の例をとっても理解できます。

この情報提供としての公表は，法令で根拠を有する場合があります。例えば，食品衛生法24条4項は，都道府県知事，保健所を設置する市の市長又は特別区の区長（以下「都道府県知事等」という。）は，毎年度，翌年度の当該都道府県等が行う監視指導の実施に関する計画（以下「都道府県等食品衛生監視指導計画」という。）を定め，又は変更したときは，遅滞なく公表しなければならないことなどを規定し，また，同条5項は，都道府県知事等は，都道府県等食品衛生監視指導計画の実施状況について，公表しなければならないことを規定し，さらに，同法65条は，厚生労働大臣及び都道府県知事等は，食品衛生に関する施策の実施状況を公表しなければならないことなどを規定しています。

イ　法令で公表の根拠が定められていない場合でも，薬剤による被害に関する情報提供や多人数の食中毒に関する情報提供などは，薬剤の服用者・食品の消費者等国民の知る権利に奉仕するなどの理由で正当化されると解されています（後記(3)①の**東京高判平成15年5月21日判時1835号77頁**〔大阪O-157食中毒事件〕等参照）。なお，警察官による犯人逮捕等の捜査状況の公表も，同様な理由で正当化されるものと解されます。

198

そして，公表事実に誤りがあるなどとして，公表された者が名誉を侵害されたとして国家賠償請求を提起された場合の違法性の判断基準について，民法上の不法行為に該当する名誉毀損に関しては，その行為が公共の利害に関する事実に係り，専ら公益を図る目的に出た場合には，摘示された事実が真実であることが証明されたときは，違法性がなく，仮に同事実が真実であることにつき証明されなくとも，その行為者においてその事実を真実と信ずるについて相当の理由があるときは，故意・過失がなく，不法行為は成立しないとする裁判例（**最判昭和41年6月23日民集20巻5号1118頁**等）がありますが，行政機関による公表についてもこの法理（真実性・相当性の法理）によって判断する裁判例もあります（後記(3)②の**東京高判昭和62年3月31日判時1239号45頁**，**東京地判平成12年10月27日判タ1053号152頁**等。これらは主に警察官の捜査状況の公表に関するものである。）。

しかし，一般に，公表の判断は，具体的事案の下で，公表される者の人権と公表の必要性等を比較衡量して行われることから，その違法性の判断基準は，公表の必要性，事実調査及び判断の合理性，公表目的の正当性，公表方法の相当性等を考慮し，担当公務員が職務上通常尽くすべき注意義務を尽くして当該公表をしたと認められる否かによって決められるものと考えられます（深見『国家賠償訴訟』157頁以下参照）。

(2) 行政指導に対する不服従があった場合の事実の公表

行政手続法32条2項は，「行政指導に携わる者は，その相手方が行政指導に従わなかったことを理由として，不利益な取扱いをしてはならない。」と規定し，行政指導に対する不服従があっても不利益な取扱いを禁止しています。したがって，この不服従があった場合の事実の公表も不利益な取扱いに該当すると考えられます。

しかし，当該事実の公表が法令の規定に基づくときは公表することができます（この場合，行政手続法32条2項違反にはならない。）。例えば，国土利用計画法24条1項により，都道府県知事は，一定の要件の下に，土地売買等の契約者（権利取得者）の届出に係る土地の利用目的について必要な変更をすべきことを勧告することができ，同法26条により，その勧告に従わないときは，その旨及びその勧告の内容を公表することができます（後記(3)⑤の**山口地判昭和56**

第2章　法1条 ―類型別検討―

年10月1日訟月28巻1号14頁）。

(3)　**主な裁判例**

①　**東京高判平成15年5月21日**（判時1835号77頁）〔大阪Ｏ－157食中毒事件〕→賠償責任を肯定

　　厚生大臣（当時）が，貝割れ大根が数千人規模のＳ市学童らの集団下痢症の原因と断定するに至らないにもかかわらず，記者会見を通じ，中間報告の曖昧な内容をそのまま公表し，貝割れ大根が原因食材と疑われているとの誤解を広く生じさせ，これにより，貝割れ大根の生産・販売業者等が信用毀損等による損害が生じたとして，国に対して国家賠償請求をした事案。

　　「厚生大臣は，中間報告においては，貝割れ大根を原因食材と断定するに至らないにもかかわらず，記者会見を通じ，前記のような中間報告の曖昧な内容をそのまま公表し，かえって貝割れ大根が原因食材であると疑われているとの誤解を広く生じさせ，これにより，貝割れ大根そのものについて，Ｏ－157による汚染の疑いという，食品にとっては致命的な市場における評価の毀損を招き，全国の小売店が貝割れ大根を店頭から撤去し，注文を撤回するに至らせたと認められる。」「厚生大臣によるこのような中間報告の公表により，貝割れ大根の生産及び販売に従事する控訴人業者ら並びに同業者らを構成員とし，貝割れ大根の生産及び販売について利害関係を有すると認められる控訴人協会の事業が困難に陥ることは，容易に予測することができたというべきで，食材の公表に伴う貝割れ大根の生産及び販売等に対する悪影響について農林水産省も懸念を表明していた（原判決153頁）のであり，それにもかかわらず，上記方法によりされた中間報告の公表は，違法であり，被控訴人（筆者注：国）は，国家賠償法1条1項に基づく責任を免れない。」と判示し，国の賠償責任を認めた。

　　なお，本判決と同じＳ市学童の集団下痢症の原因に関連する国家賠償請求事件の判決である**大阪高判平成16年2月19日**（訟月53巻2号205頁）〔Ｓ市学童集団下痢症原因究明報告事件〕は，厚生大臣（当時）が集団食中毒の原因についての調査報告を公表するに当たっては，公表

200

Q21 行政指導（新聞発表等を含む。）の違法性と国家賠償請求の関係

の目的の正当性，公表内容の性質，その真実性，公表方法・態様，公表の必要性と緊急性等を踏まえ，公表することが真に必要であるか否かを検討すべきであるところ，中間報告については公表すべき緊急性，必要性が認められず，最終報告については誤解を招きかねない不十分な内容であり，厚生大臣が行ったいずれの公表も相当性を欠き名誉，信用を害する違法な行為であるとして，国の賠償責任を認めた。

② **東京地判平成12年10月27日**（判タ1053号152頁）→賠償責任を否定

偽造有価証券行使・詐欺未遂事件について，捜査機関（警察官）が被疑事実や被疑者の氏名等を広報したことにつき，同事件で逮捕・勾留され，後に不起訴処分になった原告が被告東京都に対して国家賠償請求をした事案。

「一般に，ある者の名誉を毀損する行為であっても，それが公共の利害に関する事実について，専ら公益を図る目的の下にされた場合において，摘示された事実が真実であることが証明されたときは，その行為は違法性を欠き，不法行為とはならないものというべきであり，また，摘示された事実が真実であることが証明されなくても，その行為者においてその事実が真実であると信じるについて相当な理由があるときには，右行為には故意または過失がなく，不法行為は成立しないものと解するのが相当である。ところで，……（中略）……，本件広報は，原告ほか4名を偽造有価証券行使・詐欺未遂事件の被疑者として逮捕，勾留した事実及び右事件の概要等を内容とするものであるから，本件広報は，原告の名誉を毀損するものであることは明らかである。しかし，本件広報は，500枚余りの額面1万円の偽造商品券の行使等に関する犯罪行為についてのものであるから，公共の利害に関する事実についてのものであるということができ，かつ，専ら公益を図る目的の下に行われたものであると推認することができる。」「右に認定した本件における原告らの逮捕，取調べ，勾留及びその延長等の経緯に照らせば，本件広報に関与した共同捜査本部の捜査官らによる本件広報文中の『事件及び概要』等の事実についての認定判断は，これを真実であると信じるについて相当な理由があったものと認めるこ

とができるというべきである。」と判示し，本件広報に関与した捜査
官らの故意・過失を否定し，国家賠償請求を棄却した。

なお，捜査機関の記者発表で，国家賠償請求を棄却した裁判例とし
て，本判決の外に，**大阪高判平成6年11月11日**（判時1520号96頁），**東
京地判平成4年6月30日**（判時1460号97頁），**名古屋高判平成2年12月
13日**（判時1381号51頁），**東京高判昭和62年3月31日**（判時1239号45頁）等
がある。

③ **松山地判平成22年4月14日**（判時2080号63頁）→賠償責任を肯定

被害者が一方的に暴行を受けて死亡したにもかかわらず，警察が喧
嘩の末の死亡事故であると誤った記者発表を行ったことにつき，被害
者の遺族（原告ら）が，被害者（死者）の名誉を毀損され，原告らの被
害者（死者）に対する敬愛追慕の情という人格権が侵害されたとして
国家賠償請求（慰謝料及び謝罪広告の請求）をした事案。

「本件報道資料を作成し配布したT警察署の広報担当者としても，
本件報道資料を報道機関に配布すれば，報道機関が『けんかで死亡』
といった，Cと訴外Dの双方がお互いに暴行を加え合う状況下でCが
傷害を負い死亡したとの誤解を一般の読者に与え，Cの名誉を毀損す
る表現で報道をすることにつき，十分予見可能であったものと認める
のが相当であり，本件報道がなされたことについて過失があると認め
られる。」などと判示し，本件記者発表が死者（C）の名誉を毀損し，
その結果原告らの被害者（死者）に対する敬愛追慕の情を侵害された
として，国家賠償請求（慰謝料及び弁護士費用合計11万円の限度）を認めた
（なお，謝罪広告については，その必要がないとして棄却した。）。

なお　捜査機関の記者発表で，国家賠償請求を認容した裁判例とし
て，本判決のほかに，**岐阜地判平成24年2月1日**（判時2143号113頁），
大阪地判昭和57年3月30日（判タ475号123頁）がある。

④ **那覇地判平成20年9月9日**（判時2067号99頁）→賠償責任を否定

地方公共団体が，宮古島の上水道水源である地下水流域の塩素イオ
ン濃度が上昇したのは，原告（医療法人）が開設した温泉施設からの
排水が原因である旨公表し，原告に対して温泉排水の地下浸透処理を

中止するよう要請したことは違法であるとして国家賠償請求をした事案。

公表等の根拠となった調査機関が実施した調査は，本件公表事実を真実と信じるにつき相当な根拠となり得るものであり，本件公表はその目的，時期及び内容に照らして相当であるとし，本件要請についても違法性は認められない旨判示し，請求を棄却した。

⑤ **山口地判昭和56年10月1日**（訟月28巻1号14頁）→賠償責任を否定

国土利用計画法24条の勧告に従わなかったため，同法26条に基づき勧告内容を公表し，新聞記者に勧告に至る経緯等を発表した行為が違法であるとして，国家賠償請求をした事案。

「法（筆者注：国土利用計画法）26条は公表の手段・方法については特別の定めをしておらず，公表が社会一般の批判を通じて勧告の実効を確保しようとするものであることからして，新聞・テレビ・ラジオ等のマスコミを通じて，勧告内容を積極的に国民に周知させる措置を講じることも許されるものというべく，……（中略）……本件勧告の内容が記者発表されたからといって，何ら違法なものではないというべきである。」と判示し，請求を棄却した。

第2章 法1条 —類型別検討—

Q22 最近の都道府県及び市区町村に関する国家賠償法1条1項の裁判例の紹介

最近の都道府県及び市区町村に関する国家賠償法1条1項の主な裁判例は，どのようなものがありますか。

A Q19〜Q21に述べたもののほか，典型的なものとしては，例えば地方税の賦課・徴収に関連するものや，許認可に関連するもの，学校，情報公開・個人情報保護に関連するものなどがあります。

最近の都道府県及び市区町村に関する国家賠償法1条1項の主な裁判例について，類型別に分類すると以下のようになります。

なお，最近の戸籍関係に関する裁判例はQ19を，最近の公立学校の生徒の事故に関する裁判例はQ20を，それぞれ参照してください。

1 地方税及びその差押え関係

① **名古屋地判平成24年7月6日**（判時2167号52頁）→否定例（個人事業税関係）

原告が，平成12年度から平成16年度において，被告Ⅰ県の県税事務所の事務担当者が過失により課税要件のうちの不動産貸付面積の認定を誤って，原告の不動産の貸付けを地方税法に定める「不動産貸付業」に該当するものと認定したために，個人事業税を賦課され，損害を被ったと主張して，被告県に対して国家賠償請求をした事案。

同地判は，平成13年度以降の原告に対する個人事業税の賦課にはいずれも過誤があったものと認定したが，申告納税制度のもとで効率よく納税事務を行う必要からすれば，県税事務所の担当者に過失が認め

204

られないとして，原告の請求を棄却した。

② **前橋地判平成30年1月31日**（判時2373号21頁）→肯定例（市県民税等の差押え）

　　原告が滞納していた市県民税及び国民健康保険税の徴収のために，Y市長によって2回にわたってなされたX名義の貯金債権の差押えは差押禁止債権を差し押さえたものであるから違法であり，これらの差押えに引き続いて取り立てた12万6,226円は支払を受けるべき法律上の原因を欠くと主張して，Y市に対し，上記2回の差押処分（以下「本件各差押処分」という。）の各取消しを求めるとともに，不当利得返還請求として12万6,226円の支払を求め，さらに，国家賠償法1条1項に基づき慰謝料及び弁護士費用として55万円の支払を求めた事案。

　　同地判は，①本件各差押処分は，その取立てが終了しており，いずれもその目的を達してその法律効果は既に消滅していることから，本件各差押処分の取消しを求める法律上の利益はないので，各訴えを不適法却下し，また，②滞納処分庁であるY市は，本件貯金債権の原資がAからの給与であることを認識しつつ，給与が振り込まれた当日に本件各差押処分を行っており，実質的に給与自体を差し押さえることを意図して，本件各差押処分を行ったものと認めるべき特段の事情があり，同差押処分は，いずれも地方税法41条1項，331条6項，728条7項が準用する国税徴収法76条1項（給与の差押禁止）に反する脱法的な差押処分として違法であるとして，上記12万6,226円の不当利得返還請求を認め，国家賠償請求の一部（慰謝料等として5万5,000円）を認めた。

2 許認可等の関係

① **大阪地判平成25年4月19日**（判時2226号3頁）→肯定例（生活保護関係）

　　身体障害者である原告が自動車を所有し，生活保護を受給していたところ，被告市福祉事務所長が原告の自動車保有は認められないこと

第2章　法1条 —類型別検討—

を理由に，自動車の処分指示をしたのに，これに従わなかったため，同所長から生活保護廃止処分を受け，その後，再度の生活保護申請の却下処分も受けたため，本件却下処分は違法であるとして，その取消しを求めるとともに，本件各処分は国家賠償法上違法であるなどとして，損害賠償を求めた事案。

同地判は，原告は，生活保護受給に当たり自動車保有要件を満たす身体障害者であるので，当該保有要件を欠くものとしてされた生活保護廃止処分及びその後された生活保護申請却下処分にはいずれも取り消すべき違法があり，また，国家賠償法上も違法であるとして，当該却下処分を取り消した上，原告の国家賠償請求の一部（約171万円）を認容した。

② **名古屋地判平成26年3月13日**（判時2225号95頁）→肯定例（廃棄物処理関係）

産業廃棄物処理施設の試運転中に実施された行政検査の結果が廃棄物処理法15条の2の6所定の改善命令に違反するとの理由で，県知事から本件施設の設置許可取消処分を受けた原告が，本件改善命令は違法であるから同命令違反を理由とする本件許可取消処分も違法であるとして，被告県に対して国家賠償請求をした事案。

同地判は，本件行政検査は交通量の多い県道付近やトイレ付近など，審査に際して問題のある場所を測定地点とするなど適正な測定・算出方法によるものとは認められないから，本件改善命令は前提となる重要な事実を欠き社会通念に照らして著しく妥当性を欠く違法なものといえ，同命令に伴う本件許可取消処分も違法であるなどと判示し，原告の請求の一部（約12億3,000万円）を認容した。

③ **広島高岡山支判平成28年6月30日**（判時2319号40頁）→肯定例（農地法関係）

被控訴人（被告）市農業委員会から農地法5条1項による農地転用のための権利取得の許可を受けた者の造成工事により，隣接の農地の所有者（控訴人・原告）が排水障害を被り，農作物が生育不良となったとして，被控訴人（被告）市に対して国家賠償請求をした事案。

206

Q22　最近の都道府県及び市区町村に関する国家賠償法1条1項の裁判例の紹介

　同判決は，隣接農地に排水障害を生じ農作物が生育不良となったことは，被控訴人（被告）市農業委員会として,当該農地転用許可申請を不許可とすべき場合として農地法5条2項4号が定める要件（周辺農地の営農条件に支障を生じるおそれがないこと）の有無を審査すべき義務を怠った違法があるとして，控訴人（原告）の請求を棄却した原判決を取り消して，控訴人（原告）の請求の一部（約121万円）を認容した。

3　学校関係

① **大阪高判平成27年10月13日**（**判時2296号30頁**）→否定例（学校施設の目的外使用の不許可処分に関する国家賠償法上の違法性等の有無）

　控訴人（被告）市の公立小中学校等の教職員団体である被控訴人（原告）が，主催する教育研究集会の会場として，市立A小学校及び市立B小学校の学校施設の目的外使用許可に係る各申請をしたことにつき，各不許可処分を受けたことから，控訴人（被告）市に対し，本件各不許可処分の無効確認を求めるとともに，国家賠償請求をした事案（原判決は，本件不許可各処分の無効確認に係る各訴えを不適法却下し，国家賠償請求を一部認容したため，控訴人市が当該一部認容部分を不服として控訴した。）。

　同高判は，労働組合等の組合活動に関する便宜の供与は行わないと定めるO市労使関係に関する条例12条が直ちに憲法及び地方自治法その他の法令の規定に違反するものではないとした上で，被控訴人（原告）開催の教育研究集会が，教員らによる自主的研修としての側面をも有しており，自主的で自律的な研修を奨励する教育公務員特例法21条（研修），22条（研修の機会）の趣旨にかなうものであるのにもかかわらず，本件各処分は，上記条例12条の存在のみを考慮してなされており，その他の当然考慮すべき事項を十分考慮していないから，裁量権の逸脱又は濫用に該当し違法と判断したが，同条により労働組合等の組合活動に関する便宜の供与が一律に禁止されると解釈して本件各処分をしたことには無理からぬ面があったから，国家賠償法上の違法及

207

第2章　法1条 —類型別検討—

び過失は認められないとして，原判決中，控訴人（被告）市の敗訴部分を取り消し，当該部分につき被控訴人の請求を棄却した。

② **東京地判平成28年7月11日**（判時2341号103頁）→否定例（生徒に対する進路変更勧奨の違法性の有無）

都立高校に在籍していた原告が，校長や教諭ら（本件校長ら）から違法な登校の拒否，進路変更勧奨を受け，また，仮に上記登校の拒否がなかったとしても，同校長らはその旨誤信していた原告に対して登校できることを説明すべき信義則上の義務に違反したとして，被告都に対して国家賠償請求をした事案。

同地判は，原告側と本件高校側との各面談等からすると，本件校長らが原告の登校を拒否したものとは認められず，また，教育目的を達するために校内秩序を維持する必要があったことなどの状況からすると，本件校長らの本件進路変更勧奨は違法ではなく，さらに，仮に原告又はその代理人弁護士が登校を拒否されたと考えたとしても，当該弁護士が在学契約に基づいていかなる対応を採るべきか検討できたといえるから，本件校長らに，原告に対して登校が可能であること等を説明する信義則上の義務があったとはいえない旨判示し，原告の請求を棄却した。

4 高校教師の再任用・再雇用関係

① **福岡高判平成25年9月27日**（判時2207号39頁）→肯定例

定年退職するに先立ち再任用職員選考審査の面接審査を受けたものの不合格決定を受けた県立高校教諭であった被控訴人（原告）が，本件決定は裁量権の逸脱濫用に当たるとして，控訴人（被告）県に対して国家賠償請求をした事案。

同高判は，選考審査は，従前の勤務評定と面接審査を総合的に判断するというものであったところ，被控訴人（被告）県においては，面接審査に誤りや著しく不適切ないし不公正な記載があったので，公

平・公正な面接審査をしたと認めことはできず，被控訴人（原告）に対する不合格決定は，県教育委員会の裁量権を著しく逸脱したものとして違法である旨判示し，被控訴人（原告）の請求の一部（約271万円）を認めた原判決を支持し，被控訴人（被告）県の控訴を棄却した。

② **最判平成23年6月6日**（**民集65巻4号1855頁**）〔日の丸・君が代事件〕
→否定例

都立高等学校の教職員であった上告人（原告・被控訴人）らが，卒業式等の式典における国歌斉唱の際に国旗に向かって起立し国歌を斉唱すること（以下「起立斉唱行為」という。）を命ずる旨の校長の職務命令に従わず，上記国歌斉唱の際に起立しなかったところ（これにより上告人らは戒告処分等を受けた。），その後，退職に先立ち申し込んだ非常勤の嘱託員の採用選考において，都教育委員会から，上記不起立行為が職務命令違反等に当たることを理由に不合格とされたため，上記職務命令は憲法19条に違反し，上告人らを不合格としたことは違法であるなどとして，被上告人（被告・被控訴人）都に対し，国家賠償請求をした事案。

同最判は，上記起立斉唱行為は，学校の儀式的行事における慣例上の儀礼的な所作としての性質を有するにすぎないものであるなどとして，これを命じる各職務命令は，上告人らの思想及び良心の自由を侵すものとして憲法19条に違反しない旨判示し，上告人らの請求を棄却した。

なお，**最判平成24年1月16日**（**裁判集民事239号253頁**）は，国歌斉唱の際に起立して斉唱するよう命ずる職務命令に違反した教職員の懲戒処分については，戒告処分は裁量権の範囲内であるが，より重い減給以上の処分に選択することについては慎重な考慮を必要とするとして，減給処分を違法であると判示している（同旨：**東京高判平成30年4月18日判時2385号3頁**）。

③ **最判平成30年7月19日**（**裁判所時報1704号4頁**）→否定例

都立高等学校の教職員であった被上告人ら又はその被承継人ら（教職員合計22人）は，その在職中，各所属校の卒業式又は入学式において

第2章　法1条 —類型別検討—

国歌斉唱の際に国旗に向かって起立して斉唱することを命ずる旨の職務命令に従わなかったところ（これにより被上告人らは戒告又は減給の懲戒処分を受けた。），東京都教育委員会（以下「都教委」という。）は，このことを理由として，東京都公立学校の再任用職員，再雇用職員又は非常勤教員（以下，併せて「再任用職員等」という。）の採用候補者選考（平成18年度から平成20年度の選考）において，上記の者らを不合格とし，又はその合格を取り消して，定年又は勧奨（以下「定年等」という。）による退職後に再任用職員等に採用しなかったことにつき，上記不合格・合格の取消し（以下「本件不合格等」という。）が裁量権の範囲の逸脱又はその濫用があるなどとして，被上告人らが上告人都に対し，国家賠償請求した事案（第1審は，本件不合格等が裁量権の濫用に当たるとして，都に合計約5,370万円の賠償を命じ，第2審もこれを支持したため，都が上告した。）。

　同最判は，任命権者である都教委が，再任用職員等の採用候補者選考に当たり，従前の勤務成績の内容として本件職務命令に違反したことを被上告人らに不利益に考慮し，これを他の個別事情のいかんにかかわらず特に重視すべき要素であると評価し，そのような評価に基づいて本件不合格等の判断をすることが，その当時の再任用制度等の下において，著しく合理性を欠くものであったということはできず，本件不合格等が都教委の裁量権の範囲を超え又はこれを濫用したものとはいえず，違法でない旨判示し，原判決を破棄し，第1審判決中上告人都の敗訴部分を取り消して，被上告人らの請求をいずれも棄却した。

　なお，新聞報道等によると，都教委は，2013年（平成25年）度の選考からは懲戒免職処分を受けた場合などを除き，退職者が希望すれば原則，採用しているとのことである。

5　情報公開関係

① **東京高判平成24年11月19日**（判時2170号33頁）→否定例
　S区の情報公開条例に基づき情報公開請求をしたものの非公開決定

を受けたため異議申立てをしたXが，異議申立て受理後，約10か月な
いし約1年2か月を経て審査会へ諮問をしたS区教育委員会の行為は
国家賠償法上違法であるとして，S区に対して国家賠償請求をした事
案（第1審はXの請求を一部認容）。

　同高判は，実施機関の諮問及び審査会の答申は公開請求者を名宛人
とする行政処分ではなく行政機関の内部的手続ないし行為にすぎず，
審査会への諮問時期の遅滞の有無が国家賠償法上の違法事由に係る問
題となることはないから，S区教育委員会による審査会に対する諮問
時期の遅滞が国家賠償法上違法になるとはいえないとして，原判決を
取り消し，Xの請求を棄却した。

② **大阪高判平成29年9月1日**（判時2366号12頁）→肯定例

　控訴人（原告）がO市情報公開条例（平成13年O市条例第3号）に基づ
き，O市教育委員会に対し，○○展示リニューアル監修委員会におけ
る配布資料（以下「本件文書」という。）等の公開請求をしたところ，O
市教育委員会から本件文書に記録されている情報は同条例7条所定の
非公開情報に該当するとして非開示決定を受けたため，同非開示決定
が違法であるとして，被控訴人O市に対して国家賠償請求をした事案。

　同高判は，本件文書が上記条例7条所定の非公開情報には該当しな
いのに，非公開情報に該当すると判断して本件文書につき非公開決定
をしたことは，国家賠償法1条1項の適用上違法であり，担当公務員
に過失があるとして，原告の請求を棄却した原判決を取り消し，O市
に対して請求の一部（慰謝料5万円）を認容した。

6 個人情報の漏えい

① **横浜地横須賀支判平成30年1月15日**（判例秘書LLI／DB）

　Y市が平成24年に起きたストーカー殺人事件の被害女性の住所（以
前から元交際相手の男からの脅迫メール（ストーカー）を理由に，Y市の住民基
本台帳事務におけるDV等支援措置の対象者となっていた。）に関し，Y市の

第2章　法1条—類型別検討—

総務部納税課の担当者がその職務上知り得た被害女性の住民登録上の住所を，被害女性の夫を装った者に電話で伝えたことにより，被害女性はそのプライバシーを違法に侵害されて精神的苦痛を受け，その損害賠償請求権を被害女性の夫（原告）が相続したと主張して，Ｙ市に対して1,100万円（慰謝料1,000万円と弁護士費用100万円）の国家賠償請求をした事案（なお，被害女性の夫を装った者から上記住所を聞いた元交際相手の男は，被害女性宅を訪れて被害女性を殺害し，その後自殺した。）。

同支部判は，本件情報漏えいに係る被害女性の住所は，被害女性と加害者（元交際相手の男）との間の関係においては被害女性の生命身体の安全にかかわる重要な情報であり，その秘匿の必要性が高く，Ｙ市の総務部納税課の担当者が本人確認を厳格にせずにこれを漏洩したもので，違法にプライバシーを侵害したと判断した上で，被害女性の受けた精神的苦痛は多大であるとする一方，同担当者は，被害者の夫を装って電話を架けてきた本件情報漏えいの相手方から，税金の支払に関する書類が来たので確認したい旨のうその申出を受けて，本件情報漏えいをしたのであり，情報を漏らした相手側の真の目的を知らなかったなどとして，慰謝料110万円（慰謝料100万円と弁護士費用10万円）の限度で支払を命じた。

7　その他

① **名古屋地判平成25年1月22日**（判時2180号76頁）→否定例（建築主事関係）

ビジネスホテル（11階建て。以下「本件建物」という。）の建築主（原告）が，当該建物についての建築確認を行った被告県の建築主事が本件建物の構造計算についての適正な審査を怠り違法に建築確認を行ったため，修復工事費用等の損害を被ったとして，被告県に対し，国家賠償請求をした事案。

同地判は，建築主事は，建築関係規定に基づき建築確認申請に添付

212

Q22　最近の都道府県及び市区町村に関する国家賠償法1条1項の裁判例の紹介

される図書及び同規定によって定められた事項を対象として，当該建築計画を建築基準関係規定に当てはめて，その要件充足の有無を審査・判断するものであり，その資料として提出される建築士作成の設計図書等については，建築士の技術的能力，職業倫理，責任感に対する信頼を前提として審査すれば足りるところ，本件建築主事には本件建築確認審査に当たり本件構造計算書の確認を怠った義務違反を認めることはできない旨として，原告の請求を棄却した。

② **東京高判平成26年1月30日**（判例地方自治387号11頁）→否定例（行政指導関係）

　　被控訴人（原告）所有地における井戸の設置等につき相談した被控訴人が，控訴人（被告）市の職員らから，市の地下水保全条例上，所有地に井戸の設置はできない旨の違法な説明をされたなどとして国家賠償請求をした事案。

　　原判決（**横浜地小田原支判平成25年9月13日**判時2207号55頁）は，本件条例39条は取水量を制限した上での井戸の設置許可も前提としていると解すべきところ，一部職員が同解釈を前提とせず井戸設置許可の可能性は非常に低い旨の説明をしたことは，国家賠償法上違法であるとして請求の一部（約1,319万円）を認容したため，控訴人市が控訴した（被控訴人も附帯控訴）した。

　　本件高判は，本件職員の説明は事前相談に対する説明であって本件条例等の有効性を前提とする説明として特に違法とはいえず，また，本件条例による井戸設置規制には目的の合理性，規制手段の必要性及び合理性が認められるから憲法29条2項に反しないとして，原判決を取り消して被控訴人の請求を棄却（附帯控訴も棄却）した。

③ **大阪高判平成27年12月16日**（判時2299号54頁）〔組合アンケート事件〕→肯定例（職員アンケート関係）

　　O市の職員に対する労使関係のアンケートの実施が違法であるとして，O市の職員29名や労働組合5団体がO市に対して国家賠償請求をし，また，O市の特別顧問（弁護士）に対して民法709条に基づき損害賠償請求をした事案。

第2章 法1条 —類型別検討—

　同高判は，O市が所属部局職員に対してした労使関係に関する回答を求める記名式アンケート（氏名・職員番号・所属部署を始め組合活動参加・特定政治家の応援活動参加等の有無等の22問）の実施は，そのうちの5問に憲法が保障する団結権やプライバシー権，政治的活動の自由を侵害する違法があるとして，O市に国家賠償法1条1項の責任（合計79万5,000円。職員に対しては精神的損害の賠償，組合に対しては無形的損害の賠償）を認めた（コラム1参照）。

　なお，上記アンケートを作成し，その実施に主体的に関与していたO市の特別顧問（弁護士）に対しては，国家賠償法1条1項の公権力の行使に当たる公務員であったとして，その個人責任を否定した。

④ **名古屋高判平成29年9月14日**（判時2354号26頁）**→肯定例**（市議会議員関係）

　市議会の教育民生委員会に所属していた議員が，同委員会において計画された視察旅行の必要性に疑問を感じてその実施に反対し，同視察旅行を欠席したところ，市の議会運営委員会が同議員には同旅行への出席義務があったことを前提として厳重注意処分を決定し，議長が複数の新聞記者のいる面前において，公務である上記視察旅行に正当な理由なく欠席した旨記載された厳重注意処分通知書を朗読して手交したことから，これが名誉毀損に当たるとして，市に対して国家賠償法1条1項に基づき慰謝料の支払を求めた事案。

　同高判は，本件請求が一般市民法秩序において保障されている移動の自由や思想信条の自由という重大な権利侵害を問題とするものであるとして司法審査の対象となることを認め，かつ，上記厳重注意処分において摘示された事実が議員として社会的評価の低下をもたらすものと認定した上で，一般に地方議会の委員会が実施する視察旅行は反対議員に出席義務を生じさせ得るものとは認められず，しかも，本件視察旅行は，委員会条例に基づく議決を欠き，その決定手続が条例に違反するものであるから，同視察旅行に参加する義務は生じないとして，上記事実の真実性及び真実相当性を否定し，国家賠償請求（慰謝料50万円）を認容した。

214

Q22　最近の都道府県及び市区町村に関する国家賠償法1条1項の裁判例の紹介

⑤　**大津地判平成30年２月27日**（判時2387号115頁）→肯定例（市による市会
議員に対する住民の個人情報の漏えい関係）

　被告（Ｙ市）の市長Ａの市庁舎増改築に関する予算の執行について，
被告の住民である原告らが，被告監査委員に対して監査請求を申し立
てたところ，被告市議会議員（以下「市議」という。）の全員協議会（以
下「本件全員協議会」という。）において，一部の市議らが，監査委員事
務局長に対し，原告らの氏名，住所，職業等が記載された監査請求人
名簿（以下「本件名簿」という。）の開示を要求し，Ａ市長がその開示を
命じたことから，監査委員事務局長が，これに応じて本件名簿の写し
を本件全員協議会参加者らに配付して閲読させたことについて，原告
らが，プライバシー権を侵害する違法行為であると主張し，被告（Ｙ
市）に対し，国家賠償法１条１項に基づき，原告ら各自に慰謝料12万
円を支払うよう求めた事案。

　同地判は，本件市議会の議員全員に原告らの本件名簿に記載された
個人情報が開示された時点で，原告らの個人情報が自己の欲しない他
者である市議に開示されたという意味において，プライバシー侵害行
為は完了しているのであり，本件開示行為が必要なものであったとし
て正当化する余地がなく，本件開示行為は，原告らのプライバシーを
違法に侵害する行為であるとして，被告（Ｙ市）に対し，原告らに慰
謝料各6,000円の支払を認容した。

⑥　**京都地判平成29年12月７日**（判時2373号21頁）→否定例（市消防航空隊
の救助関係）

　冬季の富士山頂付近から下山中のＡが滑落した事故で，要請を受け
てヘリコプターで救助に向かったＹ市消防航空隊が，Ａに救助器具を
装着し吊り上げ同機内に収容しようとしたが果たさず，同人を落下さ
せ，同日の救助を断念させ，翌日までに死亡させたことに関し，Ａの
相続人３名が，同航空隊の救助隊員が救助器具の選択等を誤ったなど
の過失があるとして，Ｙ市に対して約9,169万円の国家賠償請求をし
た事案。

　「本件のような高高度における救助隊員の救助活動については，救

第2章　法1条 —類型別検討—

助時の救助隊員及び要救助者が置かれた具体的状況に照らし，救助隊員が，救助に際して明らかに合理的と認められない方法をとった場合は，職務上の注意義務を欠いた違法なものとなるが，そうでない場合は，救助方法の選択等は救助隊員の合理的裁量に属し，違法とならないと解すべきである。」と判示し，Y市消防航空隊の救助隊員らが救助に際して明らかに合理的と認められない方法を採ったとは認められず，国家賠償法上違法といえないとして，原告らの請求を棄却した。

なお，**松江地判平成26年 3 月10日**（判時2228号95頁）は，国家賠償法2条の事案であるが，被告町の管理運営する本件スキー場でパトロール員として勤務していたA及びBが，本件スキー場において発生した雪崩の現況の確認及び堆積物の処理を行っていたところ，新たに発生した雪崩に巻き込まれ，雪中に埋没し死亡した事故につき，A及びBの遺族らが，被告町に対し，国家賠償法2条1項に基づき損害賠償請求をした事案において，本件死亡事故は，雪崩に対する物的設備（雪崩用防護柵，監視カメラ等）及び人的態勢（雪崩対策権限を持つ部署の設置，指揮命令系統の整備，気象情報の入手態勢，パトロール員の訓練等）の不備によるものであってスキー場が備えるべき安全性を欠いており，本件スキー場の設置・管理に瑕疵があるとして，遺族らの請求の一部を認容した（3 割の過失相殺を認める。）。

コラム・3

━━━━ 職場におけるパワーハラスメントの意義と裁判例 ━━━━

1　はじめに

　厚生労働省は，平成24年1月30日，「職場のいじめ・嫌がらせ問題に関する円卓会議ワーキング・グループ報告」（以下「ワーキンググループ報告」という。）を公表し，次いで，これを踏まえて，同年3月15日，「職場のパワーハラスメントの予防・解決に向けた提言」を公表し，職場におけるパワーハラスメントの定義・類型，これを防止する方策等を検討しています（なお，厚生労働省では，平成29年5月から，更に職場のパワーハラスメントの防止を強化するため，有識者と労使関係者からなる検討会を開催し，平成30年3月に「職場のパワーハラスメント防止対策についての検討会報告書」を公表している。）。

　国や地方公共団体においても，職場においてパワーハラスメント事案はあると思われますが，この場合，国家賠償請求訴訟の対象になります（後記3⑵イ②の福岡高判平成20年8月25日判時2032号52頁〔海上自衛隊員自殺事件〕参照）。ここでは，ワーキンググループ報告の概要等を紹介した上で，主な裁判例を紹介したいと思います。

2　職場におけるパワーハラスメントの定義と類型

　ワーキンググループ報告によれば，職場におけるパワーハラスメント（以下「パワハラ」という。）とは，「同じ職場で働く者に対して，職務上の地位や人間関係などの職場内の優位性を背景に，業務の適正な範囲を超えて，精神的・身体的苦痛を与える又は職場環境を悪化させる行為をいう。」と定義しています。

　ワーキンググループ報告は，職場におけるパワハラの主な行為類型として，①身体的な攻撃（暴行・傷害），②精神的な攻撃（脅迫・名誉毀損・侮辱・ひどい暴言），③人間関係からの切り離し（隔離・仲間外し・無視），④過大な要求（業務上明らかに不要なことや遂行不可能なことの強制，仕事の妨害），⑤過小な要求（業務上の合理性なく，能力や経験とかけ離れた程度の低い仕事を命じることや仕事を与えないこと），⑥個の侵害（私的なことに過度に立ち入ること）の6類型を挙げています。

3　職場におけるパワハラ行為に関する損害賠償の裁判例の紹介

　職場におけるパワハラ行為は，特に身体的な攻撃以外の場合には，業務上

第2章　法1条 ―類型別検討―

の適正な指導との区別が困難な場合が多く，裁判例の認定でも，第1審と控訴審の判断が分かれる場合があります。以下，パワハラ行為の違法性の判断基準を検討した上で，パワハラ行為を認めた主な裁判例，これを否定した主な裁判例を紹介します。

(1)　パワハラ行為の違法性の判断基準について

　パワハラ行為の不法行為の判断基準は，一般に，行為のなされた状況，行為者の意図，その行為の態様，行為者の職務上の地位，年齢，当該言動の行われた場所，その言動の反復・継続性，被害者の対応等を総合的にみて，それが社会通念上不相当とされる程度のものである場合には，人格権を侵害するものとして不法行為が成立すると解されています（塩崎勤ほか編著『実務不法行為法講義〔第2版〕』（民事法研究会，2012年）406頁以下参照）。

　なお，後記**福岡高判平成20年8月25日**〔海上自衛隊員自殺事件〕は，心理的負荷を過度に蓄積させるようなパワハラ行為が，原則として国家賠償法上違法であるが，例外的に，その行為が合理的理由に基づいて，一般的に妥当な方法と程度で行われた場合には，正当な職務行為として違法性が阻却される場合がある旨判示しています。

(2)　パワハラの違法性を肯定した主な裁判例

　ア　暴力を伴うもの

　　①　**東京地判平成22年7月27日（労判1016号35頁）**〔日本ファンド（パワハラ）事件〕

　　　　社員3名が上司から暴行や暴言を受けたとして，当該上司及び会社に対して損害賠償請求をした事案について，上司が他の従業員の面前で社員を声を荒げて叱責したり，また，扇風機の風を当て続ける嫌がらせをしたり，足の裏で蹴るなどしたとして，社員3名に対する上司のパワハラによる不法行為を認定し，当該上司及び会社に対して損害賠償責任を認めた。

　イ　言葉の内容や態様に違法性があるとしたもの

　　⑴　**岡山地判平成24年4月19日（労判1051号28頁）**〔U銀行（パワハラ）事件〕

　　　　銀行の従業員（原告）が上司らのパワハラにより退職を余儀なくされ，また，銀行には雇用する労働者に対する健康管理義務違反があるとして，銀行及び上司らに対して損害賠償請求をした事案において，原告従業員が，仕事が遅く，役席に期待される水準の仕事ができてはいなかったとはいえ，ミスに対し，上司のうちの1名が厳しい口調で

コラム・3

「もうええ加減せえ，ほんま。代弁（代位弁済の処理）の一つもまともにできんのか。辞めてしまえ。」「足引っ張るばあすんじゃったら，おらん方がええ。」などと頻繁に叱責したことは，パワハラに該当して不法行為が成立し，銀行も使用者責任を負うことを認め，慰謝料110万円の支払を命じた。

ただし，別の上司らが，書類を「貸せ」と言って取り上げた（上司は手伝ったと主張）ことは，仕事を勤務時間内や期限内に終わらせるようにすることが上司の務めであることからすると，多少口調がきつくなっていたとしてもパワハラといえず，また，勤務時間内に離席していた際に「どこに行っていた」と質問したことは，業務遂行上必要な質問であり，仮に厳しい口調となっていたとしても，パワハラとは認定できないとした。

② **福岡高判平成20年8月25日（判時2032号52頁）〔海上自衛隊員自殺事件〕**

自衛官Ａが上官らのいじめにあって自殺したことにつき，Ａの遺族が上官らに安全配慮義務違反があったとして<u>被告国に対して国家賠償請求</u>をした事案。

同高判は，上官が「お前は三曹だろ。三曹らしい仕事をしろよ。」「バカかお前は。三曹失格だ。」などの言辞を用いて半ば誹謗中傷した行為は，心理的負担を過度に蓄積させるもので，指導の域を超える違法があり，上官は被告国の履行補助者として，Ａに心理的・精神的疲労が蓄積しないよう配慮すべき義務（安全配慮義務）の違反があり，同義務違反とＡの自殺との間に相当因果関係を認め，<u>被告国に350万円の慰謝料の支払</u>を命じた。ただし，別の上司がＡを自宅に招いた際に，「お前は，とろくて仕事ができない。自分の顔に泥を塗るな。」などと言ったことについては，客観的にみて当該上司はＡに対し好意をもって接しており，そのことは平均的な者は理解できたものと考えられるし，Ａもある程度理解していたものであって違法性は認められないとした。

なお，原審（**長崎地佐世保支判平成17年6月27日労経速報2017号32頁**）は，上官らの安全配慮義務違反を否定して，Ａの遺族の請求を棄却していた。

⑶ **パワハラの違法性を否定した主な裁判例**

否定裁判例は，以下のように，不正経理の是正のために叱責・指導したり，

219

第2章　法1条 —類型別検討—

重大な結果につながりかねない単純ミスを叱責・指導した事案であり，適正な指導の範囲内であると認定しています。

① **高松高判平成21年4月23日（判時2067号52頁）〔前田道路事件〕**

　　Ｙ会社の営業所長Ａが自殺したことに関して，Ａの相続人らが，Ｙ会社に対し，Ａの自殺は，上司らから過剰なノルマ達成の強要や執拗な叱責を受けたことなどにより，うつ病を発症したためであるとして，被告会社に対して不法行為又は債務不履行に基づく損害賠償請求をした事案。

　　同高判は，上司のＡに対する過剰なノルマ達成の要請があったと認めることはできず，また，架空出来高の計上等が発覚して上司らから是正指導がなされたにもかかわらず，1年以上経過しても是正されていなかったことから，上司らが部下に対し，不正経理の解消や日報の作成について，「会社を辞めれば済むと思っているかもしれないが，辞めても楽にならないぞ。」などと叱責・指導をしたことは，上司らのなすべき正当な業務の範囲内にあり，社会通念上許容される業務上の指導の範囲を超えるものと評価することはできないとして，叱責等の違法性を否定し，Ａの相続人らの請求を棄却した。

　　なお，原審（**松山地判平成20年7月1日判時2027号113頁**）はパワハラによる違法を認定していた。

② **東京地判平成21年10月15日（労判999号54頁）〔医療法人財団健和会事件〕**

　　被告Ｙ経営の病院健康管理室に事務総合職として採用された原告Ｘが，違法なパワハラ・いじめ等を受けたとして被告Ｙの安全配慮義務違反等を理由に損害賠償請求をした事案。

　　同地判は，上司が，事務処理上単純ミスを繰り返す原告Ｘに対して，時には厳しい指摘・指導や物言いをしたことがうかがわれるが，それは生命・健康を預かる職場の管理職が医療現場において当然になすべき業務上の指示の範囲内にとどまるものであり，違法とはいえないとして，Ｘの損害賠償請求を棄却した。

コラム・4

── 職場におけるセクシュアルハラスメントの意義と裁判例 ──

1 職場におけるセクシュアルハラスメントとは

雇用の分野における男女の均等な機会及び待遇の確保等に関する法律（以下「均等法」という。）上，「職場におけるセクシュアルハラスメント」とは，①職場において行われる，労働者の意に反する性的な言動に対する労働者の対応により労働条件について不利益を受け，又は②当該性的な言動により労働者の就業環境が害されることをいうとされています（均等法11条１項）。

そして，均等法11条１項は，セクハラの防止対策として事業主に雇用管理上必要な措置を講ずることを義務付け，また，同条２項は，厚生労働大臣が事業主の講ずべきセクハラ指針を定めることを規定しています。

なお，公務員におけるセクハラ事案は，国家賠償請求訴訟の対象となります（後記３⑵ア②，３⑵イ②の各裁判例参照）。

⑴ ここで，「職場」とは，事業主が雇用する労働者が業務を遂行する場所を指し，当該労働者が通常就業している場所以外の場所であっても，当該労働者が業務を遂行する場所については，「職場」に含まれます。

なお，勤務時間外の「懇親会」や「慰労会」等であっても，実質上職務の延長と考えられるものは，「職場」に該当しますが，具体的には，職務との関連性，全員が参加か，参加が強制的か任意かなどを考慮して，この職務執行性を判断することになります。この職務執行性は，セクハラを受けた者が勤務先の会社や国・地方公共団体に対して不法行為責任（民法715条（使用者責任））又は国家賠償責任（国家賠償法１条１項）を求める際の要件になります。

⑵ 「性的な言動」とは，「性的な内容の発言」及び「性的な行動」をいい，①「性的な内容の発言」の例としては，性的な事実関係を尋ねること，性的な冗談やからかい，食事やデートへの執拗な誘い，個人的な性的体験談を話すことなどであり，②「性的な行動」の例としては，性的な関係を強要すること，必要もなく身体へ接触すること，わいせつ図画を配布・掲示すること，強制わいせつ行為などです。

なお，この「性的な言動」には，「性的指向（異性愛，同性愛，両性愛）と性自認（自分が男か女かといった性別に関する自己認識のこと）」をからかったり，いじめの対象とする言動も入ります（均等法上の平成29年１月１日施行の改正セクハラ指針，人事院規則10－10（セクシュアルハラスメントの防

第2章 法1条 —類型別検討—

止等）についての同日施行の改正運用通知）。例えば，①「ホモっぽい」，「おとこおんな」，「同性が好きなんて気持ち悪い。」，②男性職員が，男性同性愛者だと公言している同僚に「俺を襲うなよ。」などはセクハラとなり得る言動であると考えられます。

2 職場におけるセクシュアルハラスメントの種類

　これには，以下の「対価型」と「環境型」の2種類がありますが，これらが混在する形態もあります。

(1) 対価型セクシュアルハラスメント

　これは，労働者の意に反する性的な言動に対する労働者の対応（拒否や抵抗）により労働者が解雇，降格，減給等の不利益を受けることをいいます。

　例えば，事務所内において事業主が労働者に対して性的な関係を要求したが，拒否されたため，当該労働者を解雇したり，不利益な配置転換をすることなどがこれに当たります。

(2) 環境型セクシュアルハラスメント

　これは，労働者の意に反する性的な言動により労働者の就業環境が不快なものとなったため，能力の発揮に重大な悪影響が生じるなどその労働者が就業する上で看過できない程度の支障が生じることをいいます。

　例えば，事務所内において上司が労働者の腰，胸等に度々触ったため，その労働者が苦痛に感じてその就業意欲が低下していることなどです。

3 職場におけるセクシュアルハラスメントに関する主な裁判例（主に「言葉によるセクハラ事案」）

　セクハラは，一般に第三者のいない（いわゆる密室の）状況で行われることが多く，その事実認定やセクハラ行為としての該当性の判断に困難を伴うケースもあり，裁判例の認定でも，第1審と控訴審の判断が分かれる場合があります。

　なお，必要のない身体の接触，強制わいせつ行為等の「性的な行動」については，その事実が認定されれば，セクハラ行為の認定に困難を伴うことは少ないと思われるので，主に「言葉によるセクハラ事案」の裁判例を紹介します。

(1) セクハラの違法性の判断基準について

　セクハラの違法性の判断は，被害者の主観だけでは判断されず，平均的人間の感じ方を判断基準とするのが判例の立場です。例えば，**名古屋高金沢支**

222

コラム・4

判平成 8 年10月30日（判タ950号193頁）〔金沢セクシュアル・ハラスメント事件〕は，セクハラの不法行為性（違法性）の成否につき，「その行為の態様，行為者である男性の職務上の地位，年齢，被害女性の年齢，婚姻歴の有無，両者のそれまでの関係，当該言動の行われた場所，その言動の反復・継続性，被害女性の対応等を総合的にみて，それが社会的見地から不相当とされる程度のものである場合には，性的自由ないし性的自己決定権等の人格権を侵害するものとして，違法となる」と判示しています。

　なお，セクハラの態様は多様であり，その判断には被害者の主観を重視すべきであるとも思われますが，他面，セクハラ防止が事業主の措置義務の対象となっていることを考慮すると，一定の客観的基準が必要であり，被害労働者が女性である場合には「平均的な女性労働者の感じ方」を基準とし，被害労働者が男性である場合には「平均的な男性労働者の感じ方」を基準とすることが適当であると考えられます。

(2)　言葉によるセクハラに関する主な裁判例等

　ア　セクハラの違法性及びセクハラを理由とする懲戒処分の相当性を肯定した裁判例

　　①　**福岡地判平成 4 年 4 月16日（判時1426号49頁）**〔福岡セクシャル・ハラスメント事件〕→損害賠償請求事件（セクハラ裁判のリーディングケース）

　　　　雑誌の編集出版会社に勤務する女性職員（原告）が，異性関係の噂を流布されるなどして退職を余儀なくされたとして男性上司（編集長，被告）及び会社（被告）を相手に不法行為に基づく損害賠償請求をした事案。

　　　　同地判は，男性上司が原告に対し，「君は私生活が派手なんじゃないか。……ずいぶん男性たちとも付き合いが派手なようだ。」「そういう女性はこの業界に向いていないと思う。」などと退職を求め，また，会社の他の社員などに「（原告は）結構遊んでいる。おさかんらしい。」「（原告は）ボーイフレンドがたくさんいて，もっと夜の仕事が向いている。」などと発言していたことを認定し，男性上司及び会社に対して連帯して慰謝料等165万円を支払うよう命じた。

　　　　なお，本判決は，会社に対しては，労働者のため働きやすい職場環境を維持するよう調整する義務違反があるとして，使用者責任（民法715条）を認めている。

　　②　**横浜地判平成16年 7 月 8 日（判時1865号106頁）**→損害賠償請求事件

223

第2章　法1条 ―類型別検討―

　　　被告Y市の女性職員（原告）が，上司の男性係長Aから受けたセク
ハラ行為，及び被告Y市の救済窓口の職員課長のセクハラ被害に対す
る不作為を違法として，被告Y市に対して国家賠償請求をした事案。

　　　同地判は，職場の懇親会や暑気払いにおいて，男性係長Aが原告に
対し，「結婚しろ。」，「子供を産め。」，「結婚しなくてもいいから子供
を産め。」などと発言し，また，担当課長宅でのバーベキューの記念
撮影時に男性係長Aが原告に自分の膝の間に座るように指示し，原告
の腕をつかんで座らせ抱え込んで，「不倫しよう。」と言い，さらに，
係員懇親会の席で男性係長Aが原告に対し，「言葉のセクハラだけで
体のセクハラがないのは，自分に魅力がないからか，おれたちに理性
があるからか考えろ。」と発言したことなどが，原告の人格や尊厳を
侵害する権利侵害行為（セクハラ行為）に該当し，また，救済窓口の
職員課長も原告の上記内容の苦情の申出に対して何らの措置をとらず，
その処置の検討もしなかったとして国家賠償法1条1項の違法がある
として，被告Y市に慰謝料等220万円の損害賠償責任を認めた。

　　　なお，セクハラ行為が行われた場である懇親会，暑気払い，バーベ
キューについての国家賠償法1条1項の職務執行性の有無について，
本判決は，職員相互の親睦を深め円滑な職務遂行の基礎を形成するこ
とにあったと推認されること（しかも，上記バーベキューは職員全員が
参加することが想定されていた。）などを根拠に，職務執行性を認めた。

③　**最判平成27年2月26日（判時2253号107頁）→懲戒処分無効確認等請**
　　求事件

⒜　上告人会社（水族館及びこれに隣接する商業施設の運営等を行ってい
　　る。）の男性従業員である被上告人2名（X₁，X₂。両名とも課長代
　　理）が，それぞれ女性従業員に対して性的な発言等のセクハラ等を
　　したことを懲戒事由として出勤停止処分（X₁は30日間，X₂は10日
　　間）を受けるとともに，これらを受けたことを理由に係長に降格さ
　　れたことを不服として，上告人会社に対し，上記各出勤停止処分の
　　無効確認や上記各降格前の等級を有する地位にあることの確認の請
　　求をした事案。

　　　　同最判は，X₁及びX₂が女性従業員A及びBに対して反復継続
　　的なセクハラ発言があったことを認定し，管理職である被上告人ら
　　の当該不適切なセクハラ行為等が上告人会社の企業秩序や職場規律
　　に及ぼした有害な影響は看過し難く（従業員Aは，被上告人らの本件

224

コラム・4

各セクハラ行為が一因となって，派遣元会社を退職し，上記水族館での勤務を辞めた。），上記各出勤停止処分は客観的に合理的な理由を欠き社会通念上相当であると認められない場合に当たるとはいえず，懲戒権を濫用したものとはいえないし，また，上記各出勤停止処分を理由とする上記各降格も人事権を濫用したものとはいえず，有効であると判示した。

(b) なお，第１審の**大阪地判平成25年９月６日（労判1099号53頁）**は，本最高裁判決と同様に各出勤停止処分及び各降格を有効としたが，原審の**大阪高判平成26年３月28日（労判1099号33頁）**は，本最高裁判決と同内容の被上告人らのセクハラ行為を認定した上で，被上告人らが，従業員Ａから明確な拒否の姿勢を示されておらず，本件各行為のような言動も同人から許されていると誤信していたことなどを指摘し，上記各出勤停止処分及び各降格は無効であるとしていた。

しかし，本最判は，職場におけるセクハラ行為については，被害者が内心でこれに著しい不快感や嫌悪感等を抱きながらも，職場の人間関係の悪化等を懸念して，加害者に対する抗議や抵抗ないし会社に対する被害の申告を差し控えたりすることが少なくないと考えられることや，本件各セクハラ行為の内容等に照らせば，仮に上記のような事情があったとしても，これを被上告人らに有利にしん酌することは相当でないなどと判示した。

イ　セクハラの違法性を否定した裁判例

① **大阪高判平成17年６月７日（労判908号72頁）**〔日本郵政公社（近畿郵政局）事件〕→損害賠償請求控訴事件，同附帯控訴事件

郵便局の男性職員が同じ郵便局に勤務する女性職員（総務課長代理）からセクハラを受けたとして，日本郵政公社に対して国家賠償請求をした事案。

同高判は，同女性職員が男性職員のいた浴室の扉を開け，「何でお風呂に入っているの」などと話しかけるという一連の行為は，職務である防犯パトロールの一環として行われたものであり，国家賠償法上の違法又は雇用契約上の義務違反といえるセクハラには当たらないとして損害賠償請求を棄却した。

なお，原審の**大阪地判平成16年９月３日（労判884号56頁）**は，上記女性職員が脱衣室の扉を開けて中に入り，そこにいた男性職員（ズボンは履いていたが上半身は裸）をじろじろ見つめながら「ねえ，ねえ，

225

第2章　法1条 ―類型別検討―

何してるの」,「何でお風呂に入っているの」と発言した行為がセクハラに当たり,国家賠償法1条1項に基づき日本郵政公社に慰謝料等15万円の損害賠償責任を認めていた。

第3章

法2条
公の営造物の
設置・管理の瑕疵

第 3 章　法 2 条 ―公の営造物の設置・管理の瑕疵―

Q23 国家賠償法 2 条の意義

　A氏が原動機付自転車を運転して県道を走行中，Ｙ県管理の県道の
くぼみで転倒して負傷した場合，どのような要件の下に，Ｙ県に国家
賠償請求ができますか。

A　　この場合，国家賠償法 2 条 1 項の要件（下記表を参照）を満たすと
きは，Ａ氏は，Ｙ県に対して財産的損害及び精神的損害の国家賠償
請求をすることができます。

国家賠償法 2 条 1 項の要件等

①	本項の要件	(i)　道路，河川その他の公の営造物の設置・管理に瑕疵があること (ii)　損害が発生していること (iii)　公の営造物の設置・管理の瑕疵と損害との間に因果関係があること
②	本項の特徴	(i)　民法717条（土地の工作物等の占有者及び所有者の責任）と異なり，占有者免責条項がない。 (ii)　国家賠償法 1 条 1 項と異なり，無過失責任であると解されている。

1 国家賠償法 2 条 1 項（公の営造物の設置・管理の瑕疵と賠償責任）

　国家賠償法 2 条 1 項は，「道路，河川その他の公の営造物の設置又は管理
に瑕疵があったために他人に損害を生じたときは，国又は公共団体は，これ
を賠償する責に任ずる。」と規定しています。同項は，民法717条の工作物責

任と同様に，**危険責任主義**（危険物を所有・管理する者に絶対的な賠償責任を負わせようとする主義）に根拠を置くと解されています（なお，民法717条1項は，「土地の工作物の設置又は保存に瑕疵があることによって他人に損害を生じたときは，その工作物の占有者は，被害者に対してその損害を賠償する責任を負う。ただし，占有者が損害の発生を防止するのに必要な注意をしたときは，所有者がその損害を賠償しなければならない。」と規定。）。

　戦前においては，国家賠償法1条1項の公務員による公権力の行使に伴う損害については，国家無答責の原理が妥当し，国又は公共団体が賠償責任を負うことはなかったのですが，公の営造物の設置・管理の瑕疵に関する損害については，大審院判例により，工作物責任に関する民法717条を適用して国又は公共団体の賠償責任が認められる道が開かれていました（例えば，**大判大正5年6月1日民録22輯1088頁**〔徳島市立小学校遊動円棒事件〕。同事件は小学校の校舎の遊動円木の支柱が腐朽挫折したことにより児童が死亡した事案で，民法717条による損害賠償請求が認められた。）。

　しかし，この大審院判例は必ずしも確定した判例でなかったことから，国家賠償法2条が制定されました（室井ほか『行訴法・国賠法』551頁）。

　また，民法717条1項は，「土地の工作物」の設置・保存の瑕疵を問題としますが，国家賠償法2条1項は「公の営造物」の設置及び管理の瑕疵を問題とするもので，工作物のほか，後記のように建物や動産等を含み，広い概念になっています。

　また，民法717条1項ただし書は，「占有者が損害の発生を防止するのに必要な注意をしたときは，所有者がその賠償をしなければならない。」と定め，占有者の免責条項を定めていますが，国家賠償法2条1項では，このような占有者免責条項がありません。

　さらに，国家賠償法2条1項は，国家賠償法1条1項と異なり，無過失責任であると解されています（**最判昭和45年8月20日民集24巻9号1268頁**〔高知落石事件〕）。

第 3 章　法 2 条 ―公の営造物の設置・管理の瑕疵―

2　国家賠償法 2 条 1 項の要件

　国家賠償法 2 条 1 項は，国又は公共団体（公共団体の意義についてはＱ 7「賠償責任の主体」参照）が設置・管理する公の営造物に関して生じた損害についての国又は公共団体の賠償責任を定めていますが，これらの賠償責任が認められるには，以下の要件が必要です。
　　①　道路，河川その他の公の営造物の設置・管理に瑕疵があること
　　②　損害が発生していること
　　③　公の営造物の設置・管理の瑕疵と損害との間に因果関係があること
　同項では，主に「公の営造物」の意義及び「公の営造物の設置・管理の瑕疵」の意味が問題となるので，次問以下で解説します。

3　国又は公共団体の求償権（国家賠償法 2 条 2 項）

　国家賠償法 2 条 2 項は，「前項の場合において，他に損害の原因について責に任ずべき者があるときは，国又は公共団体は，これに対して求償権を有する。」と規定し，国・公共団体は，他に損害の原因を作出した者に対して求償権を有することを定めます。この規定は，民法717条 3 項に対応したものです（なお，民法717条 3 項は，「前二項の場合において，損害の原因について他にその責任を負う者があるときは，占有者又は所有者は，その者に対して求償権を行使することができる。」と規定。）。
　求償の相手方は，当該営造物を設計・建築した者，営造物の管理を怠った公務員のほか，私人である車両運転者が道路上に危険物を放置した場合に，道路の管理瑕疵が認められ，国又は公共団体が被害者に賠償責任を履行したときは，当該車両運転者に求償権を有します。ただし，この場合も，国家賠償法 1 条 2 項との関係上，原因作出者が軽過失にすぎない場合は，求償できないと解されます（深見『国家賠償訴訟』243頁参照）。
　なお，国又は公共団体の求償権の行使の裁判例がほぼ皆無であり，実際にもこの求償権が行使される事例は極めて少ないものと思われます。

230

Q23 国家賠償法2条の意義

書式6 国家賠償法2条1項に基づく訴状の記載例（道路の設置・管理の瑕疵）

訴　　状

平成○年○月○日

○○地方裁判所民事部　御中

　　　　　　　　　　〒000－0000　○県○市○町○丁目○番○号
　　　　　　　　　　　　原　　　告　　　甲　野　太　郎
（送達場所）
〒000－0000　○県○市○町○丁目○番○号○ビル○号
　　　　　　　　　　○○法律事務所
　　　　　上記原告訴訟代理人
　　　　　　　　　　弁　護　士　　　○　○　○　○　㊞
　電　話　00－0000－0000
　ＦＡＸ　00－0000－0000

　　　　　　　　　　〒000－0000　Ｙ県○市○町○丁目○番○号
　　　　　　　　　　　　被　　　告　　　Ｙ県
　　　　　　　　　　代表者知事　　　○　○　○　○

損害賠償請求事件
訴訟物の価額　金○万円
貼用印紙額　　金○万円

第1　請求の趣旨
　1　被告は，原告に対し，金○万円及びこれに対する平成○年○月○日から
　　支払済みまで年5分の割合による金員を支払え。
　2　訴訟費用は被告の負担とする。
　との判決及び第1項につき仮執行の宣言を求める。

第2　請求の原因
　1　事故の状況
　　⑴　原告は，平成○年○月○日午後10時○分ころ，Ｙ県○市○町○丁目○

第3章 法2条 ―公の営造物の設置・管理の瑕疵―

番○号先の県道○号線（以下「本件道路」という。）を原動機付自転車
（以下「原告車両」という。）を運転して時速約30キロメートルで運転中，
原告車両の前輪が道路のくぼみにはまり，原告車両もろとも転倒して，
大腿骨骨折等の傷害を負った。

(2) 被告は，本件道路（県道○号線）の設置管理者である。

2 被告に本件道路の管理の瑕疵があること

本件事故現場は，深さ約10cmのくぼみが幅約1ｍにわたって存在し，
原動機付自転車を運転する者にとって転倒等の危険な状態になっていた。

しかも，このくぼみは，本件事故の少なくとも1か月前から存在したも
のである。これは，被告が道路のパトロールをせず，補修工事を怠ってい
たことによるものであり，被告には，国家賠償法2条1項に基づく道路管
理の瑕疵があることが明らかである。

3 原告の本件事故による損害

原告の損害額の合計は，以下のとおり，金○万円である。

(治療関係費等の損害額の内訳は省略)

4 まとめ

よって，原告は，被告に対し，金○円及びこれに対する平成○年○月○日
から支払済みまで民法所定の年5分の割合による遅延損害金の支払を求める。

附属書類等

（省略）

Q24　国家賠償法2条1項の「公の営造物」の意義

Q24 国家賠償法2条1項の「公の営造物」の意義

国家賠償法2条1項の「公の営造物」とは，どのような意味ですか。

A

(1) 「公の営造物」とは，判例・通説によれば，国又は公共団体が設置又は管理する物のうち，国又は公共団体により，直接公の目的のために供用される個々の有体物及び物的設備をいうと解されます。

(2) 「公の営造物」の範囲は，裁判例によれば，①動産（警察車両，警察官の拳銃，公立小学校のテニスコートの審判台等），②自然公物（人工的な管理がされている河川，湖沼，海浜等），③普通財産の中で，公の目的に供されていると実質的に判断されるもの，④行政主体が事実上管理するもの，が挙げられます。

国家賠償法2条1項の「公の営造物」とは

①	「公の営造物」とは	判例・通説によれば，国又は公共団体が設置又は管理する物のうち，国又は公共団体により，直接公の目的のために供用される個々の有体物及び物的設備をいう。
②	「公の営造物」の範囲（裁判例）	(i) 動産（警察車両，警察官の拳銃，公立小学校のテニスコートの審判台等） (ii) 自然公物（人工的な管理がされている河川，湖沼，海浜等） (iii) 普通財産の中で，公の目的に供されていると実質的に判断されるもの (iv) 行政主体が事実上管理するもの

233

第3章　法2条 ―公の営造物の設置・管理の瑕疵―

1　国家賠償法2条1項の「公の営造物」とは

　判例・通説によれば，国家賠償法2条1項にいう「公の営造物」とは，国又は公共団体が設置又は管理する物のうち，国又は公共団体により，直接公の目的のために供用される個々の有体物及び物的設備をいうと解されます**（東京高判昭和29年9月15日判時40号15頁，後記2⑷イ②の東京地判平成18年4月7日判時1931号83頁〔奥入瀬渓流落木事故事件〕等）**。

　行政法学の通常の用法では，「公の営造物」とは，公の目的のために供用される人的及び物的施設をいいますが，本項の「公の営造物」とは物的施設のみをいいます（室井ほか『行訴法・国賠法』552頁）。

2　「公の営造物」の範囲

　判例・通説によれば，「公の営造物」には，土地・建物等の不動産だけでなく，河川，動産（例えば，公用車や拳銃等）も含まれます。以下，類型別に検討します。

⑴　**動産**

　ア　**動産の営造物性**

　国家賠償法2条1項の「営造物」を民法717条1項の「土地の工作物」と同様に解する必要はなく，また，被害者救済の見地から，動産も「営造物」に入ると解するのが通説です。

　裁判例も，警察車両，警察官の拳銃，公立小学校のテニスコートの審判台等を「公の営造物」と認めています。

　なお，警察犬，麻薬探知犬等の動物によって発生した損害について，具体的な裁判例は存在しないようですが，これら動物も「公の営造物」に入るものと思われます（室井ほか『行訴法・国賠法』553頁）。

　イ　**動産の営造物性を肯定した主な裁判例**

　　①　警察署所属の公用車**（札幌高函館支判昭和29年9月6日判時40号11頁）**

　　②　市の移動図書館用自動車**（千葉地松戸支判昭和50年7月2日交通民集8巻**

234

4号996頁）

③　警察官の拳銃（**大阪高判昭和62年11月27日判時1275号62頁**）

　　本判決は，警察官が拳銃を無断で持ち出して愛人を射殺したことにつき，その遺族が国家賠償請求をした事案であり，警察官の拳銃も営造物とし，拳銃及びその保管箱の設置・管理に瑕疵があるとして国家賠償法2条1項の適用を認めた。しかし，拳銃は殺傷能力を有することから，管理者である警察官に厳重な注意義務を課して，国家賠償法1条1項の責任を問う方が実態にあった解決になるのではないかとする見解もある（深見『国家賠償訴訟』180頁）。

④　自衛隊機（**東京地判昭和53年2月20日判時906号69頁等**）

⑤　自衛隊の砲弾（**東京地判昭和56年3月26日判時1013号65頁**）

⑥　臨海学校の飛込み台（**東京高判昭和29年9月15日判時40号15頁**）

⑦　公立中学校における技術科の教具用電気かんな（**広島地三次支判昭和42年8月30日判時519号79頁**）

⑧　公立中学校のテニスコートの審判台（**最判平成5年3月30日民集47巻4号3226頁**〔テニスコート審判台事件〕）

　　第1審被告も，公立中学校のテニスコートの審判台が「公の営造物」であることを争わず，本判決も当然の前提としている（ただし，本判決では，幼児が審判台で通常予測し得ない異常な方法で遊んでいたとして，国家賠償法2条1項の責任を否定している。）。

⑨　中学校の備品である地図掛棒（**東京地判昭和60年11月20日判タ614号95頁**）

⑩　町有温泉の温泉供給装置（**仙台地判昭和50年3月28日判時795号80頁**）

(2)　自然公物

ア　自然公物の営造物性

「自然公物」とは，普通，自然の状態のままで，既に公共の用に供せられる実態を備えている物をいい，河川，湖沼，海浜などがその例です。「人工公物」とは，行政主体が人工的に加工を加え，これを公の目的物に供用することによって，初めて公物となるものをいい，道路，学校，公園等がその例です。人工公物が国家賠償法2条1項の「公の営造物」に当たることに異論はありません。

第3章　法2条 ―公の営造物の設置・管理の瑕疵―

　これに対し，自然公物については，国家賠償法2条1項が，道路と並んで河川を「公の営造物」の例示として挙げているので，河川，海浜等の自然公物も，人工的な管理がされている限り，「公の営造物」に該当すると解されます。

　なお，海岸，湖沼，自然公園等で人工の加わっていない自然のままの状態であるときは，「公の営造物」に該当しないというのが裁判例です（後記イ(イ)の各裁判例）。

　また，最高裁判例では，河川の管理についての瑕疵の有無は，過去に発生した水害の規模，発生の頻度，発生原因，被害の性質，降雨状況，流域の地形その他の自然的条件，土地の利用状況その他の社会的条件，改修を要する緊急性の有無及びその程度等諸般の事情を総合的に考慮し，河川管理における財政的，技術的及び社会的諸制約のもとでの同種・同規模の河川の管理の一般水準及び社会通念に照らして是認し得る安全性を備えていると認められるかどうかを基準として判断すべきであるとされている（**最判昭和59年1月26日民集38巻2号53頁**〔大東水害事件〕等）ことから，河川については，その性質上，過渡的な安全性でも瑕疵が否定されることがあり，河川のような自然公物と道路等の人工公物とで瑕疵の判断基準が異なる場合があるといえます（なお，「過渡的な安全性」については，Q27「河川の瑕疵関係」参照）。

イ　主な裁判例

(ア)　「公の営造物」性を肯定した裁判例

　①　**神戸地判昭和53年6月29日**（判時931号104頁）→港湾

　　　「港湾は自然の状態で公共の用に供しうるいわゆる自然公物であって，公衆一般の自由使用に供されるため，個々の利用にともなう危険は，利用者である住民自らの責任により防除されるべきものとされる港湾ないし海岸の特殊性はあるとしても，港湾は一つの公の営造物に該当する」

　②　**東京地判昭和55年1月31日**（判時956号25頁）→海水浴場

　　　児童がボートから海中に転落死した事故につき，本件海水浴場は，普通地方公共団体である被告が遊泳区域を画し，人的・物的施設を配置して，海水浴場として開設し，利用者に供したものであるから，被

告が設置・管理する公の営造物ということができる。

③ **広島高判昭和57年8月31日**（判時1065号144頁）→遊歩道

　国立公園事業の一部の執行として設置された遊歩道は公の営造物に当たるとした上で，同遊歩道の設置，管理の瑕疵につき，およそ危険な場所を伴う国立公園の公園事業を施行し，遊歩道や展望台を設置する場合には安全かつ適当な場所，方法を選択することはもとより，人が容易に立入りできるような危険な場合には，立入りができないような施設若しくは立入禁止を明示する表示板を設置する等して，観光旅行者の事故防止に努める責務があり，国家賠償法2条の立法趣旨が危険責任に由来するものと解されることをも併せ考えると，同条にいう営造物の設置又は管理の瑕疵には，設置された営造物についてのそればかりでなく，設置すべき施設を設置しなかった場合をも含むと解するのが相当である。

(イ)　「公の営造物」性を否定した裁判例

① **千葉地判昭和49年3月29日**（判時753号67頁）→池沼

　県所有の普通財産である池沼に児童が転落死した事故について，自然公物も公の営造物に属するが，本件池沼は原野の状態であり，公の営造物であったとはいえない。

② **大津地判昭和55年8月6日**（訟月26巻12号2092頁）→湖の水泳場

　国家賠償法2条にいう公の営造物とは，行政主体により特定の目的に供用される建設物又は物的設備をいうものと解されているところ，琵琶湖の真野浜水泳場といわれる付近一帯をそれが自然に存在するままの状態で一般公衆の自由な使用に供してきたものにすぎず，現在まで同所に何らの建設物も物的設備も設置，管理してきたことはないのであるから，同水泳場は国家賠償法2条にいうところの公の営造物ではない。

③ **広島高判平成11年9月30日**（訟月46巻9号3598頁）→国立公園内の湯溜まり（ただし，遊歩道については公の営造物性を肯定）

　国立公園内にある人工の加わっていない自然の石や岩で囲まれた「湯溜まり」（遊歩道から外れた箇所にある。）に入浴した観光客が有毒ガ

第3章　法2条 ―公の営造物の設置・管理の瑕疵―

スを吸引して死亡した事故につき，その遺族が国家賠償請求をした事案。

　同高判は，本件のように，自然公園法に基づき，自然の風景地を保護するとともにその利用の増進を図ることを目的として一定の地域を指定する地域制公園の場合は，都市公園のように直接に公の目的に供用する営造物である公園と違って，自然そのものが公園となり，自然をあるがままに維持，管理し，自然の景観，自然現象を鑑賞，観察するための利便を供しようとするものであるから，指定地区そのものではなく，<u>同目的のために設置される園路，卓ベンチ，休憩所，保護柵等が公の営造物とされるものであり，人工の加わっていない自然の石や岩で囲まれた天然の窪みである湯溜まりは，自然観察ないし探勝の対象にすぎず，公の営造物とはいえない</u>旨判示した。

　なお，同高判は，同公園内の遊歩道については，「公の営造物」に該当するとしながら，国や県において，湯溜まりにおいて本件のような事故の発生する危険性を予測することができなかったなどとして，上記遊歩道の設置・管理の瑕疵を否定している。

(3)　普通財産

ア　普通財産の営造物性

　普通財産は，行政財産とともに国有財産法及び地方自治法上の概念です。
　「行政財産」とは，国や地方公共団体が直接公共の用に供し，又は供するものと決定した各種の財産をいい，これに対し，「普通財産」は，行政目的に供されていない国の私物（例えば，住宅敷地として民間に有料で貸し付けてある国有地等）をいいます。

　行政財産は，原則として国家賠償法2条1項の「公の営造物」に該当します（後記イ③の裁判例は例外的に営造物性を否定。）。これに対し，普通財産は，原則として「公の営造物」に該当しませんが（後記イ①の裁判例），実質的に判断して公の目的に供されているときは，「公の営造物」性が肯定される場合もあります（後記イ②の裁判例）。

　なお，国有財産法及び地方自治法上の各行政財産と普通財産を分類すると，以表のようになります。

国有財産法上の行政財産と普通財産

(1) 行政財産→以下の財産をいい，その管理は各省各庁の長が行う（5条）
　①公用財産→国において国の事務，事業又はその職員の居住の用に供し，又は供するものと決定したもの（3条2項1号）
　②公共用財産→国において直接公共の用に供し，又は供するものと決定したもの（同項2号）
　③皇室用財産→国において皇室の用に供し，又は供するものと決定したもの（同項3号）
　④森林経営用財産→国において森林経営の用に供し，又は供すると決定したもの（同項4号）

(2) 普通財産→行政財産以外の一切の国有財産をいい（3条3項），財務大臣が管理・処分する（6条）

地方自治法上の公有財産（行政財産と普通財産）

(1) 行政財産→普通地方公共団体において公用又は公共用に供し，又は供することと決定した財産（238条4項前段）

(2) 普通財産→行政財産以外の一切の公有財産（238条4項後段）

イ　主な裁判例

① **千葉地判昭和49年3月29日**（判時753号67頁）→普通財産につき否定

県が所有管理していた池沼において，小学生が筏に乗って遊んでいたところ，筏が転覆して溺死した事故につき，その遺族が国家賠償請求をした事案。

「国家賠償法2条1項にいう公の営造物とは，国または地方公共団体により，公の目的に供用される有体物を言い，国または地方公共団体の所有物であっても，公の目的に供用されない物（例えば国有財産法3条または地方自治法238条3項にいう普通財産）には，同条の適用はない」と判示し，本件池沼は公共の用に供せられていたということはできず，公の営造物であったと認めることができないなどとして，国家賠償責任を否定した。

② **東京高判昭和53年12月21日**（判時920号126頁）→普通財産につき，実質的判断により営造物性を肯定

　市が事務処理上普通財産として管理している土地にある溜池において，幼児が転落死亡した事故につき，その遺族が市に対して国家賠償請求をした事案。

　同高判は，市が事務処理上普通財産として管理している溜池であっても，農業用の灌漑用水として用いられ，また，消防法に基づき消防水利の指定を受け，消防用にも用いられている場合には，公の営造物に該当するとした上，その管理に瑕疵がある旨判示して，国家賠償法2条1項による市の賠償責任を認めた。

　本判決は，公の目的に供されているか否かを，行政財産かどうかではなく，その使用状況により実質的に判断したものである。

③ **長野地松本支判昭和54年3月1日**（判時941号89頁）→行政財産のうち国有林野の営造物性を否定

　同判決は，国有林野は，行政財産であり，広義には治山，営林事業等を通して国民の福祉に寄与するものではあるが，直接に公の目的に供されるものということはできないから，公の営造物には当たらない旨判示。

⑷　行政主体が事実上管理するもの

ア　事実上管理するものの営造物性

　行政主体が所有又は管理権限を有しないものの，行政目的から事実上管理しているものであれば，国家賠償法2条1項にいう「公の営造物」該当するというのが，判例・通説の立場です。

　この場合の事実上の管理は，現在も管理が継続中であることが必要であり，過去に管理していたという事実だけでは足りないというのが裁判例の立場です（後記イ(イ)①の裁判例）。

イ　主な裁判例

(ア)　事実上の管理を肯定した裁判例

① **最判昭和59年11月29日**（民集38巻11号1260頁）〔普通河川幼児転落溺死事件〕

Q24　国家賠償法2条1項の「公の営造物」の意義

幼児が河川法の適用又は準用のない普通河川である溝渠に転落して溺死した事故につき，その遺族が当該溝渠を事実上管理する市に対して国家賠償請求をした事案。

「国家賠償法2条にいう公の営造物の管理者は，必ずしも当該営造物について法律上の管理権ないしは所有権，賃借権等の権原を有している者に限られるものではなく，事実上の管理をしているにすぎない国又は公共団体も同条にいう管理者に含まれるものと解するのを相当とする……（中略）……前示事実関係のもとにおいては，上告人（筆者注：市）は，地域住民の要望に答えて都市施設である排水路としての機能の維持，都市水害の防止という地方公共の目的を達成するべく，本件改修工事を行い，それによって本件溝渠について事実上の管理をすることになったものというべきであって，本件溝渠の管理に瑕疵があったために他人に損害を生じたときは，国家賠償法2条に基づいてその損害を賠償する義務を負うものといわなければならない。」と判示し，市の賠償責任を認めた。

なお，本判決は，上記判示内容に引き続き，事実上の管理者の責任は，他に法律上の管理者がいるかどうかによって左右されるものではない旨判示している。

② **東京地判平成18年4月7日**（**判時1931号83頁**）〔奥入瀬渓流落木事故事件〕

観光客（女性）が国立公園内の遊歩道にある石に腰掛けて昼食を取っていたところ，地上約10mの高さからブナの木が落下してきて重傷を負った事故につき，当該観光客とその夫が，「遊歩道及びブナの所有者及び管理者である国」と「遊歩道の管理者であるA県」に対して国家賠償請求をした事案。

同地判は，(a)国につき，本件ブナの木の支持についての瑕疵について占有者たる国が民法717条2項の工作物責任を負うことを認め，また，(b)A県につき，A県が本件事故現場付近を管理し，観光客らの利用（公の目的）に供しており，また，本件ブナの枝の伐採や立入制限の柵などの設置がなく，さらに，枝の落下等があり得る旨の警告掲示

241

第3章　法2条 —公の営造物の設置・管理の瑕疵—

もなかったとして，A県に遊歩道の管理に瑕疵があったとして国家賠
償法2条1項の賠償責任を認めた。

なお，控訴審である**東京高判平成19年1月17日**（判タ1246号122頁）
は，原判決同様に，国につき民法717条2項の工作物責任を認めたほ
か，A県につき，A県が本件事故現場付近の事実上の管理者であるこ
とを認めた上で，A県に本件ブナの枝の伐採権限がなかったとしても，
その危険性を管理者である国に進言したり，危険箇所の警告表示をす
るなどして，事故回避が可能であったとして，国家賠償法2条1項の
賠償責任を認めた。

(イ) 事実上の管理を否定した裁判例

① **最判平成4年3月3日**（判時1453号125頁）

幼児が溜池で溺死した事故につき，遺族が溜池の堤塘工事をしたY
市に国家賠償請求をした事案。

Y市が臨時石炭鉱害復旧法に基づく復旧工事として溜池の堤塘工事
を施行し，工事の完成により鉱害復旧の目的を達成し，その構造上に
欠陥はなく，同地方公共団体が同種工事を継続又は反復することを予
定していないときは，Y市は，当該堤塘工事終了後も当該溜池を事実
上管理しているものとはいえないから，国家賠償法2条1項の責任は
負わない。

242

Q25 国家賠償法2条1項の「設置と管理の瑕疵」の意義

国家賠償法2条1項の「設置と管理の瑕疵」とは，どのような意味ですか。

A 本項の「設置の瑕疵」とは，設計の不備，粗悪の材料の使用などにより営造物に元からある原始的瑕疵をいい，「管理の瑕疵」とは，その後の維持，修繕や保管に不完全な点がある場合などの後発的瑕疵をいうとされています。

裁判例によれば，「設置・管理の瑕疵」とは，営造物が通常有すべき安全性を欠いていることをいい，その瑕疵があったとみられるかどうかは，当該営造物の構造，用法，場所的環境及び利用状況等諸般の事情を総合考慮して具体的個別的に判断すべきものであるとしています。したがって，具体的な裁判例においては，事故発生の予見可能性又は回避可能性を営造物の設置・管理の瑕疵の存否に関わる事由として考慮しており，予見可能性又は回避可能性がない場合（つまり，事故発生が不可抗力である場合）には，営造物の設置・管理の瑕疵が否定されます。

国家賠償法2条1項の「設置と管理の瑕疵」とは

① 本項の「設置・管理の瑕疵」とは，裁判例では，営造物が通常有すべき安全性を欠いていることをいい，その瑕疵があったとみられるかどうかは，当該営造物の構造，用法，場所的環境及び利用状況等諸般の事情を総合考慮して具体的個別的に判断すべきものであるとしている。

第 3 章　法 2 条 —公の営造物の設置・管理の瑕疵—

> ②　したがって，具体的な裁判例においては，事故発生の予見可能性又は回避
> 可能性を営造物の設置・管理の瑕疵の存否に関わる事由として考慮しており，
> 予見可能性又は回避可能性がない場合には，営造物の設置・管理の瑕疵が否
> 定される。

1　国家賠償法 2 条 1 項の「設置又は管理の瑕疵」の意義

(1)　「設置又は管理」の瑕疵とは

　本項の「設置又は管理」とは，民法717条（工作物責任）の「設置又は保存」とほぼ同義であり，本項の「設置の瑕疵」とは，設計の不備，粗悪の材料の使用などにより営造物に元からある原始的瑕疵をいい，「管理の瑕疵」とは，その後の維持，修繕や保管に不完全な点がある場合などの後発的瑕疵をいうとされています。

　しかし，国家賠償法 2 条は，両者の区別に法律効果の違いを設けていないので，その区別をする実益はありません。ただ，設計者と管理者が異なる場合において，同条 2 項の求償権の相手方を確定するときに意味を有します（室井ほか『行訴法・国賠法』554頁）。

(2)　設置又は管理の「瑕疵」とは

　国家賠償法 2 条 1 項の「瑕疵」の意義については，大別して「客観説」と「義務違反説」があります。

　「客観説」が通説であり，瑕疵とは，営造物が通常備えるべき性質又は設備を欠くこと，すなわち，本来の安全性に欠けている状態をいうとする見解です。

　これに対し，「義務違反説」は，客観説に対する批判として登場した見解であり，営造物の設置又は管理の瑕疵は，営造物の設置管理者の損害防止の懈怠・放置に基づく損害回避義務違反であり，この損害回避義務は，それぞれの設置・管理者の主観的事情とは一切関係なく，営造物の危険性の程度と被侵害利益の重大性の程度との相関関係のもとで客観的に決定される違法性要素としての注意義務であり，客観的注意義務であるとする見解です。

Q25 国家賠償法2条1項の「設置と管理の瑕疵」の意義

最高裁判決は，「国家賠償法2条1項の営造物の設置または管理の瑕疵とは，営造物が通常有すべき安全性を欠いていることをいい，これに基づく国および公共団体の賠償責任については，その過失の存在を必要としないと解するを相当とする。」と判示し（**最判昭和45年8月20日民集24巻9号1268頁**〔高知落石事件〕），客観説に立ち，本項が無過失責任であることを明示しています。

しかし，客観説によっても，本項の無過失責任は，営造物の瑕疵（物理的瑕疵）自体ではなく，営造物の設置・管理の瑕疵を要件とするものであり，単に結果責任を問うものではありません。

そして，上記**最判昭和45年8月20日**〔高知落石事件〕は，道路上の落石が問題となった事案ですが，同判決は「本件道路の右のような危険性に対して防護柵または防護覆を設置し，あるいは山側に金網を張るとか，常時山地斜面部分を調査して，落下しそうな岩石があるときは，これを除去し，崩土の起こるおそれのあるときは，事前に通行止めをする等の措置をとったことはない，というのである。」と判示し，当該道路が通行の安全性の確保において欠け，その管理に瑕疵があったなどと認定しており，道路の物理的瑕疵自体を問題にせず，道路の具体的状況下での管理の瑕疵を問題にしています。

また，後記2(1)イ(ア)①の**最判昭和53年7月4日**（民集32巻5号809頁）〔神戸防護柵事件〕は，道路に設けられていた防護柵から幼児（6歳）が転落し負傷した事案につき，「国家賠償法2条1項にいう営造物の設置又は管理に瑕疵があったとみられるかどうかは，当該営造物の構造，用法，場所的環境及び利用状況等諸般の事情を総合考慮して具体的個別的に判断すべきものである」と判示した上で，「上告人の転落事故は，同人が当時危険性の判断能力に乏しい6歳の幼児であったとしても，本件道路及び防護柵の設置管理者である被上告人において通常予測することができない行動に起因するものであったということができる。したがって，右営造物につき本来それが具有すべき安全性に欠けるところがあったとはいえず，上告人のしたような通常の用法に即しない行動の結果生じた事故につき，被上告人はその設置管理者としての責任を負うべき理由はない」と判示し，具体的状況を考慮し，個別具体的に設置・管理の瑕疵を判断しています。

同様の傾向は，①後記2(1)イ(イ)①の**最判昭和50年6月26日**（民集29巻6号

245

第3章 法2条 —公の営造物の設置・管理の瑕疵—

851頁）（この事案は，県道上に工事標識板，バリケード及び赤色灯標柱が倒れたまま放置
されていたため，本件自動車事故が発生したが，それは，夜間，本件事故発生の直前に他
車によって惹起されたものであり，国において原状に復し道路を安全良好な状態に保つこ
とは不可能（回避不可能）であったとして，道路管理の瑕疵を否定した。），②後記2(1)
イ(イ)②の**最判昭和50年7月25日**（**民集29巻6号1136頁**）（この事案は，国道中央に故
障した大型貨物自動車が87時間放置され，これに原付自転車が衝突し，被害者が死亡した
ことについて，土木出張所が看視体制をとっていなかったため，故障車のあることを知ら
せるためバリケードを設けるなどの事故回避措置を怠ったとして，同出張所の道路管理の
瑕疵を認めた。），③後記2(1)イ(イ)⑤の**最判平成5年3月30日**（**民集47巻4号3226
頁**）〔テニスコート審判台事件〕（この事案は，幼児が，町立中学校のテニスの審判
台に昇り，その後部から降りようとしたため審判台が転倒し，その下敷きになって死亡し
たことについて，幼児が審判台の本来の用法と異なって，その後部から降りるという極め
て異常な用法をしたため，審判台が転倒したものであり，設置管理者の通常予測し得ない
ものであった（つまり，予見可能性がなかった）として，設置・管理の瑕疵を否定し
た。）等に見られます。

　以上のような裁判例によれば，具体的に事故発生の予見可能性・回避可能
性を営造物の設置・管理の瑕疵の存否に関わる事由として考慮しており，実
質的に，義務違反説と相違がないことになります。

　したがって，国家賠償法2条の解釈論としては，両説の違いではなく，具
体的事案における設置・管理の瑕疵の判断基準を明確にすることが重要であ
ると考えられます（室井ほか『行訴法・国賠法』556頁以下参照）。

2　設置・管理の瑕疵の判断基準としての「予見可能性」又は「回避可能性」

(1)　事故発生の予見可能性又は回避可能性と裁判例

ア　予見可能性又は回避可能性

　国家賠償法2条1項は，上記のとおり，故意又は過失を要件としない無過
失責任ですが，事故発生の予見可能性又は回避可能性がない場合（つまり，

246

Q25 国家賠償法2条1項の「設置と管理の瑕疵」の意義

事故発生が不可抗力である場合）には，営造物の設置・管理の瑕疵が否定されます。

　すなわち，営造物の危険性が通常予測できるものでなければ，予見可能性がないとして，営造物の設置・管理の瑕疵が否定されます。この予見可能性の有無の判断は，国家賠償法1条1項の加害公務員の「過失」の有無の判断基準同様に，平均的な営造物の設置管理者（つまり，専門家である設置管理者）の判断能力を基準として行われることになります。

　また，営造物の危険性を予測できたとしても（予見可能性があったとしても），設置管理者がやむを得ない理由で損害の発生を回避することができない場合には，結果の回避可能性がないとして，営造物の設置・管理の瑕疵は否定されます。

　以下，予見可能性又は回避可能性が問題となった主な裁判例を整理して紹介します。

イ　主な裁判例

(ア)　予見可能性がない場合には，設置又は管理の瑕疵がない。

①　**最判昭和53年7月4日**（民集32巻5号809頁）〔神戸防護柵事件〕→予見可能性を否定

　　道路に設けられていた防護柵から子ども（6歳）が転落し負傷したとして，国家賠償請求をした事案。

　　前記1(2)のとおり，営造物の設置・管理の瑕疵判断基準について判示した（結論として防護柵の設置・管理の瑕疵を否定）。

　　本判決が指導的判例となり，その後の裁判例では，営造物の構造・利用方法，場所的環境等の具体的状況を考慮し，個別具体的に設置・管理の瑕疵を判断する方法が採用され，その際，通常予測される事故か否かが瑕疵判断の重要な要素となるようになった。

②　**最判昭和55年7月17日**（判時982号118頁）→予見可能性を否定

　　6歳の男児が転落防止用の防護柵及びパラペット（余裕高）を乗り越えて堆積土の上で遊んでいた際に二級河川に転落して水死した事故につき，その遺族が国家賠償請求をした事案。

　　「本件堆積土の存在自体に危険性はなく，本件事故は河川管理者で

247

第3章　法2条 —公の営造物の設置・管理の瑕疵—

あるK府知事において通常予測することのできない上告人らの子Bの異常な行動によって発生したものであって，同知事による本件河川の管理に瑕疵があったものということはできないとした原審の判断は，正当として是認することができる。」と判示し，河川の瑕疵を否定した。

③　**最判昭和55年9月11日**（判時984号65頁）→予見可能性を肯定

港湾施設を建設工事中の埋立地内の道路を夜間走行していた自動車が道路前方の岸壁から海中に転落し水死した事案（原審は瑕疵を否定）。

「公の営造物の設置又は管理の瑕疵とは，営造物が通常有すべき安全性を欠くことをいうのであるが，当該営造物の利用に付随して死傷等の事故の発生する危険性が客観的に存在し，かつ，それが通常の予測の範囲を超えるものでない限り，管理者としては右事故の発生を未然に防止するための安全施設を設置する必要がある」と判示した上で，本件事故当時，本件埋立地内の道路が一般車両の通行する都市計画幹線道路と，舗装ずみの取付道路をもって結ばれているため，港湾施設工事に関係のない一般車両であっても取付道路を通って埋立地内の道路に入ることができるようになっており，特に夜間には，事故発生の危険性が客観的に存在し，この危険性が通常の予測の範囲を超えるものではない（例えば，岸壁付近に道路前方が海であることを示す危険標識を設置するなどして，進入車両の転落事故の発生を未然に防止するための安全施設を設置することが，最小限必要であった。）として，原判決を破棄して設置・管理の瑕疵を肯定した。

④　**最判昭和60年3月12日**（判時1158号197頁）→予見可能性を否定

4歳9か月の男児が貯水槽に転落し水死したことにつき，その遺族が国家賠償請求をした事案。

「原審の適法に確定した事実関係（筆者注：貯水槽が住宅団地内にあり，その防護網の上部にいわゆる忍び返しが設置されていなかったとしても，当該防護網が1.3mの高さで貯水槽の周囲に完全に張りめぐらされているのに，子Hが防護網によじ登って転落したという事実関係）のもとにおいては，本件事故は通常予測することのできない上告人らの子Hの行動によって発生した

248

ものであって，本件貯水槽の設置又は管理に所論の瑕疵があったものということはできないとした原審の判断は，正当として是認することができる。」と判示し，設置・管理の瑕疵を否定した。

⑤　**最判平成 5 年 3 月30日**（**民集47巻 4 号3226頁**）〔**テニスコート審判台事件**〕**→予見可能性を否定**

　　幼児が，町立中学校のテニスの審判台に昇り，その後部から降りようとしたため審判台が転倒し，その下敷きになって死亡したことにつき，その遺族が町に対して国家賠償請求をした事案（第 1 審及び第 2 審は瑕疵を肯定）。

　　「公の営造物の設置管理者は，本件の例についていえば，審判台が本来の用法に従って安全であるべきことについて責任を負うのは当然として，その責任は原則としてこれをもって限度とすべく，本来の用法に従えば安全である営造物について，これを設置管理者の通常予測し得ない異常な方法で使用しないという注意義務は，利用者である一般市民の側が負うのが当然であり，幼児について，異常な行動に出ることがないようにさせる注意義務は，もとより，第一次的にその保護者にあるといわなければならない。……（中略）……本件事故時のAの行動は，本件審判台に前部階段から昇った後，その座席部分の背当てを構成している左右の鉄パイプを両手で握って審判台の後部から降りるという極めて異常なもので，本件審判台の本来の用法と異なることはもちろん，設置管理者の通常予測し得ないものであったといわなければならない。そして，このような使用をすれば，本来その安全性に欠けるところのない設備であっても，何らかの危険が生ずることは避け難いところである。」と判示し，設置・管理の瑕疵を否定した（原判決を破棄し，第 1 審判決を取り消した。）。

㈠　回避可能性がない場合には，設置又は管理の瑕疵がない。

　①　**最判昭和50年 6 月26日**（**民集29巻 6 号851頁**）**→回避可能性を否定**

　　県道上に工事標識板，バリケード及び赤色灯標柱が通行車両によって倒れたまま放置されていたため，自動車事故が発生したことにつき，被害者が国家賠償請求をした事案。

第3章　法2条 —公の営造物の設置・管理の瑕疵—

　　「本件事故発生当時，被上告人において設置した工事標識板，バリ
　ケード及び赤色灯標柱が道路上に倒れたまま放置されていたのである
　から，道路の安全性に欠如があったといわざるをえないが，それは夜
　間，しかも事故発生の直前に先行した他車によって惹起されたもので
　あり，時間的に被上告人（筆者注：国）において遅滞なくこれを原状に
　復し道路を安全良好な状態に保つことは不可能であったというべく，
　このような状況のもとにおいては，被上告人の道路管理に瑕疵がな
　かったと認めるのが相当である。」と判示し，道路管理の瑕疵を否定
　した。

②　**最判昭和50年7月25日（民集29巻6号1136頁）→回避可能性を肯定**
　　国道中央に故障した大型貨物自動車が87時間放置され，これに原動
　機付自転車が衝突し，被害者（運転者）が死亡したことにつき，その
　遺族が国家賠償請求をした事案。

　　「本件事故現場付近は，幅員7.5メートルの道路中央線付近に故障
　した大型貨物自動車が87時間にわたって放置され，道路の安全性を著
　しく欠如する状態であったにもかかわらず，当時その管理事務を担当
　するA土木出張所は，道路を常時巡視して応急の事態に対処しうる看
　視態勢をとっていなかったために，本件事故が発生するまで右故障車
　が道路上に長時間放置されていることすら知らず，まして故障車のあ
　ることを知らせるためバリケードを設けるとか，道路の片側部分を一
　時通行止めにするなど，道路の安全性を保持するために必要とされる
　措置を全く講じていなかったことは明らかであるから，このような状
　況のもとにおいては，本件事故発生当時，同出張所の道路管理に瑕疵
　があったというほかはな」いと判示し，道理管理の瑕疵を認めた原判
　決（ただし，被害者の過失を7割5分として過失相殺）の判断を正当とし，
　県の上告を棄却した。

(2)　**予見可能性又は回避可能性の有無の訴訟法上の位置付け**（抗弁事由）
　　事故発生の予見可能性又は回避可能性の有無の訴訟法上の位置付けについ
　ては，**最判平成7年7月7日（民集49巻7号1870頁）〔国道43号線事件〕**は，
　「公の営造物の設置又は管理に瑕疵があったために他人に損害を生じたとき

と規定しているところ，所論の回避可能性があったことが本件道路の設置又は管理に瑕疵を認めるための積極的要件になるものではないと解すべきである。」と判示し，回避可能性がないことが免責を得るための抗弁事由（国又は公共団体に主張・立証責任がある。）であることを明らかにしたものと解されています。

　ただし，水害訴訟における河川の管理の瑕疵については，**最判昭和59年1月26日**（民集38巻2号53頁）〔大東水害事件〕は，「当該河川の管理についての瑕疵の有無は，過去の発生した水害の規模，発生の頻度，発生原因，被害の性質，降雨状況，流域の地形その他の自然的条件，土地の利用状況その他の社会的条件，改修を要する緊急性の有無及びその程度等諸般の事情を総合的に考慮し，前記諸制約のもとでの同種・同規模の河川の管理の一般水準及び社会通念に照らして是認しうる安全性を備えていると認められるかどうかを基準として判断すべきであると解するのが相当である。」と判示し，同種・同規模の河川管理の一般水準等が問題となることから，河川の水害訴訟については，原告側でも予見可能性・回避可能性の存在に関する主張をすべきであると考えられます（深見『国家賠償訴訟』195頁。なお，河川の瑕疵については，Q27「河川の瑕疵関係」参照）。

(3)　財政的制約（予算の不足）

　道路事故の場合には，損害回避措置が予算不足であったとしても，一般に回避可能性が否定されることにはならないというのが裁判例です。

　例えば，**最判昭和40年4月16日**（判時405号9頁）〔仙台市道穴ぼこ事件〕は，「地方公共団体が予算の範囲内で道路の管理をすれば道路に瑕疵があっても……（中略）……道路の管理の瑕疵があるとはいえないとの所論は，採用できない。」と判示し，また，**最判昭和45年8月20日**（民集24巻9号1268頁）〔高知落石事件〕は，「本件道路における防護柵を設置するとした場合，その費用の額が相当の多額にのぼり，上告人県としてその予算措置に困却するであろうことは推察できるが，それにより直ちに道路の管理の瑕疵によって生じた損害に対する賠償責任を免れうるものと考えることはできないのであり，その他，本件事故が不可抗力ないし回避可能性のない場合であることを認めることができない旨の原審の判断は，いずれも正当として是認することがで

第3章 法2条 ―公の営造物の設置・管理の瑕疵―

きる。」と判示しています。道路事故の場合は，事前に予算のほとんど掛からない通行禁止等の簡易な措置が採れる場合には，財政的制約は免責事由とはならないと考えられます。

しかし，水害訴訟になりますと，財政的制約が問題となります（この点はQ27「河川の瑕疵関係」参照）。

3 供用関連瑕疵（機能的瑕疵）

(1) 供用関連瑕疵（機能的瑕疵）の意義

国家賠償法2条1項の営造物の設置・管理の瑕疵には，営造物の物理的・外形的の欠陥・不備（例えば，道路の陥没，道路上の障害物等）のほかに，空港や道路等の使用に伴って発生する騒音・振動や排気ガスによる大気汚染等によって生じる損害の発生も含まれます。この瑕疵を「供用関連瑕疵」又は「機能的瑕疵」（以下「供用関連瑕疵」という。）と呼んでいます。

この「供用関連瑕疵」は，営造物自体には瑕疵がなく，当該営造物が供用（運用）目的に従って利用されることに伴って危害が生じる場合をいいます。すなわち，空港や道路自体には危険性はないのですが，飛行機の航行・離着陸や車両の通行等によって騒音・振動や排気ガスによる睡眠妨害・大気汚染等が生じ，空港や道路周辺の住民等の第三者に対して危害・損害が発生する場合です。

この点につき，**最大判昭和56年12月16日**（民集35巻10号1369頁）〔大阪国際空港公害事件〕は，「国家賠償法2条1項の営造物の設置又は管理の瑕疵とは，営造物が有すべき安全性を欠いている状態をいうのであるが，そこにいう安全性の欠如，すなわち，他人に危害を及ぼす危険性のある状態とは，ひとり当該営造物を構成する物的施設自体に存する物理的，外形的な欠陥ないし不備によって一般的に右のような危害を生ぜしめる危険性がある場合のみならず，その営造物が供用目的に沿って利用されることとの関連において危害を生ぜしめる危険性がある場合をも含み，また，その危害は，営造物の利用者に対してのみならず，利用者以外の第三者に対するそれをも含むものと解す

252

べきである。」と判示し，国家賠償法2条1項の瑕疵には，供用関連瑕疵を含むとしています。

なお，本判決以後の裁判例においても，同様に供用関連瑕疵を含むと判示しています。例えば，**最判平成7年7月7日**（民集49巻7号1870頁）〔国道43号線事件〕（一般国道43号線等の沿線住民が，自動車の騒音，振動及び排気ガスにより睡眠妨害・大気汚染等の被害を受けているとして，国等に対し，国家賠償請求等を求めた事案）は，国家賠償法2条1項にいう営造物の設置又は管理の瑕疵には，「営造物が供用目的に沿って利用されることとの関連においてその利用者以外の第三者に対して危害を生ぜしめる危険性がある場合をも含むものであ」ると判示しています。

(2) 供用関連瑕疵の判断基準

ア 受忍限度論

供用関連瑕疵の判断基準として，裁判例は，受忍限度論を採用しています。受忍限度論とは，空港や道路等の公共的な営造物が設置され供用された場合，一定の騒音・振動等が発生するのは避けられないことであり，それが社会生活上受忍すべき限度内のものであれば，国家賠償法2条1項の営造物責任を負わず，供用関連瑕疵があるというためには，騒音・振動等の被害が，社会生活上受忍すべき限度を超えた違法なものでなければならないとする理論です。このように供用関連瑕疵では，受忍限度という違法性が要件となります（なお，営造物の物理的・外形的の瑕疵の場合には受忍限度という違法性は要件とはならないと解される。）。

この点につき，前記**最判平成7年7月7日**〔国道43号線事件〕は，「営造物の設置・管理者において，このような危険性のある営造物を利用に供し，その結果周辺住民に社会生活上受忍すべき限度を超える被害が生じた場合には，原則として同項（筆者注：国家賠償法2条1項）の規定に基づく責任を免れることができないものと解すべきである」と判示し，また，前記**最大判昭和56年12月16日**〔大阪国際空港公害事件〕は，この受忍限度内か否かについて，「本件空港の供用のような国の行う公共事業が第三者に対する関係において違法な権利侵害ないし法益侵害となるかどうかを判断するにあたっては，……（中略）……侵害行為の態様と侵害の程度，被侵害利益の性質と内容，

第3章　法2条 —公の営造物の設置・管理の瑕疵—

侵害行為のもつ公共性ないし公益上の必要性の内容と程度等を比較検討するほか，侵害行為の開始とその後の継続の経過及び状況，その間にとられた被害の防止に関する措置の有無及びその内容，効果等の事情をも考慮し，これらを総合的に考察してこれを決すべきものである」と判示し（前記**最判平成7年7月7日**〔国道43号線事件〕も同旨），侵害の態様・程度，侵害行為の持つ公共性・公益性等を総合的に考慮して，受忍限度を超えているか否かの判断をすることになります。

　イ　侵害の公共性・公益性と受忍限度

　(ア)　受忍限度内か否かについては，前記**最大判昭和56年12月16日**〔大阪国際空港公害事件〕が判示するように，侵害の態様・程度，被侵害利益の性質・内容，侵害行為の持つ公共性・公益性の内容・程度等を比較検討するほか，侵害行為の開始とその後の継続の経過・状況，その間に執られた被害防止措置の有無・その内容・効果等の事情をも総合考慮して決定されることになりますが，同判決は侵害の公共性・公益性（例えば，航空機による迅速な公共輸送の必要性等）が国家賠償請求をする上で受忍限度を高める要素となることを認めています。

　(イ)　しかし，侵害の公共性・公益性は受忍限度の判断の一要素にすぎないので，裁判例においては，侵害の公共性・公益性を認めつつも，その公共性・公益性の度合いや他の要素（例えば，被害防止措置の有無・その内容・効果等）をも考慮し，受忍限度内か否かの具体的な判断をしています。

　例えば，前記**最判平成7年7月7日**〔国道43号線事件〕では，本件道路が産業政策等の各種政策上の要請に基づき設置されたいわゆる幹線道路であって，地域住民の日常生活の維持存続に不可欠とまではいうことができないものであること，環境対策に巨費を投じたものの，なお十分な効果を上げているとまではいえないことなどの事実を認定し，受忍限度を超えたものとして，被害住民の損害賠償請求の一部を認容しています。

　また，**最判平成6年1月20日**（判時1502号98頁）〔福岡空港公害事件〕でも，前記**最大判昭和56年12月16日**〔大阪国際空港公害事件〕と同じ上記受忍限度の判断要素を示して，被害住民の損害賠償請求（慰謝料）の一部を認容した原判決を支持しています。

254

さらに，**最判平成5年2月25日**（**民集47巻2号**643頁）〔**厚木基地騒音公害事件**〕は，原審が受忍限度内として，被害住民の損害賠償請求を否定したのに対し，「原審は，本件飛行場の使用及び供用に基づく侵害行為の違法性を判断するに当たり，前記のような各判断要素（筆者注：前記**最大判昭和56年12月16日**〔大阪国際空港公害事件〕が判示した上記判断要素）を十分に比較検討して総合的に判断することなく，単に本件飛行場の使用及び供用が高度の公共性を有するということから，上告人らの前記被害は受忍限度の範囲内にあるとしたものであって，右判断には不法行為おける侵害行為の違法性に関する法理の解釈適用を誤った違法がある」と判示し，原審に差し戻しました（差戻審である**東京高判平成7年12月26日判時1555号9頁**は被害住民の損害賠償請求の一部を認容した。）。

（ウ）　なお，空港や道路の公害・騒音訴訟においては，その供用・運用に対する差止請求訴訟も提起されることが多いですが，裁判例は，いずれも同請求を不適法却下又は棄却しています。

ウ　危険への接近の法理（理論）と受忍限度

騒音・振動等の供用関連瑕疵が認められる場合でも，このような騒音・振動等の被害が生じている地域に転入した者が以前からの居住者と同様に損害賠償請求ができるかどうか問題となります。特に，空港公害（騒音）訴訟や鉄道騒音訴訟等で問題となっています。

この問題を「危険への接近の法理（理論）」といい，一定の場合，騒音・振動等について認識しながら，それによる被害を容認して転入した者の損害賠償を否定するなどの法理として使用されています。

この点につき，前記**最大判昭和56年12月16日**〔大阪国際空港公害事件〕は，危険への接近の法理の適用要件として，①転入者が侵害行為の存在についての認識を有しながらそれによる被害を容認して居住したこと，②その被害が精神的苦痛ないし生活妨害の程度にとどまり，直接生命，身体に関わるものでないこと，③侵害行為に大阪空港のように相当程度の公共性が認められる場合であることを掲げ，これら①から③の要件を充足する場合には，実際の被害が入居時の侵害行為からの推測を超える程度のものであったとか，入居後に侵害行為の程度が格段に増大したというような特段の事情が認められな

第3章 法2条 ─公の営造物の設置・管理の瑕疵─

い限り，転入者は，当該侵害（被害）を受忍しなければならないと判示しています。

この法理は，その後の裁判例においても維持されています（**最判平成5年2月25日判時1456号53頁**〔横田基地騒音公害事件〕のほか，下記の裁判例等）。

例えば，**福岡高那覇支判平成22年7月29日**（**判時2091号162頁**）〔普天間基地騒音公害事件〕は，上記①から③の要件を充足すると評価されるとしても，危険への接近の法理を適用すべきでない特段の事情が認められるとして，被害住民の中で慰謝料請求を減額すべき者はいない旨判示しました。また，**東京地判平成22年8月31日**（**判時2088号10頁**）〔小田急線騒音事件〕は，前記**最大判昭和56年12月16日**〔大阪国際空港公害事件〕の危険への接近の法理の判断基準を引用し，原告らのうち3名に対しては危険への接近の法理を適用して損害賠償請求を否定したが，その他の原告らに対しては，被害を容認していたとは認められないとして，損害賠償請求を認容しました。

なお，前記**最判平成6年1月20日**〔福岡空港公害事件〕は，原審が昭和52年1月1日以降に本件空港周辺地域に転入した者についていわゆる危険への接近の法理を適用して慰謝料基準額から2割の減額をしたことについて，これを是認しています。

4 国家賠償法1条1項と同法2条1項との関係

(1) 国家賠償法1条1項と同法2条1項の要件の重複

国家賠償法1条1項は，公権力の行使に当たる公務員の違法行為により他人に損害が発生したことが要件となりますが，同法2条1項の場合でも，営造物の物理的な欠陥・不備の点ではなく，管理者（公務員）の管理行為の過誤により他人に損害が発生した場合には，同法1条1項の問題となり得ます。

例えば，前記**最判昭和50年7月25日**（**民集29巻6号1136頁**）は，国道中央に故障した大型貨物自動車が87時間放置され，これに原付自転車が衝突し，被害者が死亡した事案において，土木出張所が看視体制をとっていなかったため，故障車のあることを知らせるためバリケードを設けるなどの事故回避措

256

置を怠ったとして，同出張所の道路管理の瑕疵を認めていますが，事故回避措置を怠った土木出張所の管理者の不作為を問題とすれば，国家賠償法1条1項の責任を問うことも可能であると考えられます。

　また，**大阪高判昭和62年11月27日**（判時1275号62頁）は，警察官が拳銃を無断で持ち出して愛人を射殺した事案で，警察官の拳銃も営造物とし，拳銃及びその保管箱の設置・管理に瑕疵があるとして国家賠償法2条1項の適用を認めていますが，拳銃は殺傷能力を有することから，管理者である警察官に厳重な注意義務を課して，国家賠償法1条1項の責任を問う方が実態にあった解決になるとも考えられ，両項の責任の区別が困難であることを示す一事例であるといわれています（深見『国家賠償訴訟』205頁）。

⑵　被害者の主張・立証方法

　これら管理行為の過誤事案については，国家賠償法1条1項及び同法2条1項のいずれの要件にも該当する場合があると考えられます。そして，一般に，被害者救済の見地からすれば，同法1条1項よりも，同法2条1項を適用した方が救済に役立つ場合が多いと思われます。

　したがって，このような場合，被害者としては，その主張・立証の容易性を考慮し，同法1条1項よる請求をするか，同法2条1項による請求をするかの選択権を有すると解すべきです（室井ほか『行訴法・国賠法』558頁，深見『国家賠償訴訟』206頁）。

　なお，**高松高判平成6年8月8日**（判時1511号17頁）〔長安口ダム水害事件〕は，長安口ダムの操作方法や洪水調節容量等を定めたダム操作規則等の規定内容の瑕疵は，国家賠償法2条1項の営造物の設置・管理の瑕疵に当たるが，それとは関係のない管理事務所長のダム操作の過誤は国家賠償法1条の問題になるにすぎないとしています（なお，上告審である**最判平成10年3月27日**訟月45巻2号293頁は，ダム操作規則等は合理性を欠いた点はなく，ダムの設置・管理に瑕疵はなく，また，管理事務所長のダム操作に過失はないとして上告を棄却している。）。

第3章　法2条 ―公の営造物の設置・管理の瑕疵―

Q26 国家賠償法2条関係の類型別検討①：道路の瑕疵関係

　道路の設置又は管理の瑕疵には，どのような類型のものがあります
か。

A　　この種の訴訟の類型としては，大別して，①道路自体の物的瑕疵
を問題にするものと，②道路の供用関連瑕疵（道路公害）を問題と
するものがあります。

　なお，上記①の物的瑕疵の事例としては，(a)道路の形状の瑕疵に
関するもの（穴ぼこ，陥没，段差等），(b)落石，土石流等の自然現象が
加わって生じた事故に関するもの，(c)信号機，道路標識の設置の瑕
疵に関するものなどがあります。

　上記②道路の供用関連瑕疵（道路公害）とは，自動車の通行等に
よって騒音・振動や排気ガスによる睡眠妨害・大気汚染等が生じ，
道路周辺の住民等の第三者に対して危害・損害が発生する場合のこ
とをいい，騒音・振動等の受忍限度等が問題となります。

1　道路の瑕疵による事故と国家賠償法2条の適用

⑴　道路の種類と道路法の規定等

　道路法で定める道路の種類は，高速自動車国道，一般国道，都道府県道，
市町村道であり（道路法3条），これらが国家賠償法2条に規定されている
「道路」の典型です。

　道路の設置・管理については，道路法，道路法施行令，道路構造令等に規
定されています。例えば，道路法29条（道路の構造の原則）は，「道路の構造は，
当該道路の存する地域の地形，地質，気象その他の状況及び当該道路の交通

258

状況を考慮し，通常の衝撃に対して安全なものであるとともに，安全かつ円滑な交通を確保することができるものでなければならない。」と規定し，同法30条1項に基づき道路構造令が定められています。また，道路法42条（道路の維持又は修繕）1項は，「道路管理者は，道路を常時良好な状態に保つように維持し，修繕し，もって一般交通に支障を及ぼさないように努めなければならない。」と，同法45条（道路標識等の設置）1項は，「道路管理者は，道路の構造を保全し，又は交通の安全と円滑を図るため，必要な場所に道路標識又は区画線を設けなければならない。」と各規定し，さらに，同法46条（通行の禁止又は制限）1項は，道路管理者は，道路の破損・欠壊などの事由により交通が危険であると認められる場合などには，交通の危険を防止するため，区間を定めて，道路の通行を禁止し，又は制限することができる旨を規定しています。

　これら道路法の規定が設置・管理の瑕疵の一応の基準となると解されます（深見『国家賠償訴訟』219頁）。

　また，道路法上の道路のほか，森林法4条2項4号による「林道」，自然公園法2条6号及び同法施行令1条1号による「道路」などがありますが，これらの道路はそれぞれ各法令によって設置・管理がなされており，管理主体がその瑕疵による国家賠償責任を負うことになります。

(2) 「地方分権の推進を図るための関係法律の整備等に関する法律」による道路法等の改正と道路管理者

　従前，一般国道のうち指定区間外の国道の維持，修繕その他の管理は「機関委任事務」として都道府県知事が行うこととされていましたが，「地方分権の推進を図るための関係法律の整備等に関する法律」（平成12年4月1日施行）により，機関委任事務が廃止され，都道府県の「法定受託事務」となりました（改正後の道路法13条，改正後の地方自治法2条10項及び別表第1）。これにより，国家賠償法2条の「管理」の主体も，都道府県又は政令指定都市になったので，従前の判決を検討する際には注意を要します。

　以下，道路の設置又は管理の瑕疵が争われた主な裁判例につき，その態様別に紹介します。

第3章　法2条 ―公の営造物の設置・管理の瑕疵―

2　道路の設置・管理の瑕疵に関する主な裁判例

　この種の訴訟類型としては，大別して，①道路自体の物的瑕疵（穴ぼこ，落石等）を問題にするものと，②道路の供用に関連する瑕疵（道路公害）を問題とするものがあります。

(1)　道路自体の物的瑕疵

　道路の瑕疵に係る損害賠償請求は，国家賠償法2条の典型的な事件であり，「穴ぼこ」「落石」「ガードレールの不設置」など多種多様です。

　裁判例によれば，「設置・管理の瑕疵」とは，「営造物が通常有すべき安全性」を欠いていることをいいますが，予見可能性又は回避可能性がない場合（つまり，事故発生が不可抗力である場合）においても，営造物の設置・管理の瑕疵が否定されます。

　なお，道路のような人工公物の場合には，当初から通常予測される災害に対応する安全性を備えたものとして設置され供用開始されるので，防護柵等の損害回避措置が予算不足であったとしても，一般に設置・管理の瑕疵が否定されることにはならないというのが裁判例（例えば，後記ア(ア)①及びイ①の各裁判例。なお，後記オ②の裁判例参照。）です。これに対し，河川のような自然公物の場合には，自然の状態で既に供用が開始されているので，予算制約面が考慮され，「過渡的な安全性」でも瑕疵が否定されると解されています（**最判昭和59年1月26日民集38巻2号53頁**〔大東水害事件〕等。この点はQ27「河川の瑕疵関係」参照）。

ア　道路の形状の瑕疵に関するもの（穴ぼこ，陥没，段差等）

(ア)　肯定例

①　**最判昭和40年4月16日**（判時405号9頁）〔仙台市道穴ぼこ事件〕

　　幹線道路の市道上に自然沈下によって円形状の穴が生じていたところ，原動機付自転車に乗った被害者が，穴に前輪を落輪させ横転し，死亡した事故につき，その遺族が市に対して国家賠償請求をした事案。

　　同最判は，本件事故発生当時，本件事故現場には本件穴地のほか，その北方数か所に舗装部分が決裂した直径1m前後の穴があり，原動機付自転車等により通行し，もし穴地に乗り入れるときには操縦の自

260

由を失い横転して事故をひき起す危険が予測することができる状態にあったこと，本現場附近には街灯の設備がなく，辛うじて黒白を見分けることができる状況であったのに標識すら設けなかったことが認められるとして，道路の瑕疵を認めた原判決を支持して，市（被告・上告人）の上告を棄却した。なお，同最判は，「地方公共団体が予算の範囲内で道路の管理をすれば道路に瑕疵があっても……（中略）……道路の管理の瑕疵があるとはいえないとの所論は，採用できない。」と判示し，予算不足を免責事由と認めていない。

② **熊本地判平成27年2月3日**（判例秘書LLI／DB）

原付自転車を運転して県道を走行中，県道のくぼみで転倒し負傷した原告が，被告県に対し，道路整備義務違反を主張して国家賠償請求をした事案。

同地判は，本件事故時，現場には，深さ最大10cmのくぼみが存在し，大型バスの出入り口で，以前からくぼみが生じやすい状況にあり，本件現場道路は，通常有すべき安全性を欠いていたとし，道路管理の瑕疵を認め，被告県の賠償責任を認めた（過失相殺3割）。

(イ) 否定例

① **京都地判昭和54年4月10日**（判時942号91頁）

府道上に穴ぼこがあったところ，自転車に乗った被害者が，対向してきたバスを避けようとして穴ぼこに突っ込み，バランスを失ってバスと接触して転倒し，れき死した事案。

同地判は，本件道路は山間部にあり，交通量も少なく，かつ，人家もないところであって，いわゆる本舗装ではなく，アスファルトの簡易舗装であり，道路の両側は非舗装部分すなわち土の部分からアスファルトに食い込む形で穴ぼこが生じていたものであることを考慮し，道路の管理瑕疵を否定した。

② **札幌高判昭和54年8月29日**（訟月26巻3号382頁）

国道上に圧雪の剥離による陥没があったところ，被害者が貨物自動車を運転中，走行路面の陥没部分に落ち込み，対向車線を進行してきた貨物自動車と衝突し，負傷した事案。

第3章　法2条 —公の営造物の設置・管理の瑕疵—

同高判は，陥没部分は圧雪の剝離によって発生したものであるが，陥没の発生から事故発生に至る時間的間隔が極めて僅かしかなかったとして，道路管理の瑕疵を否定した。

③　**最判昭和52年2月3日**（訟月23巻2号224頁）

歩行者（被害者）が，舗装された歩道（国道）の中央付近に埋設された水取りボックスのくぼみ（路面との段落差約2.4cm）につまずき，そのため歩道の上蓋のない側溝に足を踏み入れて骨折等の傷害を受けた事故につき，当該被害者が国家賠償請求をした事案。

同最判は，原審の事実認定（つまり，くぼみの近くに上蓋のない側溝が存在するということが，一般歩行者の歩行に危険なものであるとは考えられないし，我が国現下の道路事情の下では，都市部の舗装道路においても，この程度のくぼみ及び上蓋のない側溝の存在は珍しいものではなく，本件のような事故が生ずることは，通常予測し得ないところであること）が是認できるとして，歩道につき，国家賠償法2条1項にいわゆる道路の設置管理に瑕疵がある場合に当たるとまではいえない旨の原審の判断は，正当として是認することができるとして，道路の設置・管理の瑕疵を否定した。

イ　**落石，土石流等の自然現象が加わって生じた事故に関するもの**

①　**最判昭和45年8月20日**（民集24巻9号1268頁）〔高知落石事件〕→肯定例

貨物自動車の助手席に同乗していた被害者が国道右側の山地が崩壊し，落下した直径約1mの岩石が直撃したことにより死亡した事案。

同最判は，従来，当該道路の付近ではしばしば落石や崩土が起き，通行上危険があったにもかかわらず，道路管理者において，「落石注意」の標識を立てるなどして通行車両に対し注意を促したにすぎず，道路に防護柵又は防護覆を設置し，危険な山側に金網を張り，あるいは，常時山地斜面部分を調査して，落下しそうな岩石を除去し，崩土のおそれに対しては事前に通行止めをするなどの措置を執らなかったときは，通行の安全性の確保において欠け，その管理に瑕疵があったなどとした原審の判断は，正当として是認することができる旨判示し，国（管理者）及び県（管理費用負担者）の賠償責任を認めた。なお，同最

判は，予算不足を免責事由とは認めていない。

② **名古屋高判昭和49年11月20日**（判時761号18頁）〔飛騨川バス転落事件〕→肯定例

集中豪雨による土砂崩落によって道路の前後を封鎖された観光バス2台が，停車位置の山側にあった沢に発生した土石流の直撃を受け飛騨川に転落し，乗客らが死亡した事案。

同高判は，本件事故につき，国道の設置・管理の基本的な在り方として，施設対策と避難対策の2つがあるが，防護施設のみによっては，ある程度の災害は防止できるものの，完全に防止することは至難であるから，2つの対策を併用する必要があるとし，危険が認められる雨量時点で進入を禁止する事前規制措置を執らなかった点において，国に道路管理の瑕疵があることを認めた。

ウ　障害物の放置等第三者の行為に起因する事故

① **最判昭和50年6月26日**（民集29巻6号851頁）→否定例

県道上に工事標識板，バリケード及び赤色灯標柱が通行車両によって倒れたまま放置されていたため，自動車事故が発生したことにつき，被害者が国家賠償請求をした事案。

「本件事故発生当時，被上告人において設置した工事標識板，バリケード及び赤色灯標柱が道路上に倒れたまま放置されていたのであるから，道路の安全性に欠如があったといわざるをえないが，それは夜間，しかも事故発生の直前に先行した他車によって惹起されたものであり，時間的に被上告人（筆者注：国）において遅滞なくこれを原状に復し道路を安全良好な状態に保つことは不可能であったというべく，このような状況のもとにおいては，被上告人の道路管理に瑕疵がなかったと認めるのが相当である。」と判示し，道路管理の瑕疵を否定した。

② **最判昭和50年7月25日**（民集29巻6号1136頁）→肯定例

国道中央に故障した大型貨物自動車が87時間放置され，これに原動機付自転車が衝突し，被害者（運転者）が死亡したことにつき，その遺族が国家賠償請求をした事案。

第3章　法2条 —公の営造物の設置・管理の瑕疵—

「本件事故現場付近は，幅員7.5メートルの道路中央線付近に故障した大型貨物自動車が87時間にわたって放置され，道路の安全性を著しく欠如する状態であったにもかかわらず，当時その管理事務を担当するＡ土木出張所は，道路を常時巡視して応急の事態に対処しうる看視態勢をとっていなかったために，本件事故が発生するまで右故障車が道路上に長時間放置されていることすら知らず，まして故障車のあることを知らせるためバリケードを設けるとか，道路の片側部分を一時通行止めにするなど，道路の安全性を保持するために必要とされる措置を全く講じていなかったことは明らかであるから，このような状況のもとにおいては，本件事故発生当時，同出張所の道路管理に瑕疵があったというほかはな」いと判示し，道理管理の瑕疵を認めた原判決（ただし，被害者の過失を7割5分として過失相殺）の判断を正当とし，県の上告を棄却した。

エ　信号機，道路標識の設置の瑕疵に関するもの

① **最判昭和48年2月16日**（民集27巻1号99頁）→肯定例

南北に通ずる道路と東西に通ずる2本の近接した道路とがほぼ直角に交わる交差点のほぼ中央に電車の軌道が敷設されているなどの複雑な構造を有する交差点において，東西に通ずる道路上の車両の進行を規制するとともに，交差点の北側の横断歩道上を西から東に向かう歩行者の歩行をも兼ねて規制するものとして東側に信号機が設置された場合に，横断歩道の西側から信号機の設置位置までの距離が約30mあり，同西端における信号機の見通し角度が正面から右約47ないし55度であったなどの事情があるため，一般の歩行者にとって当該信号機が横断歩道の歩行をも兼ねて規制するものであることを容易に認識できないときは，当該信号機は，横断歩道の歩行者の歩行をも規制するものとしては，不適当な位置に設置されていたものというべきであるとして，信号機の設置の瑕疵を肯定した。

② **札幌地判昭和60年9月9日**（判時1183号130頁）→否定例

被害者の運転する普通乗用車が，パトカーに追跡されたため，高速で走行中，国道から分岐した市道に入り，行き止まりの直線市道を

264

突っ走って川に転落し水死した事故につき，当該行き止まりであることを示す標識を欠くなどの瑕疵があるとして，その遺族が県及び市に対して国家賠償請求した事案。

同地判は，分岐点先の市道は見通しのよい直線道路で，その付近に居住する者の生活道路であり，専ら車両が通過するために利用されている道路ではないこと，最高速度が時速30mに指定されていることなど，本件道路及びその周辺状況からみて，分岐点の市道の先端が行き止まりである旨の標識を欠いても，直ちに本件道路が通常有すべき安全性を欠く状態をもたらすものではないなどとして，道路の管理瑕疵を否定した。

オ　ガードレールの不設置，動物の侵入防止柵の不備の瑕疵に関するもの

①　最判昭和55年12月11日（判時991号76頁）**→破棄差戻し例**

山間部の県道を夜間降雨中に走行しているタクシー運転手が道路前方のカーブに気付いて急制動したが道路沿いの河川に転落した事故につき，タクシー会社が，県がガードレールを設置していないことが道路の設置・管理の瑕疵にあたるとして，国家賠償請求をした事案。

「原審は，薄暮時ないし夜間における降雨時に本件道路を通行する車両が路面を滑行してＴ川へ転落する危険性があり，以前にも本件と同様の転落事故が1，2件あったとも認定しているが，車両がどのような走行状態にあるときに路面を滑行する危険があるのか，薄暮時ないし夜間であることと路面が傾斜しているために生ずる滑行との間にどのような関係があるのか，以前に発生した同様の事故が道路とＴ川との境を見誤って進路を誤ったことによるものか，あるいは路面の傾斜のために滑行したことによるものかなどの点についてはこれを明確にしていない。原審の認定した事実のみをもってしては，道路がかまぼこ型でＴ川の側に傾斜していることから，ガードレールを設置しないことが道路として通常有すべき安全性を欠くことになり，道路の設置ないし管理の瑕疵にあたるとすることは困難であ」るとして，瑕疵を認定した原判決を破棄し，本件道路がかまぼこ型であることとの関係でガードレールを設置しないことが道路として通常有すべき安全性

第3章 法2条 —公の営造物の設置・管理の瑕疵—

を欠くことになるかどうかの点について更に審理を尽くさせるため，原審に差し戻した。

② **最判平成22年3月2日**（判時2076号44頁）→否定例

北海道内の高速道路で自動車の運転者がキツネとの衝突を避けようとして自損事故を起こし停車中，後続車に衝突されて死亡した事故につき，キツネの侵入防止措置が不十分であった瑕疵があるとして，その遺族が国家賠償請求をした事案。

同最判は，(a)走行中の自動車が上記道路に侵入したキツネ等の小動物と接触すること自体により自動車の運転者等が死傷するような事故が発生する危険性は高いものではなく，(b)金網の柵を地面との透き間無く設置し，動物が地面を掘って侵入しないように地面にコンクリートを敷くという小動物の侵入防止対策が全国で広く採られていたという事情はうかがわれず，そのような対策を講ずるためには多額の費用を要することは明らかであること，(c)上記道路には動物注意の標識が設置されていたことなどの事情の下においては，上記(b)のような対策が講じられていなかったからといって，道路が通常有すべき安全性を欠いていたとはいえない旨判示し，道路に設置・管理の瑕疵を否定した。

なお，同最判は，上記(b)の財政の制約を瑕疵否定の直接の根拠としたものではなく，通常有すべき安全性としての瑕疵判断の一要素として財政面の制約を考慮することを認めたものと解される（深見『国家賠償訴訟』226頁）。

(2) 道路の供用関連瑕疵（道路公害）

道路公害訴訟においては，道路の供用関連瑕疵が問題となり，騒音・振動等の受忍限度を超えているかどうか，自動車排出ガスによる大気汚染等によって健康被害が生じているか否かなどが争点となります。

この「供用関連瑕疵」は，営造物である道路自体等には瑕疵がなく，これが供用（運用）目的に従って利用されることに伴って危害が生じる場合をいい，自動車の通行等によって騒音・振動や排気ガスによる睡眠妨害・大気汚染等が生じ，道路周辺の住民等の第三者に対して危害・損害が発生する場合

です。

　道路公害訴訟の基本的裁判例として，**最判平成7年7月7日（民集49巻7号1870頁）**〔国道43号線事件〕があります。これは，一般国道43号線等の沿線住民が，自動車の騒音，振動及び排気ガスにより睡眠妨害・大気汚染等の被害を受けているとして，国等に対し，国家賠償請求等を求めたものです。

　同最判は，「営造物の設置・管理者において，このような危険性のある営造物を利用に供し，その結果周辺住民に社会生活上受忍すべき限度を超える被害が生じた場合には，原則として同項（筆者注：国家賠償法2条1項）の規定に基づく責任を免れることができないものと解すべきである」と判示した上で，当該道路が産業政策等の各種政策上の要請に基づき設置されたいわゆる幹線道路であって，地域住民の日常生活の維持存続に不可欠とまではいうことができないものであること，環境対策に巨費を投じたものの，なお十分な効果を上げているとまではいえないことなどの事実を認定し，受忍限度を超えたものとして，被害住民の損害賠償請求の一部を認容しています（供用関連瑕疵の詳細はQ25「『営造物の設置・管理の瑕疵』の意義」参照）。

第 3 章　法 2 条 —公の営造物の設置・管理の瑕疵—

Q27　国家賠償法 2 条関係の類型別検討②：河川の瑕疵関係

河川の管理の瑕疵の判断には，どのような特徴がありますか。

A　　水害訴訟における河川管理の瑕疵の判断基準としては，自然公物である河川は，道路等の人工公物と異なり，通常財政的，技術的及び社会的諸制約があることから，これらの諸制約の下で，一般に施行されてきた治水事業による河川の改修・整備の過程に対応するいわば「過渡的な安全性」で足り，同種・同規模の河川の管理の一般水準及び社会通念に照らして是認し得る安全性を備えていると認められる場合（いわゆる同種・同規模論）には，瑕疵が否定されます。

水害訴訟における河川管理の瑕疵の判断基準

> 　自然公物である河川の改修・整備には，通常財政的，技術的及び社会的諸制約があるので，一般に施行されてきた治水事業による河川の改修・整備の過程に対応するいわば「過渡的な安全性」で足り，同種・同規模の河川の管理の一般水準及び社会通念に照らして是認し得る安全性を備えていると認められる場合には，瑕疵が否定される。
> 　→この点は，道路等の人工公物における瑕疵の概念と異なる。

1　河川の種類と管理者

　国家賠償法 2 条 1 項には，公の営造物の例として，道路とともに河川を例示し，河川の設置又は管理に瑕疵があれば，河川を管理する国又は公共団体が損害賠償責任を負うことを規定しています。

　河川法において，河川とは，「一級河川」及び「二級河川」をいい，これらの河川に係る河川管理施設（ダム，堰，水門，堤防，護岸等）を含むと規定さ

268

れています（河川法3条1項及び2項）。

　一級河川とは，国土保全上又は国民経済上特に重要な水系（一級水系）に係る河川で国土交通大臣が指定したものをいい（河川法4条1項），一級河川の管理は，国土交通大臣が行います（同法9条1項）。

　なお，国土交通大臣が指定する区間（指定区間）内の一級河川に係る国土交通大臣の権限に属する管理の一部につき，法定受託事務として，都道府県知事に行わせることができます（河川法9条2項）。

　二級河川とは，一級水系以外の水系で公共の利害に重要な関係があるもの（二級水系）に係る河川で都道府県知事が指定したものをいい（河川法5条1項），二級河川の管理は，都道府県知事が行います（同法10条1項）。

　また，河川法100条1項の「準用河川」は，一級河川及び二級河川以外の河川で市町村長が指定したものをいいますが，この準用河川は，自治事務として，市町村長が管理します。

　普通河川は，河川法100条の2第1項括弧書きで「一級河川，二級河川及び準用河川以外の河川」と定義されていますが，他の河川と異なり，河川法の適用又は準用がなく，市町村が条例等で河川範囲を独自に指定し管理しています。

　なお，「地方分権の推進を図るための関係法律の整備等に関する法律」（平成12年4月1日施行）により，機関委任事務が廃止されたわけですが，同法律施行以前は，一級河川の指定区間内及び二級河川の管理は都道府県知事が，準用河川の管理は市町村長が，それぞれ機関委任事務としてこれに当たっていたので，管理者が「国」になっていました。しかし，同法律施行後は，上記のとおり，一級河川の指定区間内及び二級河川の管理は都道府県知事が，また，準用河川の管理は市町村長が，それぞれ行うことになり，これら管理者が国家賠償法2条の「管理」の主体となったわけです。

　したがって，この管理者の点につき，従前の判決を検討する際には注意を要します。

　以下，水害訴訟における河川管理の瑕疵の裁判例と水難事故における河川管理の瑕疵の裁判例を検討することとします。

第3章　法2条 —公の営造物の設置・管理の瑕疵—

2　水害訴訟における河川管理の瑕疵の判断基準の特殊性

⑴　河川管理の瑕疵の判断基準

　河川の水害には，①溢水型（河川が増水して堤防を乗り越えて溢れ出る場合）と②破堤型（大雨等のため堤防が決壊した場合）の2種類があります。

　河川管理の瑕疵の判断基準を明確に示したのは，後記⑵①の**最判昭和59年1月26日**（**民集38巻2号53頁**）〔大東水害事件〕です。本判決までは，請求認容の判決が多数見られましたが，本判決によって後記のとおり「過渡的な安全性」でも瑕疵が否定されるようになり，同判決以後，請求棄却の判決が続出するようになりました（西埜『コンメンタール』1011頁以下）。

　本判決は，都市河川における溢水型水害をめぐる訴訟において，「すべての河川について通常予測し，かつ，回避しうるあらゆる水害を未然に防止するに足りる治水施設を完備するには，相応の期間を必要とし，<u>未改修河川又は改修の不十分な河川の安全性としては，右諸制約のもとで一般に施行されてきた治水事業による河川の改修，整備の過程に対応するいわば過渡的な安全性をもって足りるものとせざるをえない</u>のであって，当初から通常予測される災害に対応する安全性を備えたものとして設置され公用開始される道路その他の営造物の管理の場合とは，その管理の瑕疵の有無についての判断の基準もおのずから異なったものとならざるをえないのである。」と判示し，河川管理の特殊性等から，「過渡的な安全性」でも瑕疵が否定されるとしています。この点は，河川のような自然公物と道路等の人工公物とで瑕疵の概念が違うことを示しています（この点はQ26「道路の瑕疵関係」参照）。

　そして，本判決は，①<u>いまだ通常予測される災害に対応する安全性を備えるに至っていない河川の管理についての瑕疵の有無についての一般的な判断基準として，過去に発生した水害の規模，改修を要する緊急性の有無及びその程度等諸般の事情を総合考慮し，諸制約の下での同種・同規模の河川管理の一般水準及び社会通念に照らして是認し得る安全性を備えていると認められるかどうかを基準として判断すべきである</u>（いわゆる同種・同規模論）ことを示すとともに，②既に改修計画が定められ，現に改修途中の河川についての瑕疵の判断基準として，まず，改修計画自体が上記①の見地から見て合理的

270

か否かを検討し，もし改修計画自体が格別不合理なものと認められないときは，計画後の事情の変動により，当該河川の未改修部分につき水害発生の危険性が特に顕著となり，早期の改修工事を施行しなければならないと認めるべき特段の事由が生じない限り，当該部分につき未改修の一事をもって河川管理に瑕疵があるとすることはできないと解すべきであるとの基準を示しました。

本判決は，その後の裁判例の指導的役割を果たしています。

水害訴訟の著名な判決として，本判決の大東水害訴訟判決（都市型水害で未改修・改修中の溢水型）のほか，加治川水害訴訟判決（後記(2)②の裁判例。農村型水害で未改修・改修中の破堤型），多摩川水害訴訟判決（後記(2)③の裁判例。都市型水害で改修済みの破堤型）等があります。

以下，主な裁判例を紹介します。

(2)　**主な裁判例**

①　**最判昭和59年１月26日**（**民集38巻２号53頁**）〔**大東水害事件**〕→原審差戻し（差戻審は瑕疵を否定）

昭和47年７月の豪雨により，大阪府大東市に居住する被害者71名が，床上浸水を被ったことにつき，同床上浸水は，被害者の居住地域の西側を流下する一級河川谷田川からの溢水と，同居住地域内及びその付近を流れる３本の用排水路が疎通能力を欠いたため発生したものであり，これらの管理に瑕疵があったことを主張して，谷田川の管理者である国，河川管理費用の負担者である大阪府及び用排水路の事実上の管理者である大東市に対し，国家賠償請求をした事案（第１審判決は，原告らの主張を認め，請求のほぼ全額を認容し，第２審判決は，損害の一部を減額し，大東市の責任を否定したほかは，第１審の判断を是認した。）。

「我が国における治水事業の進展等により……（中略）……河川管理の特質に由来する財政的，技術的及び社会的諸制約が解消した段階においてはともかく，これらの諸制約によっていまだ通常予測される災害に対応する安全性を備えるに至っていない現段階においては，当該河川の管理についての瑕疵の有無は，過去に発生した水害の規模，発生の頻度，発生原因，被害の性質，降雨状況，流域の地形その他の自

第3章　法2条 ─公の営造物の設置・管理の瑕疵─

然的条件，土地の利用状況その他の社会的条件，改修を要する緊急性
の有無及びその程度等諸般の事情を総合的に考慮し，前記諸制約のも
とでの同種・同規模の河川の管理の一般水準及び社会通念に照らして
是認しうる安全性を備えていると認められるかどうかを基準として判
断すべきであると解するのが相当である。そして，既に改修計画が定
められ，これに基づいて現に改修中である河川については，右計画が
全体として右の見地からみて格別不合理なものと認められないときは，
その後の事情の変動により当該河川の未改修部分につき水害発生の危
険性が特に顕著となり，当初の計画の時期を繰り上げ，又は工事の順
序を変更するなどして早期に改修工事を施行しなければならないと認
めるべき特段の事由が生じない限り，右部分につき改修がいまだ行わ
れていないとの一事をもって河川管理に瑕疵があるとすることはでき
ないと解すべきである。そして，右の理は，人口密集地域を流域とす
るいわゆる都市河川の管理についても，前記の特質及び諸制約が存す
ること自体には異なるところがないのであるから，一般的にはひとし
く妥当するものというべきである。」と判示した上，本件谷田川の改
修計画の実施状況が，河川管理の一般水準及び社会通念に照らして特
に不合理とは認められない余地が十分にあり，また，未改修部分の工
事を他に先がけて実施しないことが管理の瑕疵といい得るためにはそ
れ相当の特段の事由がなければならないとし，原判決が，単に一般的
に水害発生の危険性があるにすぎない未改修部分の存在を捉えて河川
管理に瑕疵があったと判断したのは，国家賠償法2条の解釈適用を
誤ったものである旨判示し，原審に差し戻した。

　差戻審の**大阪高判昭和62年4月10日**（**判時1229号27頁**）は，寝屋川水
系及び谷田川の改修計画並びにその実施状況は，一応合理性・整合性
を備えており，特に不合理・不釣合いなものがあるとは認められない
ので，本件では未改修部分につき早期の改修工事を施行しなければな
らないと認めるべき特段の事由はなかったとして，本件河川等の管理
瑕疵を否定した。

② **最判昭和60年 3 月28日**（**民集39巻 2 号333頁**）〔**加治川水害事件**〕→瑕疵を否定

決壊した堤防の背後に応急的に仮堤防を築造したところ，翌年の豪雨により，仮堤防が決壊し，被害を被ったことから，原告らが河川管理に瑕疵があるとして国家賠償請求をした事案。

「本件仮堤防は，向中条，西名柄地区のショートカット工事に伴う本堤防が完成するまでの期間，すなわち，昭和41年の出水期の後半から昭和42年の全出水期間中の出水に対処する目的で，応急対策として短期間に築造され臨時に存置された仮施設であるところ，このような性格の仮堤防が有すべき断面・構造が，河川法13条の趣旨に則った一定の技術的水準に基づき後背地の安全を保持する効用を果たすべき本堤防の断面・構造と同一でなければならないものとするのは相当ではないというべきである。……（中略）……本件仮堤防を設置するに当たり，築堤材料に砂丘砂を単一使用したこと及び築堤材料の点を除く断面・構造を旧堤防又は在来堤防と同じくしたことは，姫田川合流点の下流における過去の水害の発生状況，本件仮堤防の存置期間等から予測しうべき水害の危険の発生を防止して後背地の安全を確保したものといえるのであって，時間的，財政的及び技術的制約のもとでの同種・同規模の河川に同趣旨で設置する仮堤防の設計施工上の一般水準ないし社会通念に照らして是認することができるから，本件仮堤防の断面・構造は安全性に欠けるものではなく，河川管理の瑕疵があるとは認められないものというべきである。」と判示し，上記①**最判昭和59年 1 月26日**〔大東水害事件〕の同種・同規模論に基づき河川管理の瑕疵を否定した。

③ **最判平成 2 年12月13日**（**民集44巻 9 号1186頁**）〔**多摩川水害事件**〕→原審差戻し（差戻審は瑕疵を肯定）

昭和49年 9 月に東京都狛江市内の多摩川左岸において発生した水害によって家屋を流失した原告らが国家賠償請求をした事案（第 1 審は，河川管理の瑕疵を認め原告ら請求を一部認めたが，第 2 審は河川管理の瑕疵を否定し請求を棄却した。）。

同最判は，前記①の**最判昭和60年3月28日**〔大東水害事件〕の示した河川管理の瑕疵の判断基準が河川一般に適用されることを確認した上で，(a)河川の備えるべき安全性は，一般に施行されてきた治水事業の過程における河川の改修・整備の段階に対応する安全性をもって足り，(b)工事実施基本計画が策定され，同計画に準拠して新規の改修・整備の必要がないものとされた河川の安全性とは，同計画に定める規模の洪水における流水の通常の作用から予測される災害の発生を防止するに足りる安全性をいい，(c)河川改修の整備後に新たな水害発生の危険が予測可能となった場合の河川管理の瑕疵の有無は，過去に発生した水害の規模，発生の頻度，発生原因，被害の性質，降雨状況，流域の地形その他の自然的条件，土地の利用状況その他の社会的条件，改修を要する緊急性の有無及びその程度等諸般の事情並びに河川管理における財政的，技術的，社会的諸制約を当該事案に即して考慮した上，右危険の予測が可能となった時点から当該水害発生時までに右危険に対する対策を講じなかったことが河川管理の瑕疵に該当するかどうかによって判断すべきであるとした。そして，(d)本事案の災害発生原因が許可工作物である多摩川に設置された宿河原堰（以下「本件堰」という。）の構造と密接に関連することから，許可工作物が存在する場合の河川管理の瑕疵の判断方法については，当該河川部分の全体について，前記判断基準の示す安全性の具備の有無によって判断すべきであるとし，(e)許可工作物又はこれと接続する河川管理施設のみを改修・整備する場合においても，財政的，技術的及び社会的諸制約があるが，その程度は，広範囲にわたる河川流域に及ぶ河川管理施設を改修・整備する場合に比較して通常は相当に小さいというべきであるとした。その上で，原審の判断は，本件堰及びその取付部護岸を含む全体としての本件河川部分の有すべき安全性について，具体的事案に即して前記判断基準を適用して審理すべきであるのに，これをすることなく本件河川管理の瑕疵を否定したものであって，国家賠償法2条1項の解釈適用を誤り，ひいては河川の管理の瑕疵についての審理を尽くさなかった違法があるといわざるを得ない等として，原判決を破棄

し，本件を原審に差し戻した。

　なお，差戻審の**東京高判平成 4 年12月17日**（判時1453号35頁）は，(a)本件堰及びその取付部護岸等は，設置当時はともかくとして，本件災害時においては，当時の一般的技術水準からみて計画高水流量規模の洪水に対して十分安全な構造と評価し得ない状態となっており，これを放置すれば堤内災害が発生する危険性があり，過去の被災事例等から得られた知見及び当時の河川工学ないし防災技術上の水準を併せみると，河川管理者が事前に適切な防災上の措置を採ることが期待され，(b)その結果遅くとも昭和46年当時には，同災害発生の予測をすることは可能であったと認められ，(c)昭和46年当時の一般的技術水準からみても，また財政的，社会的見地からみても，国が本件災害を回避するための措置を講じることは十分可能であり，かつ，時間的にも余裕があったと認められるとして，国の河川管理瑕疵を肯定した。

④　**最判平成 6 年10月27日**（訟月42巻 9 号2062頁）〔長良川水害事件〕→瑕疵否定

　昭和51年 9 月の台風の影響による集中豪雨により，長良川右岸堤防が決壊し，岐阜県安八郡安八・墨俣地区において住宅，農作物等に被害を受けた原告らが，本件水害の原因は，一級河川である長良川の管理に瑕疵があったためであるとして河川管理者である国に対して国家賠償を求めた事案（原審は河川管理の瑕疵を否定。）。

　同最判は，堤防の改修の基本となった木曽川上流改修計画及び木曽川水系工事実施計画に格別不合理な点はないこと，破堤以前に起こった計画高水流量と計画高水位を大幅に上回る洪水の際には堤防は安全に流下させていたことから，堤体部分には瑕疵は認められず，また，仮に，本件破堤箇所の地盤には難透水性層の不連続があり，これが破堤の原因であったとしても，基礎地盤の改修，整備は過去における災害時の異常現象等によって欠陥のあることが明らかとなっているなど特段の事情のある場合に実施されるものであるところ，本件堤防の基礎地盤には特段の事情が認められず，特段の措置を講じないことが河川管理の瑕疵に当たるとはいえない旨判示し，原審の判断を支持し本

第3章　法2条 ─公の営造物の設置・管理の瑕疵─

件上告を棄却した。

⑤　**最判平成8年7月12日**（**民集50巻7号1477頁**）〔**平作川水害事件**〕→瑕
疵否定

　　台風の影響による豪雨によって平作川（管理者国，費用負担者神奈川
県）及び吉井川ほか3本の水路（管理者横須賀市）が溢水し，床上浸水
の被害を受けた被害者らが，河川等の設置管理に瑕疵があるとして国
家賠償を求めた事案（第1審及び第2審共に原告らの請求を棄却した。）。

　　同最判は，本件水害発生時において改修計画に基づいて現に改修中
であった平作川について，普通河川の管理の瑕疵の有無は，河川管理
における諸制約の下で同種・同規模の河川の管理の一般水準及び社会
通念に照らして是認し得る安全性を備えているかどうかを基準として
判断すべきであるところ，既に定められた改修計画が，全体として過
去の水害の発生状況その他諸般の事情を総合的に考慮し，河川の管理
の一般水準及び社会通念に照らして格別不合理なものと認められない
ときは，早期の改修工事を施行しなければならないと認めるべき特段
の事由が生じない限り，水害発生時点においてより高度な段階の改修
がいまだ行われていなかったことをもって河川の管理に瑕疵があると
することはできないとし，また，水害発生の時点において既に設置済
みの河川管理施設（パラペット開口部）の安全性の点については，同施
設が，設置の時点における技術水準に照らして，予定する規模の洪水
における流水の通常の作用から予測される災害の発生を防止するに足
りる安全性を備えているかどうかによって判断すべきであるところ，
本件においては，本件パラペット開口部に関して上告人ら主張に係る
管理の瑕疵があったとしても，同瑕疵の有無と損害との間に因果関係
がないことは明らかである旨判示し，結論において第1審判決を維持
し控訴を棄却した原審の判断を是認し，上告を棄却した。

276

3 水難事故における河川管理の瑕疵の裁判例

(1) 水難事故における河川管理の瑕疵の判断基準

　　水難事故訴訟では，子どもの河川への転落事故が多く，河川管理の瑕疵が問題となることが少なくありません。

　　裁判例によると，この場合の河川管理の瑕疵の判断基準として，河川が元来，水死等の水難事故発生の危険性を内包しているので，その自由使用に伴う危険は，原則として利用者の責任において回避すべきものであるという前提の下に，子どもたちが転落場所付近の堤防等を平素から遊ぶ場所としていたか，転落場所付近が改修工事中で河川への転落の危険性があったか，子どもの通常予測できないような異常な行動によって発生した転落事故かなどの事情が考慮されていると考えられます（なお，池沼，溜池での事故については，Q24「『公の営造物』の意義」参照）。

(2) 主な裁判例

ア　瑕疵肯定例

①　大阪高判昭和62年 9 月 9 日（判時1266号27頁）

　　一級河川の帯工底部及び根固ブロックの下の河床がえぐられ，帯工上流側で水深約 3 mに達していた部分に，河原に遊びに来ていた 7 歳の児童Aがこの深みに転落して死亡した事故につき，その遺族が国家賠償請求をした事案。

　　同高判は，河川は，もともと水難事故発生の危険性を内包しているので，その自由使用に伴う危険は原則として利用者の責任において回避すべきものであるが，本件においては，付近の子どもが本件事故現場付近の中州や河原に遊びにきていたこと，本件事故当時流水が底抜け部分をくぐり抜けていたため帯工上はくるぶしあたりまでしか水が流れてなく，その上を歩いて中州へ渡ることは，Aと同年代の幼児にとってかなり魅惑的なことがらであったことなどから，本件河川が通常有すべき安全性を欠いていたとして，河川管理の瑕疵を認めた（過失相殺 8 割）。

② **浦和地判平成元年4月26日**（判時1343号97頁）

　一級河川毛長川の改修工事中にもかかわらず，金網フェンスなどが張られず，杭と杭の間に3ないし4本の鉄線が張られていたにすぎない状態の河川において，幼児（4歳）が，改修工事部分と未改修工事部分との境目から川に転落して水死した事案につき，その遺族が国家賠償請求をした事案。

　同地判は，毛長川の管理者としては，しっかりした金網フェンス等で改修工事現場を囲い，幼児らが容易に川辺に入り込む余地がないようにする等，より適切にして十分な危険防止措置を講じてその危険が地域住民らに及ぶことのないようにする義務があったと判示し，本件河川の管理の瑕疵を認めた（過失相殺4割）。

イ　瑕疵否定例

① **最判昭和55年7月17日**（判時982号118頁）

　6歳の男児が転落防止用の防護柵及びパラペット（余裕高）を乗り越えて堆積土の上で遊んでいた際に河川に転落して水死した事故につき，その遺族が国家賠償請求をした事案。

　「本件堆積土の存在自体に危険性はなく，本件事故は河川管理者であるK府知事において通常予測することができない上告人らの子Bの異常な行動によって発生したものであって，同知事による本件河川の管理に瑕疵があったものということはできないとした原審の判断は，正当として是認することができる。」と判示し，予見可能性がないとして瑕疵を否定した。

② **東京高判昭和62年12月24日**（判時1270号90頁）〔鶴見川幼児転落溺死事件〕

　堤防の天端から石段によって容易に平場（低水護岸）に出ることができ，また平場と水路の高低差が2m前後ありながら転落した場合に，平場にはい上がる設備もなく，さらに十分な転落防止施設がなかった一級河川鶴見川において，幼児（4歳）が，平場で遊んでいて川に転落して水死した事案につき，その遺族が国家賠償請求をした事案。

　同高判は，上記平場が堤防の構造上の安定と洗掘の防止を目的とし

て設置されたものであること，危険表示の立看板があった上に，上記平場が日頃住民の多数集合する場所となっていたり，子どもたちの格好の遊び場所になっていたわけでないことなどから，上記堤防が通常有すべき安全性を欠いていたわけでない旨判示し，上記堤防の設置・管理の瑕疵を否定した。

③ **東京地判平成3年3月25日**（判タ768号74頁）〔幼児河川転落事故事件〕

　被告国と被告県が管理している一級河川柳瀬川の堤防から，幼児（2歳）が川に転落して溺れ，重い後遺障害を負った事故につき，当該幼児が国家賠償請求をした事案。

　同地判は，河川は，道路等の人工公物と異なり，もともと自然公物であって，自然の状態において公共の用に供される性質を有することなどから，公衆の河川の自由使用に伴う危険は，原則としてこれを使用する者の責任において回避すべきものであり，その観点からすると，河川の管理に瑕疵があったというためには，当該土堤付近が頻繁に人の通行の用に供され，あるいは子どもの遊び場として常時利用されている状況の下，河川管理者が護岸工事等によって土堤部分に人為的に手を加えた結果，土堤部分からの転落事故が生じる危険性が従前より増大したことが必要であるところ，本件ではそのような事情はなく，本件事故は，転落場所付近の篠・灌木の密生した天端上に登って遊ぶという幼児特有の危険を顧みない異常行動に基づくものであるから，被告らがこのような場合をも想定して，転落防止のための防護施設等を設置する義務はないとして，河川の設置・管理の瑕疵を否定した。

　なお，同地判と同様に，河川の本来的危険性による自己責任の原則を重視して，河川の管理瑕疵を否定した裁判例として，**東京高判昭和63年10月27日**（判タ707号103頁）がある。

第3章　法2条 —公の営造物の設置・管理の瑕疵—

Q28　国家賠償法2条関係の類型別検討③：学校施設の瑕疵関係

　公立学校の施設（プール，サッカーゴール）の設置又は管理に瑕疵があるとは，どのような場合ですか。

A　裁判例によれば，「設置・管理の瑕疵」とは，営造物が通常有すべき安全性を欠いていることをいいますが，予見可能性又は回避可能性がない場合（つまり，事故発生が不可抗力である場合）においても，営造物の設置・管理の瑕疵が否定されます。
　なお，学校施設の設置・管理の瑕疵に関する裁判例は，解説を参照してください。

1　学校施設の瑕疵による事故と国家賠償法2条の適用

　学校教育法施行規則1条1項は，「学校には，その学校の目的を実現するために必要な校地，校舎，校具，運動場，図書館又は図書室，保健室その他の設備を設けなければならない。」と規定しており，これらの設備は総称して「学校施設」と呼ばれています（学校施設の確保に関する政令2条2項参照）。
　国家賠償法2条の「公の営造物」とは，国又は公共団体によって直接に公の目的に供用されている有体物又は物的設備をいいますが，公立学校の学校施設が「公の営造物」であってその設置又は管理の瑕疵が事故の原因であるときは，国家賠償法2条により設置者たる国又は公共団体が損害賠償責任を負うことになります。国公立学校の場合における学校施設は，国家賠償法2条にいう「公の営造物」に該当するので，設置者たる国又は公共団体が責任を負うことになります。
　裁判例によれば，「設置・管理の瑕疵」とは，営造物が通常有すべき安全

280

性を欠いていることをいいますが，予見可能性又は回避可能性がない場合（つまり，事故発生が不可抗力である場合）においても，営造物の設置・管理の瑕疵が否定されます。

　なお，私立学校の学校施設には，国家賠償法の適用がないので，民法717条（土地の工作物等の占有者及び所有者責任）に基づき，占有者又は所有者たる学校法人又はその他の私人が責任を負うことになります。

　以下，学校施設事故に国家賠償法2条を適用した主な裁判例を紹介します。

2　学校施設事故に関する主な裁判例

(1)　国家賠償法2条責任の肯定例

①　最判昭和56年7月16日（判時1016号59頁）

　　児童公園で一人遊びをしているうちに，小学校内に設置されているプールの周りに張られていた高さ1.8mの金網フェンスを乗り越えて，プールに転落し水死したことにつき，その遺族が本件プールに設置・管理に瑕疵があるとして国家賠償請求をした事案（第1審は瑕疵を否定したが，第2審は瑕疵を肯定）。

　　「右事実関係のもとにおいて，小学校敷地内にある本件プールとその南側に隣接して存在する児童公園との間はプールの周囲に設置されている金網フェンスで隔てられているにすぎないが，右フェンスは幼児でも容易に乗り越えることができるような構造であり，他方，児童公園で遊ぶ幼児にとって本件プールは1個の誘惑的存在であることは容易に看取しうるところであって，当時3歳7か月の幼児であった亡Kがこれを乗り越えて本件プール内に立ち入ったことがその設置管理者である上告人の予測を超えた行動であったとすることはできず，結局，本件プールには営造物として通常有すべき安全性に欠けるものがあったとして上告人の国家賠償法2条に基づく損害賠償責任を認めた原審の判断は，正当として是認することができる。」と判示し，原判決を支持して設置・管理の瑕疵を認めた。

第3章　法2条 —公の営造物の設置・管理の瑕疵—

② **神戸地判平成10年2月27日**（判時1667号114頁）

市立中学校に設置されたプールで生徒（原告）が逆飛込みをしてプールの底に頭を打ち，頚椎骨折等の傷害を負った事故につき，原告及びその両親（原告ら）が本件プールに設置・管理の瑕疵があるとして，被告市に対して国家賠償請求をした事案。

同地判は，本件プールが財団法人日本水泳連盟のプール公認規則の基準を満たしていないなどの事情に照らすと，「本件プールにおいてスタート台から逆飛び込みを行う場合には人身事故の発生する危険性が高かったのであるから，本件プールは，そのような利用をするプールとして通常有すべき安全性を欠いていたものであり，設置管理上の瑕疵を有するものであった」旨判示した（過失相殺5割，賠償額合計約7,457万円）。

③ **金沢地判平成10年3月13日**（判時1667号114頁）

中学三年生（原告）が体育の水泳授業中プールで飛び込みをしてプールの底で頭部を打ち，頚髄損傷等の重傷を負った事故につき，原告及びその両親（原告ら）が本件プールに設置・管理の瑕疵があるとして，被告市に対して国家賠償請求をした事案。

同地判は，本件プールが財団法人日本水泳連盟のプール公認規則の基準を満たしていないなどと判示した上，「本件プールは，本件事故発生当時，生徒の飛び込み台からの飛び込みを伴って使用されるプールでありその水深，飛び込み台の存在及びその高さにおいて，そのようなプールとして通常有すべき安全性を欠いた設置管理上の瑕疵があったと認められる。」と判示した（賠償額合計1億5,660万円）。

④ **大阪地判平成25年7月29日**（ウエストロー・ジャパン）

高校のバレー部員であった原告が，体育館の天井部分に乗ったボールを取ろうとはしごを使い天井部分に上ったところ，飾り板部分を踏み抜いて転落し，左外傷性視神経症や右橈骨遠位端骨折等の傷害及び視力の後遺障害を負った事故につき，原告及びその家族が，本件体育館の設置又は管理の瑕疵をあるとして，被告府に対して国家賠償請求をした事案。

同地判は，従前も飾り板踏み抜き事故が生じていた本件高校は，本件事故に至るまで，天井部分にボールが乗らないようにする措置や部員が物理的にはしごを使用できないようにする措置を何ら執っていないから，被告府は，本件事故時点において，部活動中にボールが天井部分に乗り，部員がボールを取るため天井部分に上る可能性があることを十分認識でき，ひいては本件事故を予見できたなどと判示し，本件体育館の設置又は管理の瑕疵を認め，3割の過失相殺をするなどして原告の請求を一部認容（約2,442万円の請求の範囲で認容）したが，家族らの精神的苦痛による慰謝料請求は棄却した。

(2) **国家賠償法2条責任の否定例**

① **最判平成5年3月30日**（民集47巻4号3226頁）〔テニスコート審判台事件〕→予見可能性を否定

　　幼児が，町立中学校のテニスの審判台に昇り，その後部から降りようとしたため審判台が転倒し，その下敷きになって死亡したことにつき，その遺族が当該審判台に設置・管理の瑕疵があるとして，町に対して国家賠償請求をした事案（第1審及び第2審は瑕疵を肯定）。

　　同最判は，当該審判台には，本来の用法に従って使用する限り，転倒の危険がなく，上記幼児の行動が当該審判台の設置管理者の通常予測し得ない異常なものであった旨示し，設置・管理の瑕疵を否定した（原判決を破棄し，第1審判決を取り消した。）。

② **札幌地判平成15年4月22日**（裁判所ウェブサイト）→通常有すべき安全性を肯定

　　中学生（原告）が他の者と町立小学校のグラウンドでサッカーの練習をしていたところ，サッカーゴールが前方に倒れ，ゴールのクロスバーで頭部等を強打し骨折等の傷害を負った事故につき，被告町がサッカーゴールに転倒防止措置を講じることなく放置したことが設置又は管理の瑕疵に当たるとして，国家賠償請求をした事案。

　　同地判は，本件事故現場の地面に凹凸がある等，同サッカーゴールが特に倒れやすい状態で設置されていたと認めるべき事情がうかがわれないこと等諸般の事情を考慮すると，サッカーゴールが前方に倒れ

第3章　法2条 ―公の営造物の設置・管理の瑕疵―

やすく，死傷事故を生じさせるおそれのあるものであったということ
はできず，杭や金具等で固定するなどの措置を執らなかったことを
もって，通常有すべき安全性を欠き，設置又は管理に瑕疵があったと
いうことはできないとされた旨判示し，設置又は管理に瑕疵を否定し
た。

　なお，私立学校の事案であるが，**岐阜地判昭和60年9月12日**（判時
1187号110頁）は，学園内の固定不十分なサッカーゴールが転倒して園
児の頭部を強打し，園児が死亡した事故につき，サッカーゴールの設
置・保存の瑕疵（民法717条の土地工作物の設置・保存の瑕疵）を肯定して
いる（過失相殺4割，賠償額合計約1,347万円）。

284

コラム・5

コラム・5

―― 公式記者会見を行う場合における一般的な対応について ――

　職員の不祥事があった場合などにおいて，所属長や責任者が公式記者会見を行う必要がある場合があると思います(国家賠償請求事案でも，同様な記者会見を行う必要がある場合があるでしょう。)。このような会見について，多少の経験者として，平素一般的に感じていることを述べたいと思います。

Q　公式記者会見に応じる者は，一般的に誰になりますか。
A　一般的に，役所の長又は所属長が対応することになります。
　　会見では，事案にもよると思いますが，役所の長又は所属長のほか，これを補佐する者1〜2人を含め，2〜3人で対応する必要がある場合もあると思われます。

Q　公式記者会見での服装は，どのようなものが自然ですか。
A　一般的に，スーツ・ネクタイを着用した方が自然でしょう。これらの色合いも地味系統のものが自然のように思われます。また，身だしなみにも注意すべきです。

Q　公式記者会見場の設営はどのようにすべきですか。
A　一般的に，会見側が記者の人たちに対面するように机と椅子を配置すべきものと考えられます。また，規模に応じて，記者側は椅子のみを並べることもあります。

Q　公式記者会見には，進行係のような人がいた方がよいですか。
A　事案にもよりますが，通常は，進行係のような人がいた方がよい場合が多いと思われます。
　　例えば，会見の開始に当たり，「ただ今より，〇〇の記者会見を行いたいと思います。」と言って，会見開始を告げることにより，会見にメリハリがつくでしょう。

Q　冒頭のコメントを出す場合において，注意すべき点はありますか。
A　冒頭のコメントは，会見責任者が行うことになりますが，椅子から立ち，きちんとした姿勢で，簡潔にコメントの発表をすべきです。なお，コメン

トの正確を期するため発表文を読み上げる形でもよいでしょう。

　謝罪会見の場合には，コメントを発表した後に，一堂できちんと礼をするのが自然です。

　その後，「それでは，着席させていただいて皆様のご質問に答えさせていただきます。」と言って，着席して，質疑に応答するのが良いでしょう。

　なお，着席した後は，きちんとした姿勢で応対すべきです。机の下の足も，テレビカメラの視界に入りますので，きちんとそろえておくべきでしょう。

Q　公式記者会見における記者の人たちとの質疑・応答に当たって注意すべき点として，どのようなことが考えられますか。

A　記者の質問に誠実かつ的確に答えるようにします。その際，絶対に嘘をつかないこと，また，ミスリードするような答え方をしないようにする必要があります。

　なお，複数人で記者会見に臨むときは，記者の質問に対して，誰が回答するか役割を決めておく必要があります。会見責任者が全ての事項を把握していない場合もあると思われますので，回答の正確性を期すためには，役割を決めておくことが良いと思われます。

Q　関係者(被害者)の人権，プライバシーの侵害にわたるような質問をされた場合は，どうすべきですか。

A　回答は，関係者(被害者)の人権，プライバシーの侵害にわたらないかを常に念頭に置きながら，記者の質問に的確に答えるようにする必要があります。

　もし，関係者(被害者)の人権，プライバシーの侵害にわたると考えられる質問がされた場合には，「関係者のプライバシーにも関係しますので，お答えは差し控えさせていただきます。」などと言って，回答を差し控える必要があると思われます。

　なお，刑事事件で捜査中の事項についても，捜査機関の捜査に支障を来すと思われる事項については，「現在，警察で捜査中ですので，お答えは差し控えさせていただきます。」などと答える必要がある場合もあるでしょう。

コラム・5

Q 記者の質問で，同一の機会で重複した事項について回答や意見を求められた場合において，注意すべき点はありますか。

A 同一の機会にXとYの事項について質問された場合には，Xに対する回答・意見をYに対する回答と取り違えられて報道されるおそれもありますので，Xの事項に対するものか，それともYの事項に対するものかを，はっきりと区別して回答・意見を述べるようにすべきです。そして，回答・意見を述べる際に，事案によっては，どの事項に対する回答・意見であるか念押ししておくことも必要であると思われます。

Q 他の官庁や官公署に関係する事項について，回答や意見を求められた場合には，どのように答弁したらよいですか。

A 事案にもよると思いますが，「他官庁に関する事項については，お答えを差し控えさせてただきます。」などと答える必要があると思われます。

Q 会見の時間が経ち，記者の人たちの質問が途切れがちとなった場合，どうすべきですか。

A 進行係がいる場合には，進行係が「ご質問がなければ，これで会見を終了させていただきたいと思います。」と言うことができますが，質問がまだ予定されているのに，強引に会見を終了させることはやめるべきです。

Q 記者の人たちの質問に対する準備として，どのようなことが考えられますか。

A 一般的に記者からの質問を想定し，会見の準備をし，的確かつ正確に回答をすることができるようにすべきです。そのためには，事案にもよりますが，想定される質問と回答を記載した，いわゆる「想定問答集」を作成すべきでしょう。

　この作成には，複数の担当者が意見を出し合って作成すると，かなり的確なものができると思われます。

287

第4章

法3条〜法6条

第4章　法3条～法6条

Q29　国家賠償法3条の「費用負担者」と「内部求償権」の意義

(1)　国家賠償法3条1項にいう「費用負担者」とは，どのような者（団体）をいいますか。

(2)　国家賠償法3条2項にいう「内部関係でその損害を賠償する責任ある者」とは，どのような者（団体）をいいますか。

A

(1)　「費用負担者」とは，国家賠償法1条においては「加害公務員の棒給・給与その他の費用を支払う者（団体）」，また，同法2条においては「公の営造物の設置・管理の費用を負担する者（団体）」をいいます。この費用負担者は，加害公務員の選任・監督者（団体）又は公の営造物の設置・管理者（団体）とともに，損害賠償責任を負います（同法3条1項）。

(2)　内部的な負担関係については，賠償費用の負担割合が法令で定められている場合には，それによります。しかし，そのような法令上の規定がない場合には，「内部関係でその損害を賠償する責任ある者」（つまり，内部的な負担者）が誰かについては，学説が分かれていますが，最高裁判例では，人件費を除いた費用を負担する者（団体）とする費用負担者説（人件費を除いた費用負担者説）によっています。

「費用負担者」と「内部求償権」とは

①	国家賠償法3条1項にいう「費用負担者」とは	「加害公務員の棒給・給与その他の費用を支払う者」又は「公の営造物の設置・管理の費用を負担する者」をいい，この費用負担者は，加害公務員の選任・監督者又は公の営造物の設置・管理者とともに，損害賠償責任を負う。

| ② | 国家賠償法3条2項にいう「内部関係でその損害を賠償する責任ある者」とは | 内部的な負担関係について法令上の規定がない場合には，学説が分かれているが，最判平成21年10月23日（民集63巻8号1849頁）〔公立中学校体罰事件〕では，人件費を除いた費用を負担する者（団体）とする費用負担者説（人件費を除いた費用負担者説）によっている。 |

1 国家賠償法3条の意義

(1) 国家賠償法3条1項関係（費用負担者の賠償責任）

　国家賠償法3条1項は，「前二条の規定によって国又は公共団体が損害を賠償する責に任ずる場合において，公務員の選任若しくは監督又は公の営造物の設置若しくは管理に当る者と公務員の俸給，給与その他の費用又は公の営造物の設置若しくは管理の費用を負担する者とが異なるときは，費用を負担する者もまた，その損害を賠償する責に任ずる。」と規定しています。

　国家賠償法にいう賠償責任者の主体は，「国又は公共団体」ですが，同項は，その具体的な主体につき，①同法1条については「加害公務員の選任・監督に当たる者（団体）」と「加害公務員の俸給・給与その他の費用を支払う者（団体）」とが異なる場合，また，②同法2条については，「公の営造物の設置・管理を行う者（団体）」と「その設置・管理の費用を負担する者（団体）」とが異なる場合には，加害公務員の選任・監督に当たる者（団体）又は公の営造物の設置・管理を行う者（団体）とともに，費用負担者に対しても損害賠償の請求をすることができることを定めます。

　これは，被害者（原告）が損害賠償請求訴訟を提起する際に，被告の選択を誤り，救済の機会を失ってしまうことのないように，いずれの団体に対しても賠償責任を求めることができるようにしたものです。

(2) 国家賠償法3条2項関係（内部求償権）

　国家賠償法3条2項は，「前項の場合において，損害を賠償した者は，内部関係でその損害を賠償する責任ある者に対して求償権を有する。」と規定

第4章　法3条〜法6条

しています。

　これは，被害者に対して損害賠償の支払をした団体が，内部関係でその損害を賠償する責任ある団体に対して求償権を行使することができることを定めます。

2　国家賠償法3条1項関係（費用負担者の賠償責任）

　本項は，上記のとおり，①「加害公務員の選任・監督者（団体）」と「その棒給・給与その他の費用を支払う者（団体）」とが異なる場合，また，②「公の営造物の設置・管理者（団体）」と「その設置・管理の費用を負担する者（団体）」とが異なる場合には，上記選任・監督者又は設置・管理者とともに，費用負担者も賠償責任を負うことを定めます。

(1)　機関委任事務制度の廃止と法定受託事務への移行

　平成11年改正の地方自治法（平成12年4月1日施行）は，機関委任事務制度を廃止し，地方公共団体が処理する事務を「自治事務」と「法定受託事務」に分類しています（Q7「賠償責任の主体」参照）。

　従前の機関委任事務の下では，都道府県知事，市町村長等が国の機関として事務を処理し，主務大臣が事務の監督権者となり，都道府県等は，所属の公務員の給与等を支給する者であるから，国家賠償法3条1項の費用負担者になる関係にありました。

　これに対し，法定受託事務のうち，第1号法定受託事務とは，「法律又はこれに基づく政令により都道府県，市町村又は特別区が処理することとされる事務のうち，国が本来果たすべき役割に係るものであって，国においてその適正な処理を特に確保する必要があるものとして法律又はこれに基づく政令に特に定めるもの」（地方自治法2条9項1号）をいいますが，この第1号法定受託事務においては，法定受託事務自体は，地方公共団体の事務とされているので，同事務に関する賠償責任は，その処理に当たる地方公共団体に属することになり，国は国家賠償法3条1項により費用負担者として賠償責任を負うことがあると解されます（なお，第1号法定受託事務に対する国の関与行為

292

自体が違法とされるときは，国が国家賠償法1条1項の責任主体となることも考えられる。）。

(2) 選任・監督者と費用負担者が異なる場合

ア 両者が異なる場合の例

例えば，市町村立の小・中学校等は市町村が設置しますが，その教諭の給与は都道府県が支払うことになっています（市町村立学校職員給与負担法1条，2条）。

したがって，例えば，市立中学校の教師が生徒に体罰を加え，生徒を負傷させた場合，市は国家賠償法1条1項により，都道府県（費用負担者）は同法3条1項により賠償責任を負うことになります。

また，都道府県警察職員のうち，警視総監（都），警察本部長（道府県）その他警視正以上の階級にある者（地方警務官）については，法制上は国家公務員とされている（警察法56条1項，37条1項1号）ところから，これらの者が都道府県警察の事務を行うときは，国は，給与等の支給者として，国家賠償法3条1項の費用負担者となります。ただし，これらの地方警務官以外の都道府県警察の警察官が違法な事務を行ったときは，国家賠償法1条1項によりその損害の賠償の責めに任ずるのは当該都道府県であり，原則として国は責任を負わないとするのが裁判例です（後記イ②の**最判昭和54年7月10日民集33巻5号481頁**）。

イ 主な裁判例

① **横浜地小田原支判平成29年9月15日**（判時2373号70頁）

市立小学校前の公道上で，図工授業の絵を描いていた同校児童が民間人運転の自動車に轢かれて死亡した事案につき，担当教諭の職務上の過失があると認定して，市に対して国家賠償法1条1項により，県に対して同法3条1項による賠償責任を認めた。

② **最判昭和54年7月10日**（民集33巻5号481頁）

都道府県警察の警察官がいわゆる交通犯罪の捜査を行うにつき故意又は過失によって違法に他人に損害を与えた場合において，検察官が自ら行う犯罪の捜査の補助に係るものであるとき（刑事訴訟法193条3項参照）のような例外的な場合を除いて，当該都道府県の公権力の行使

第4章　法3条〜法6条

にほかならないので，国家賠償法1条1項によりその損害の賠償の責めに任ずるのは，当該都道府県であり，国はその責めを負うものではない旨判示。

⑶　補助金関係

ア　補助金と国の費用負担者の責任

国は，その施策を行うため特別の必要があると認めるとき又は地方公共団体の財政上特別の必要があると認めるときに限り，当該地方公共団体に対して，補助金を交付することができることとされています（地方財政法16条）。

そこで，補助金交付者である国が国家賠償法3条1項の費用負担者に当たるかどうかが問題となります。

この点につき，後記イ①の**最判昭和50年11月28日**（民集29巻10号1754頁）は，国立公園事業につき補助金を交付していた事案に関し，①営造物の設置費用につき法律上負担する義務を負う者と同等若しくはこれに近い費用を負担し，②実質的に事業を共同して執行していると認められ，③営造物の瑕疵による危険を効果的に防止し得る場合（3要件）は，補助金交付者も費用負担者となるとしています。

また，複数の営造物によって構成される複合的な施設の場合は，瑕疵があるとされた個別の施設について上記基準を当てはめて費用負担者であるか否かが検討されることになります（後記イ②の**最判平成元年10月26日民集43巻9号999頁**は，国立公園内の個別の施設につき25％の補助金の交付をしているにすぎない場合につき，国の費用負担者としての責任を否定した。）。

なお，国立公園事業については，平成16年の三位一体改革により，国の直轄事業とされたため，平成17年度から国の補助金が廃止されたため，国立公園事業については，この問題がなくなりました。

イ　主な裁判例

①　**最判昭和50年11月28日**（民集29巻10号1754頁）→国の費用負担者性を肯定

国が地方公共団体に対し，国立公園事業としての周回路に関する設置費用の2分の1近くを補助金として負担していた事案。

「同法（筆者注：国家賠償法）3条1項所定の設置費用の負担者には，

294

当該営造物の設置費用につき法律上負担義務を負う者のほか，この者と同等もしくはこれに近い設置費用を負担し，実質的にはこの者と当該営造物による事業を共同して執行していると認められる者であって，当該営造物の瑕疵による危険を効果的に防止しうる者も含まれると解すべきでありしたがって，公の営造物の設置者に対してその費用を単に贈与したに過ぎない者は同項所定の設置費用の負担者に含まれるものではないが，法律の規定上当該営造物の設置をなしうることが認められている国が，自らこれを設置するにかえて，特定の地方公共団体に対しその設置を認めたうえ，右営造物の設置費用につき当該地方公共団体の負担額と同等もしくはこれに近い経済的な補助を供与する反面，右地方公共団体に対し法律上当該営造物につき危険防止の措置を請求しうる立場にあるときには，国は，同項所定の設置費用の負担者に含まれるものというべきであり，右の補助が地方財政法16条所定の補助金の交付に該当するものであることは，直ちに右の理を左右するものではないと解すべきである。」と判示し，設置費用の２分の１近くの補助金を交付している国を国家賠償法３条１項の費用負担者と認定した。

② **最判平成元年10月26日**（**民集43巻９号999頁**）→国の費用負担者性を否定

国立公園内に県が架設した吊り橋のワイヤーが切断し，登山者が転落した事故につき，国が上記吊り橋を含む国立公園内の道路に対し自然公園法26条に基づき交付した補助金額が，上記吊り橋及び道路の全体に対する国の補助金割合が50％に達するが，上記吊り橋に限定した場合には25％にとどまる事案。

「国が，自然公園法14条２項により地方公共団体に対し国立公園に関する公園事業の一部執行として特定の営造物を設置することを承認したうえ，同法25条により右地方公共団体が負担すべきものとされているその設置管理（補修を含む。）の費用について同法26条に基づく補助金を度々交付し，その額が右地方公共団体の負担額と同等又はこれに近い額に達している場合には，国は，当該営造物についての費用

第4章　法3条〜法6条

負担の点においては国家賠償法3条1項にいう費用負担者に当たるものということができる（最高裁昭和48年(オ)第896号同年50年11月28日第三小法廷判決・民集29巻10号1754頁参照）。しかしながら，この場合，当該公園事業に関する施設が，社会通念上独立の営造物と認められる複数の営造物によって構成される複合的な施設（以下「複合的施設」という。）であって，その設置管理に瑕疵があるとされた特定の営造物が右複合的施設を構成する個々の施設（以下「個別的施設」という。）であるときは，当該個別的施設と複合的施設を構成する他の施設とを一体として補助金が交付された場合などの特段の事情がない限り，右費用負担者に当たるか否かは，当該個別的施設について費用負担の割合等を考慮して判断するのが相当である。」と判示し，上記吊り橋のための補助金割合が25％の場合において国の費用負担者としての責任を否定した。

③　**広島地判平成10年3月24日**（判時1638号32頁）→国の費用負担者性を否定

広島新交通システムのための橋桁が架設中に落下し，通行中の自動車内の運転者らを死亡させた事故につき，国が同システム建設に対し補助金を交付した事案において，その補助金割合が総事業費の25.3％にすぎないとして，国の費用負担者としての責任を否定した。

3　国家賠償法3条2項関係（内部的な求償関係）

(1)　内部的な求償関係

国家賠償法3条2項は，「公務員の選任・監督者と費用負担者」又は「公の営造物の設置・管理者と費用負担者」のいずれかが被害者に対して損害の賠償をした場合は，内部関係でその損害を賠償する責任のある者に対して求償権を行使することができることを規定しています。

内部的な負担関係については，賠償費用の負担割合が法令で定められている場合（例えば，食品衛生法57条6号は，訴訟事件に要する費用及びその結果支払う賠

296

償費用につき，国と地方公共団体の分担割合を 2 分の 1 ずつ負担すると規定している。）
にはこれに基づくことになり，また，費用の分担割合が法令で定められてい
る場合（道路につき道路法49条以下，河川につき河川法59条以下）は，賠償費用も，
これに準じて負担することとなります（西埜『コンメンタール』1121頁参照）。

　このような法令上の規定がない場合に，誰が内部関係の負担者になるかに
ついては，①管理者説（「公務員の選任・監督者，公の営造物の設置・管理者」であ
るとする説），②費用負担者説（「公務員の俸給，給与その他の費用の負担者，公の営
造物の設置・管理の費用の負担者」であるとする説），③寄与分説（損害発生の寄与度
に応じて両者の負担割合を認めるべきであるとする説）に分かれていますが，費用
負担者説が通説とされています。

　なお，費用負担者説には，①人件費をも含めた費用を負担する者とする費
用負担者説と，②人件費を除いた費用を負担する者とする費用負担者説（人
件費を除いた費用負担者説）とがありますが，後記(2)①の**最判平成21年10月23日**
(民集63巻 8 号1849頁)〔公立中学校体罰求償請求事件〕は，②の「人件費を除
いた費用負担者説」に立っています（なお，西埜『コンメンタール』1120頁参照）。

(2)　**裁判例**

　①　**最判平成21年10月23日（民集63巻 8 号1849頁）〔公立中学校体罰事件〕**

　　　Ｙ市立中学校の教師（Ｘ県が給与等を負担する教職員）の体罰によって
　　生徒が受けた損害につき，国家賠償法 3 条 1 項により賠償債務を履行
　　したＸ県（被上告人）が学校設置者であるＹ市（上告人）に対して同条
　　2 項に基づき賠償額全額を求償請求した事案（第 1 審は，寄与度説に立ち，
　　Ｘ県が 1 ，Ｙ市が 2 の負担割合としたのに対し，第 2 審は人件費を除いた費用負
　　担者説に立ち，賠償費用の最終負担者は，学校経費を負担するとされるＹ市であ
　　るとして，Ｘ県の請求を認容したため，Ｙ市が上告した。）。

　　　「国又は公共団体がその事務を行うについて国家賠償法に基づき損
　　害を賠償する責めに任ずる場合における損害を賠償するための費用も
　　国又は公共団体の事務を行うために要する経費に含まれるというべき
　　であるから，上記経費の負担について定める法令は，上記費用の負担
　　についても定めていると解される。同法 3 条 2 項に基づく求償につい
　　ても，上記経費の負担について定める法令の規定に従うべきであり，

第4章　法3条～法6条

法令上，上記損害を賠償するための費用をその事務を行うための経費
として負担すべきものとされている者が，同項にいう内部関係でその
損害を賠償する責任ある者に当たると解するのが相当である。」と判
示した上，「これを本件についてみるに，学校教育法5条は，学校の
設置者は，法令に特別の定めのある場合を除いては，その学校の経費
を負担する旨を，地方財政法9条は，地方公共団体の事務を行うため
に要する経費については，同条ただし書所定の経費を除いては，当該
地方公共団体が全額これを負担する旨を，それぞれ規定する。上記各
規定によれば，市町村が設置する中学校の経費については，原則とし
て，当該市町村がこれを負担すべきものとされている。他方，市町村
立学校職員給与負担法1条は，市町村立の中学校の教諭その他同条所
定の職員の給料その他の給与（非常勤の講師にあっては，報酬等）は，
都道府県の負担とする旨を規定するが，同法は，これ以外の費用の負
担については定めるところがない。そして，市町村が設置する中学校
の教諭がその職務を行うについて故意又は過失によって違法に生徒に
与えた損害を賠償するための費用は，地方財政法9条ただし書所定の
経費には該当せず，他に，学校教育法5条にいう法令の特別の定めは
ない。そうすると，上記損害を賠償するための費用については，法令
上，当該中学校を設置する市町村がその全額を負担すべきものとされ
ているのであって，当該市町村が国家賠償法3条2項にいう内部関係
でその損害を賠償する責任ある者として，上記損害を賠償した者から
の求償に応ずべき義務を負うこととなる。」と判示し，人件費を除い
た費用負担者説に立ち，Y市の上告を棄却した。

　なお，本判決の判旨の射程は，公の営造物の設置・管理の瑕疵に起
因する国家賠償責任の事案にも妥当するとする見解があります（宇賀
克也「公立学校教員が生徒に与えた損害につき費用負担者が賠償した場合におけ
る求償権の成否」平成21年度重要判例解説（ジュリスト臨時増刊1398号）71頁）。

Q30 国家賠償法4条及び5条の意義 ──過失相殺，消滅時効等

(1) 国家賠償責任については，国家賠償法1条から3条までの規定の
ほか，民法のどのような規定が適用されますか。

(2) 国家賠償法と民法以外の特別法とはどのような関係に立ちますか。

A

(1) 国家賠償法4条は，国又は公共団体の損害賠償の責任について，
民法の規定の適用があることを明らかにし，民法の規定の中でも
不法行為に関する規定（例えば，非財産的損害の賠償（民法710条），生
命侵害による近親者に対する損害の賠償（民法711条），共同不法行為（民法
719条），正当防衛・緊急避難（民法720条），胎児の損害賠償請求権（民法
721条），過失相殺（民法722条，418条），名誉毀損（民法723条）及び損害
賠償請求権の消滅時効（民法724条））等が補充的に適用されます。

(2) 国家賠償法5条は，国又は地方公共団体の賠償責任を軽減又は
加重する特別の定めがある場合に，その特別法を優先適用し，国
家賠償法及び民法はその範囲で適用が除外されることを明らかに
しています。

　責任加重型の例としては，無過失責任を定めた消防法6条3項，
国税徴収法112条2項等があり，他方，責任軽減型の例として，
鉄道営業法11条の2から13条（法定された賠償限度額内での賠償責
任）等があり，また，平成14年法律第121号により改正される前
の郵便法68条等もありました。

第4章　法3条〜法6条

国家賠償法4条・5条関係

①	国家賠償法 4条関係	国家賠償法には，民法の規定（不法行為に関する制度的技術的諸規定）が補充的に適用される。 なお，国家賠償法4条にいう「民法」には，失火責任法等を含むとするのが判例である。
②	国家賠償法 5条関係	国家賠償責任を軽減又は加重する特別の定めがある場合には，その特別法を優先適用し，国家賠償法及び民法はその範囲で適用除外となる。

1　国家賠償法4条及び5条の内容

　国家賠償法4条は，「国又は公共団体の損害賠償の責任については，前三条の規定によるの外，民法の規定による。」と規定し，また，同法5条は，「国又は公共団体の損害賠償の責任について民法以外の他の法律に別段の定めがあるときは，その定めるところによる。」と規定しています。

(1)　国家賠償法4条関係

　同法4条は，国又は公共団体の損害賠償の責任について，民法の規定の適用があることを明らかにするものですが，以下の2点を内容とするのが通説です。

　ア　公権力の行使及び公の営造物の設置・管理についての損害賠償については，国家賠償法を適用するほか，民法の規定（例えば，非財産的損害の賠償（民法710条），生命侵害による近親者に対する損害の賠償（民法711条），共同不法行為（民法719条），正当防衛・緊急避難（民法720条），胎児の損害賠償請求権（民法721条），過失相殺（民法722条，418条），名誉毀損（民法723条），損害賠償請求権の消滅時効（民法724条）のような不法行為に関する制度的技術的諸規定）が補充的に適用されます。

　　なお，**最判昭和34年1月22日**（訟月5巻3号370頁）は，執行委任をなす者と執行吏との関係は，公法上の職権職務であっても国家賠償法4条により民法規定の適用があるから，民法657条（寄託）及び665条（委任の規

300

定の準用）の寄託関係にあることから，執行委任をなす者が執行吏に対して損害賠償請求権を有する旨の上告理由に対し，「国家賠償法4条にいわゆる民法の規定によるとは，損害賠償の範囲，過失相殺，時効等につき，民法の規定によるとの意味であって，所論のように民法657条，665条の寄託関係をも斟酌すべしという趣旨ではない。」と判示し，上告人（執行委任をなす者）の寄託の主張を排斥しています。

イ　国又は公共団体の活動のうち，国又は公共団体の公権力の行使によるもの及び公の営造物の設置・管理の瑕疵によるもの以外から生じた損害，例えば私経済作用によるものについては，民法の不法行為の規定が適用されます。

国家賠償法4条にいう「民法」には，民法の付属法規（例えば，失火責任法，自動車損害賠償補償法）を含むとするのが判例です。すなわち，**最判昭和53年7月17日**（民集32巻5号1000頁）は，公権力の行使に当たる公務員の失火による国又は公共団体の損害賠償責任について，失火責任法の適用があるとし，また，**最判昭和46年11月19日**（民集25巻8号1236頁）は，県警のジープの転回行為による交通事故について，被上告人県は自動車損害賠償補償法3条に基づく賠償責任を負うとしています。

なお，被告市がyahoo! Japan官公庁オークションに出品したトレーラーにつき，原告がこれを落札して買い受けたところ，当該トレーラーに後輪車軸等に錆による腐食の「隠れたる瑕疵」があるとして，当該売買契約を解除した上で売買代金の返還及び損害賠償請求をするなどした事案において，当該腐食は容易に知り得たことを理由に民法570条の「隠れたる瑕疵」に当たらないなどと判示し，原告の請求を棄却した裁判例があります（**益田簡判平成30年8月29日**（公刊物未登載）。なお，本事案では，インターネット掲載の写真の中に，当該トレーラーに雨除けのシートを被せた写真があったことから，原告は，当該シートも本件売買契約の対象になっていると主張したが，同判決は，他の写真を総合すれば，当該シートが本件売買の目的になっていないと判示している。この観点から，いわゆるネットオークションでは，売買対象の範囲を明確にしておく必要があると思われる。）。

第4章　法3条～法6条

(2) 国家賠償法5条関係

本条は，国又は地方公共団体の賠償責任を軽減又は加重する特別の定めがある場合に，その特別法を優先適用し，国家賠償法及び民法はその範囲で適用が除外されることを明らかにしたものです。

責任加重型の例としては，無過失責任を定めた消防法6条3項，国税徴収法112条2項等があり，他方，責任軽減型の例として，鉄道営業法11条の2から13条（法定された賠償限度額内での賠償責任）等があり，また，平成14年法律第121号により改正される前の郵便法68条等もありました。

2　国家賠償法4条関係（過失相殺，共同不法行為，消滅時効等）

(1) 過失相殺と裁判例

ア　過失相殺

民法722条2項は，「被害者に過失があったときは，裁判所は，これを考慮して損害賠償の額を定めることができる。」と規定し，損害の公平な負担という見地から，過失相殺が認められています。国家賠償請求においても，被害者の過失を考慮して過失相殺が認められます。

イ　主な裁判例

① **東京地判平成12年11月8日**（判時1746号97頁）

　　　国道工事事務所の職員が都市計画変更を看過して変更前の都市計画図を示して誤った説明をしたため，不動産売買業を営む原告が誤信して土地を購入して損害を被った事案において，原告は不動産売買業を営む会社であるから，本来自己の責任において調査すべき立場にあるとして，7割の過失相殺を認めた。

② **大阪高判平成18年3月24日**（判例地方自治285号56頁）

　　　固定資産税等の「住宅用地の特例」を適用せずに過大に固定資産税等の賦課徴収をされたため，返還されなかった過納金相当分を国家賠償請求した事案において，所有者が市税務条例に基づく所定の申告をせず，また，毎年送付された納税通知書等を検討すれば過誤に気付く

302

ことができたことなどから，3割の過失相殺を認めた。

③　東京高判平成14年1月31日（判時1773号3頁）〔津久井いじめ自殺事件〕

　　町立中学校の生徒が同級生からのいじめを苦に自殺したことにつき，担当教諭に安全配慮義務違反があったとして，その遺族が町及び県に対して国家賠償請求をした事案において，自殺が被害者の意思的行為であり，その心因的要因が寄与していること，被害生徒においていじめ行為による苦悩を担任教諭にも両親にも打ち明けず，打開策が執られる機会を失ったこと，生徒にもいじめ行為の原因となる行為があったこと，被控訴人ら保護者においても被害生徒の監護養育について注意監督を怠った点があることを考慮し，7割の過失相殺を認めた。

④　福岡地小倉支判平成21年10月1日（判時2067号81頁）

　　小学校5年の男子児童が教師の体罰の直後に自殺した事案において，その自殺は，当該児童の心因的要因が相当程度寄与していることに加え，自殺自体が損害の拡大に寄与した程度を考慮し，9割の過失相殺を認めた。

　　なお，同種事例で，小学校6年生の男子生徒が教師の体罰の1時間後に自殺した事案において，自殺には生徒の心因的要因が寄与していることを考慮し，5割の過失相殺を認めた裁判例もある（**神戸地姫路支判平成12年1月31日判時1713号84頁**）。

(2)　共同不法行為と裁判例

ア　共同不法行為

　民法719条1項前段は，数人が共同の不法行為により他人に損害を加えたときは，各自連帯して損害賠償責任を負うことを規定し，同項後段は，共同行為者のうち加害者が不明の場合でも，同様に連帯賠償責任を負うことを規定しています。

　したがって，私人の不法行為と国家賠償責任とが競合する場合には，「国又は公共団体」も私人とともに，民法719条による共同不法行為責任を負うことになります。ただし，私人（業者）と国・地方公共団体との共同不法行為性を否定する裁判例もあります（後記イ②の**東京地判昭和53年8月3日判時899**

第4章　法3条～法6条

号48頁〔東京スモン事件〕）。

イ　主な裁判例

① **金沢地判昭和53年3月1日**（判時879号26頁）〔北陸スモン事件〕→肯
定例

「本件において，問題とされる各キノホルム剤については，被告会
社らの申請にもとづく，被告国による製造，輸入の許可，承認により，
被告会社らによって製造，輸入，販売が行なわれ，流通に置かれたと
いう関係が認められる。したがって，右被告国の製造，輸入の許可，
承認行為と，被告会社らによる製造，輸入，販売行為はいずれの行為
も本件被害発生について，不可欠のものであると認められ，この意味
で，まさに，密接不可分であって，これらを一体の行為として評価し
得るものである。右のとおりであるから，被告国と被告会社らは，民
法719条，国家賠償法4条により，共同不法行為者として各自連帯し
て，その賠償の責に任ずべきものである。」と判示。

② **東京地判昭和53年8月3日**（判時899号48頁）〔東京スモン事件〕→否
定例

「医薬品の製造等についての承認またはその取消に関する厚生大臣
の権限は，その他の許認可における行政庁の規制権限と同様，行政上
の監督権にほかならず，したがって，医薬品に内在する欠陥により服
用者に被害を生じたときは，因って生じた損害を賠償すべき義務の全
部が製造（輸入）者に帰属するのを当然とし，一定の場合に販売者が
これと共同責任を負うことのあるのは格別として，規制権を行使すべ
き行政庁（その権利義務の帰属する法的主体としての国または地方公
共団体）は，これら業者と共同不法行為者の関係に立つものではない。
ただ，これら行政庁の権限の行使または不行使に違法が認められる場
合において，賠償の対象となる損害が業者のそれと同一である点にお
いて，加害行為者たる業者と規制権者たる行政庁（国または地方公共
団体）の債務とが不真正連帯の関係に立つに過ぎない。」と判示し，
業者と国との共同不法行為責任を否定した。

なお，同様に製薬会社と国との共同不法行為責任の否定した裁判例

304

として，**東京地判昭和57年2月1日**（判時1044号19頁）〔クロロキン薬害事件第1次訴訟〕がある。

(3) **消滅時効・除斥期間と裁判例**

ア **消滅時効・除斥期間**

(ア) 現行民法724条前段は，①不法行為による損害賠償請求権は被害者又はその法定代理人が損害及び加害者を知った時から3年間行使しないときは，時効によって消滅するとし，②同条後段は，不法行為の時から20年を経過したときも同様とすると定めています。

①の3年間は消滅時効期間であることは明らかですが，②の20年の期間の性質については，条文上，消滅時効期間か除斥期間か明らかでないですが，裁判例（後記イ(ア)①の**最判平成元年12月21日民集43巻12号2209頁**）は除斥期間を定めたものであるとしています。

しかし，除斥期間では，時効の停止や中断の適用が認められず，被害者救済の見地から批判がありました。そのような中で，裁判例（**最判平成21年4月28日民集63巻4号853頁**，後記イ(ア)②の**最判平成10年6月12日民集52巻4号1087頁**〔予防接種ワクチン禍事件〕）は，不法行為の時から20年を経過して損害賠償請求がなされた事案において，20年の期間を除斥期間としながらも，時効の停止の規定（現行民法158条又は同法160条）の法意に照らし，現行民法724条後段の効果は生じないとしています。

(イ) このような状況を踏まえて，平成29年改正民法（以下「改正民法」という。）724条は，

「不法行為による損害賠償の請求権は，次に掲げる場合には，時効によって消滅する。

1　被害者又はその法定代理人が損害及び加害者を知った時から3年間行使しないとき。

2　不法行為の時から20年間行使しないとき。」

と規定し（改正民法の施行は2020年4月1日），同条2号の20年の期間を消滅時効期間であるとしました。

これにより，不法行為債権者は，3年の短期消滅時効期間が経過しても，時効の障害事由である完成猶予（改正民法147条〜151条，同法153条，同

第4章　法3条～法6条

法154条，同法158条～161条）の措置を執ることができるようになります。

　また，改正民法724条の2は，「人の生命又は身体を害する不法行為による損害賠償請求権の消滅時効についての前条第1号の規定の適用については，同号中『3年間』とあるのは，『5年間』とする。」と規定し，生命・身体という法益の重要性から，生命又は身体を害する不法行為による損害賠償請求権の短期消滅時効期間について，一般の不法行為の場合の「3年間」（改正民法724条1号）ではなく，改正民法166条1項1号（5年の短期消滅時効）と平仄を合わせ，損害及び加害者を知った時から「5年間」と定めました。

(ウ)　以下，現行民法724条の消滅時効・除斥期間に関する主な裁判例を紹介します。

イ　主な裁判例

(ア)　消滅時効について

　①　**東京高判昭和33年10月21日**（判時171号14頁）

　　　国家賠償請求権の消滅時効は民法724条によるが，ここに「加害者を知る」とは，国家賠償責任については，<u>被害者が国又は公共団体の公権力の行使に当たる公務員としての不法行為であることを知れば，加害者を知ったものである</u>と解する。

　②　**最判昭和46年11月30日**（民集25巻8号1389頁）

　　　「国家賠償法に基づく普通地方公共団体に対する損害賠償請求権は，私法上の金銭債権であって，公法上の金銭債権ではなく，したがって，その消滅時効については，<u>地方自治法236条2項にいう『法律に特別の定めがある場合』として民法145条の規定が適用され，当事者が時効を援用しない以上，時効による消滅の判断をすることができない</u>ものと解すべきである。」と判示し，国家賠償請求権の消滅時効は，国又は公共団体が時効を援用しなければ，裁判所が時効による判断ができないとした。

　③　**最判昭和48年11月16日**（民集27巻10号1374頁）

　　　「民法724条にいう『加害者ヲ知リタル時』とは，同条で時効の起算点に関する特則を設けた趣旨に鑑みれば，加害者に対する賠償請求が

事実上可能な状況のもとに，その可能な程度にこれを知った時を意味するものと解するのが相当であ」ると判示し，被害者が「加害者を知った時」とは被害者において，加害者に対する賠償請求が事実上可能な状況の下に，その可能な程度においてこれを知った時をいうとした。

④　**最判平成14年1月29日**（民集56巻1号218頁）

「同条（筆者注：民法724条）にいう被害者が損害を知った時とは，被害者が損害の発生を現実に認識した時をいうと解すべきである。」と判示し，被害者が損害の発生を現実に認識した時が，「損害を知った時」であるとした。

なお，**最判平成23年4月22日**（判時2116号61頁）は，信用協同組合が自らの経営破綻の危険を説明すべき義務に違反して出資の勧誘をしたことを理由とする出資者（被上告人（原告））の信用協同組合（上告人（被告））に対する不法行為による損害賠償請求事件において，消滅時効の起算点について，上記③**最判昭和48年11月16日**を前提に，遅くとも同種の集団訴訟が提起された時点から進行すると判示したが，その際，出資者による上記勧誘の違法性の認識に関する証拠の入手程度につき，「上記時点においては，被上告人（筆者注：原告）が上記の勧誘が行われた当時の上告人（筆者注：被告）の代表理事らの具体的認識に関する証拠となる資料を現実には得ていなかったとしても，上記の判断は何ら左右されない。」と判示し，信用協同組合（上告人（被告））の代表理事らの違法性の認識に関する証拠資料を現実に得ていることを要しないとしている。

上記③及び④の判例等に関連し，国家賠償請求訴訟の場合，国又は公共団体が消滅時効の援用（抗弁事実）をすることとなるが，原告（国賠請求者）の認識の程度により，消滅時効の起算点（つまり，「被害者又は法定代理人が損害及び加害者を知った時」）が遅れることになり，ひいては時効の完成が後にずれることになるので，当事者はこれらの判例の趣旨を理解した上で各自の主張を展開する必要があると考えられる（深見『国家賠償訴訟』84頁参照）。

第4章　法3条~法6条

　　なお，民法724条前段ではなく，地方自治法238条所定の消滅時効の
　主張をした事案において，同主張をすることが信義則に反し許されな
　いとした裁判例として，**最判平成19年2月6日**（民集61巻1号122頁）
　〔在ブラジル被爆者健康管理手当等請求事件〕がある。
（イ）　除斥期間について
　①　**最判平成元年12月21日**（民集43巻12号2209頁）
　　　「民法724条後段の規定は，不法行為によって発生した損害賠償請求
　権の除斥期間を定めたものと解するのが相当である。」「裁判所は，除
　斥期間の性質にかんがみ，本件請求権が除斥期間の経過により消滅し
　た旨の主張がなくても，右期間の経過により本件請求権が消滅したも
　のと判断すべきであり，したがって，被上告人ら主張に係る信義則違
　反又は権利濫用の主張は，主張自体失当であって採用の限りではな
　い。」と判示し，除斥期間の経過により当該請求権が消滅したとの主
　張がなくとも請求権の消滅の判断をすべきであるとして，信義則違反，
　権利濫用の主張も排斥した。
　②　**最判平成10年6月12日**（民集52巻4号1087頁）〔予防接種ワクチン禍事
　件〕
　　　不法行為の被害者が不法行為の時から20年を経過する前6か月内に
　おいて当該不法行為を原因として心神喪失の常況にあるのに法定代理
　人を有しなかった場合において，その後当該被害者が禁治産宣告を受
　け，後見人に就任した者がその時から6か月内に当該不法行為による
　損害賠償請求権を行使したなど特別の事情があるときは，民法158条
　の法意に照らし，同法724条後段の効果は生じないと解するのが相当
　である。
⑷　**失火責任法と国家賠償法4条の関係**
　ア　失火責任法の内容
　「失火ノ責任ニ関スル法律」（明治32年法律第40号）は，「民法第709条ノ規定
ハ失火ノ場合ニハ之ヲ適用セス但シ失火者ニ重大ナル過失アリタルトキハ此
ノ限ニ存ラス」と規定し，失火の場合には，重過失がある場合に限り，損害
賠償責任を負うことを定めます。そこで，失火責任法は，民法709条に対す

る特別規定であると解されています。

　ところで，国家賠償法４条にいう「民法」には，失火責任法を含むとするのが判例です（後記イの各裁判例）。したがって，失火者が公権力の行使に当たる公務員である場合，軽過失のときは当該国又は公共団体は被害者に対して責任を負わず，当該公務員が重過失があるときにのみ国又は公共団体が被害者に対して責任を負うことになります。

　イ　主な裁判例
　　①　**最判昭和53年７月17日**（民集32巻５号1000頁）
　　　　「国又は公共団体の損害賠償の責任について，国家賠償法４条は，同法１条１項の規定が適用される場合においても，民法の規定が補充的に適用されることを明らかにしているところ，失火責任法は，失火者の責任条件について民法709条の特則を規定したものであるから，国家賠償法４条の『民法』に含まれると解するのが相当である。」「公権力の行使にあたる公務員の失火による国又は公共団体の損害賠償責任については，国家賠償法４条により失火責任法が適用され，当該公務員に重大な過失のあることを必要とするものといわなければならない。」
　　②　**最判平成元年３月28日**（判時1311号66頁）
　　　　「消防署職員の消火活動が不十分なため残り火が再燃して火災が発生した場合における公共団体の損害賠償責任について失火ノ責任ニ関スル法律の適用があることは，当裁判所の判例（最高裁昭和52年(オ)第1379号同53年７月17日第二小法廷判決・民集32巻５号1000頁参照）とするところであり，いまこれを変更する必要はないというべきである。」

3　国家賠償法5条関係の裁判例

　本条は，前記のとおり，国又は公共団体の賠償責任を軽減又は加重する特別の定めがある場合に，その特別法が優先適用されることを規定したもので

第4章　法3条～法6条

す。

　責任軽減型の例であった平成14年法律第121号により改正される前の郵便法68条及び73条については，**最大判平成14年9月11日**（民集56巻7号1439頁）が，これらの規定のうち，書留郵便物について郵便業務従事者の故意又は重大な過失によって，及び特別送達郵便物について郵便業務従事者の軽過失によって損害が生じた場合に，国の損害賠償責任を免除し又は制限している部分は，合理的な理由がないとして憲法17条に反して違憲であると判示しています。

Q31　国家賠償法6条の相互保証主義

Q31　国家賠償法6条の相互保証主義

国家賠償法6条の相互保証主義とは，どのような意味ですか。

A　相互保証主義とは，外国人が日本国内において国家賠償法1条又は2条による損害を受けた場合，その外国人の本国で日本人が同様の損害を受けたときに，その国又は公共団体に対して損害賠償を請求する権利が認められているときに限り，その外国人に対して損害賠償責任を負うことをいいます。これは衡平の観念に基づきます。

　なお，国家賠償法6条は，同法1条又は2条の要件に当たる場合に適用されることから，同条の適用範囲外と解されている「国又は公共団体の私経済作用（例えば，医療行為等）」及び「国又は公共団体の普通財産の設置又は管理の瑕疵」による損害賠償については，適用されないことになります。

国家賠償法6条の相互保証主義とは

①	相互保証主義とは	相互保証主義とは，外国人が日本国内において国家賠償法1条・2条による損害を受けた場合，その外国人の本国で日本人が同様の損害を受けたときに，その国又は公共団体に対して損害賠償を請求する権利が認められているときに限り，その外国人に対して損害賠償責任を負うことをいう。
②	相互保証のある国等	相互保証が認められている国として，大韓民国，朝鮮民主主義人民共和国，中華人民共和国，中華民国，ドイツ連邦共和国，ノルウェー，アメリカ合衆国，イギリス，ロシア等がある。

311

第4章　法3条〜法6条

1　国家賠償法6条の意義と合憲性

(1)　相互保証主義の意義

　国家賠償法6条は，「この法律は，外国人が被害者である場合には，相互の保証があるときに限り，これを適用する。」と規定し，相互保証主義を採用することを明らかにしています。

　相互保証主義とは，外国人が日本国内において国家賠償法1条又は2条による損害を受けた場合，その外国人の本国で日本人が同様の損害を受けたときに，被害者である日本人がその国又は公共団体に対して損害賠償を請求する権利が認められているときに限り，その外国人に対して損害賠償責任を負うことをいい，衡平の観念に基づきます。

　なお，国家賠償法6条は，同法1条又は2条の要件に当たる場合に適用されることから，同条の適用範囲外と解されている「国又は公共団体の私経済作用（例えば，医療行為等）」及び「国又は公共団体の普通財産の設置又は管理の瑕疵」による損害賠償については，適用されないことになります。

(2)　国家賠償法6条の合憲性と裁判例

ア　合憲性

　憲法17条は，「何人も，公務員の不法行為により，損害を受けたときは，法律の定めるところにより，国又は公共団体に，その損害を求めることができる。」と規定しているところ，相互保証主義を採用した国家賠償法6条が憲法17条の「何人も」との規定に違反しないか問題となります。

　この点，通説は合憲であると解していますし，後記裁判例も合憲であると判断しています。

イ　主な裁判例

①　東京地判平成14年6月28日（判時1809号46頁）

　アメリカ人受刑者に革手錠の継続的な使用をしたことの違法性が問題となった事案（同判決は違法と判示）。

　「国家賠償法6条が外国人による国家賠償請求を相互の保証のある場合に限定しているのは，我が国の国民に対して国家賠償による救済を認めない国の国民に対し，我が国が積極的に救済を与える必要がな

312

いという，衡平の観念に基づくものであり，外国人による国家賠償請
求について相互の保証を必要とすることにより，外国における我が国
の国民の救済を拡充することにも資するものということができる。」
として，その趣旨及び内容には，一定の合理性が認められると判示し，
憲法17条に違反しないとした。

　なお，同旨の判決として，**東京地判平成26年 1 月15日**（**判時2215号30
頁**）〔公安テロ情報流出事件〕等があります。

2　相互保証の内容

(1)　**国家賠償法 6 条にいう「外国人」の範囲**
　①　外国人とは，日本国籍を有しない者をいい，自然人のほか外国法人
　　も含まれます。
　②　無国籍者については，相互保証が考えられないので，日本人と同様
　　に扱われます。
　③　日本国と外国の二重国籍者については，外国人ではありません。
　④　外国国籍の二重国籍者については，そのうちのいずれかの外国が日
　　本人に対する損害賠償請求権を保証していればよいと解されています
　　（大韓民国と朝鮮民主主義人民共和国につき，**京都地判昭和48年 7 月12日判時755
　　号97頁，広島地福山支判平成 4 年 4 月30日判例地方自治104号76頁等**）。
　⑤　「難民の地位に関する条約」の適用を受ける難民については，同条
　　約 7 条 2 項が，「すべての難民は，いずれかの締結国の領域内に 3 年
　　間居住した後は，当該締結国の領域内において立法上の相互主義を適
　　用することはない。」と規定しています。ここにいう「立法上の相互
　　主義」には国家賠償法 6 条も含まれると解されるので，日本国内に 3
　　年間以上居住している難民に対して相互保証の適用がないことになり
　　ます。

第4章　法3条～法6条

(2)　相互保証の根拠と相互保証のある国等

ア　相互保証の根拠

相互保証の根拠としては，国家賠償法等の法律の明文（例えば，中国国家賠償法（1995年1月1日施行），大韓民国国家賠償法等）のほか，法律に代わる条約，協定，判例法によって認められていればよいと解されています。

イ　相互保証のある国等

裁判例上，相互保証が認められている国等の例としては，

① 大韓民国及び朝鮮民主主義人民共和国（**東京地判昭和32年5月14日判時118号6頁，京都地判昭和48年7月12日判時755号97頁，広島地福山支判平成4年4月30日判例地方自治104号76頁等**）

　　なお，例えば，上記広島地福山支判平成4年4月30日は，「原告甲野が朝鮮籍を，原告乙野が韓国籍をそれぞれ有していることは前記のとおりであるところ，原告らはわが国の国家賠償法によって本件請求をしている。……（中略）……そこで，検討するに，朝鮮，韓国といういわゆる分裂国家の場合には，いずれか一方の政府の法令上相互の保証があれば，原告らがいずれの政府を支持するかを問わず，同法6条にいう相互の保証があると言うべきである。してみると，同法6条の相互保証の関係では，大韓民国国家賠償法7条に相互保証の規定があるから，原告乙野については勿論のこと，原告甲野も，その請求権の有無をわが国の国家賠償法によって判断するのに何ら妨げはない。」と判示している。

② 中華民国（**東京地判昭和47年6月26日判タ285号266頁**）

③ ドイツ連邦共和国（**東京地判昭和51年5月31日判時843号67頁**），

④ ノルウェー（**東京地判昭和44年10月25日訟月15巻10号1185頁**）

⑤ アメリカ合衆国（**東京地判平成14年6月28日判時1809号46頁**）

⑥ イギリス（**大分地判昭和60年2月20日判時1153号206頁**）

⑦ ロシア（**札幌地判平成22年3月19日判時2095号87頁**）

⑧ ナイジェリア連邦共和国（**東京地判平成19年3月29日判タ1256号72頁**）

⑨ モロッコ，イラン，アルジェリア及びチュニジア（**東京地判平成26年1月15日判時2215号30頁〔公安テロ情報流出事件〕**）

314

⑩　中華人民共和国，フィリピン，ウクライナ（**福島地判平成29年10月10日**
判時2356号３頁〔東京電力福島第一原発事故福島事件（生業訴訟）第１審判決〕。
なお，同判決は，大韓民国も相互保証国と認めている。）

などがあります。

そのほか，相互保証のある国等として，カナダ，スイス，オーストラリア，
タイ，イタリア，ブラジルなどがあります（西埜『コンメンタール』1214頁参照）。

(3)　相互保証の程度と裁判例

ア　相互保証の程度

諸外国の国家賠償制度は，国により賠償責任を負うための要件の定め方は
様々であり，大韓民国の国家賠償法のように賠償の額を定額化している国も
あります。そこで，相互保証があるといえるには，どの程度の保証があれば
よいかが問題となります。

この点，学説としては，①被害者である外国人の本国法に定める要件の範
囲内でのみ国家賠償法の適用を認めるという厳格な見解もありますが，②そ
の本国法が日本の国家賠償法１条１項又は２条１項と全く同一であることを
必要とせず，重要な点で同一であれば足りると解すべきです（深見『国家賠償
訴訟』283頁）。裁判例もこのような傾向にあるといえます（後記(2)の各裁判例参
照）。

イ　主な裁判例

①　**大阪地判昭和53年２月27日**（**判時903号72頁**）

「大韓民国国家賠償法７条は，相互保証の規定であるから，原告は，
本件についてわが国の国家賠償法６条，１条によって請求できる筋合
である。なお，大韓民国国家賠償法は定額賠償制度を採用しているが，
その運用の実際を知りえないので，この点を度外視して判断を進める
ことにする。」

②　**大阪高判昭和54年５月15日**（**判時942号53頁**）

「控訴人らの本国法である大韓民国の国家賠償法には日本の国家賠
償法２条，６条と同旨の規定があり，賠償審議会の審査前置等その取
扱いに多少の差異があっても，いたずらに権利救済を困難にすべきで
はなく，本件についても国家賠償法６条の相互の保証があるときに該

第4章　法3条～法6条

ると解するのが相当で，これを左右するに足りる資料はない。」

③　**東京地判平成14年6月28日**（判時1809号46頁）

「各国の法制のあり方に差異があり，民事上の請求に関する要件，効果，請求手続等について，我が国の場合と比較することには必ずしも容易でない面が存する以上，相互の保証を厳密に求めた場合には，<u>国際的な人権保障の観点から不合理，弊害が生じるおそれがあることは否定できないのであって</u>，特に本件の場合，アメリカ合衆国が連邦制を採用している国家であり，かつ，いわゆる判例法国であって，我が国とは著しく異なる法制度を有する国であることにもかんがみれば，……（中略）……国家賠償法6条に規定する『相互の保証』が存するものと解することが相当というべきである。」

(4)　相互保証の時期

　相互保証の存在がいつの時点において存在することを要するのかについては，①不法行為時を基準とすべきとする説（不法行為時説）と，②被害者保護の立場から請求権行使時に相互保証が存在すればよいとする説（請求権行使時説）があります。

　不法行為時説に立つ裁判例として，**東京高判平成17年6月23日**（判時1904号83頁）〔中国人強制連行・強制労働国家賠償請求事件〕（同判決は原告らの請求を棄却した。）があり，また，請求権行使時説に立つ裁判例として**東京地判平成15年9月29日**（判時1843号90頁）〔旧日本軍毒ガス兵器遺棄被害事件第1次訴訟〕（なお，当該判決は，原告らの請求を認容したが，控訴審である**東京高判平成19年7月18日判時1994号36頁**は，原告らの損害賠償を求める権利は，仮にハーグ陸戦条約又は民法に基づく損害賠償請求権の成立の余地があるとしても，日中共同声明5項によって裁判上訴求する権能を失ったとして，原告（被控訴人）らの請求を棄却した。）等があります。

3 相互保証要件の主張・立証責任と裁判例

(1) 相互保証要件の主張・立証責任

相互保証要件の主張・立証責任をどちらが負担するかについては，①原告である外国人が負担するとする説（原告説）と，②被告である国又は公共団体が負担するという説（被告説）があります。

原告説では，相互保証であることが権利根拠規定となるのに対し，被告説では，相互保証でないことが権利障害規定（抗弁事実）とになります。

この問題は，①国家賠償法6条が外国人の国家賠償請求権を原則として否定していると見るか（原告説），それとも，②外国人の国家賠償請求権を原則として認め，例外的に国又は公共団体が相互保証がないことを主張・立証した場合に限り，同法の適用を否定すると考えるか（被告説）の違いによります。

裁判例は，分かれていますが，近時は，被害者救済の観点（憲法17条は「何人も」と規定し，また，国家賠償法1条1項及び同法2条1項は「他人」とのみ規定していることなど）から，被告説が有力のように思われます（深見『国家賠償訴訟』284頁以下参照）。

なお，裁判例では，相互保証の有無を訴訟要件の問題と捉えていません（後記(2)の各裁判例参照）。

(2) 主な裁判例

ア 原告説に立つ裁判例

① **東京地判昭和47年6月26日**（判タ285号266頁）

国家賠償法6条は，外国人に対して相互保証の存することを条件として同法上の請求権を与えたもの，すなわち同条は外国人にとって同法上の権利根拠規定と解するのが相当である。

イ 被告説に立つ裁判例

① **大分地判昭和60年2月20日**（判時1153号206頁）

市立小学校6年の児童（イギリス国籍）が水泳授業の飛び込みで練習中にプールの底に頭を打ち付け受傷した事故について，国家賠償請求した事案。

第4章 法3条～法6条

　「相互保証の存在の立証責任について考えるに，国家賠償法は，憲法17条を受けて規定されたもので，同条項は公務員の不法行為に対し『何人も』賠償請求権を認めており，また憲法前文が国際協調主義を採用する旨唱えていることを考慮すれば，国家賠償法6条は原則的に外国人に対しても賠償請求権を認め，例外的に国または公共団体において本国法では相互保証のないことを主張立証した場合に限り，同法の適用が排除されるものと解される。」と判示し，相互保証でないことが抗弁事実であるとした。

　なお，同判決は，イギリスには相互保証があることを認め，教諭の指導上の過失に基づくものとして国家賠償請求を認容した。

② **札幌地中間判平成21年1月16日**（判時2095号100頁）

　ロシア連邦と日本との間の相互保証の有無が問題となった事案。

　「憲法17条は，国家賠償請求権を定め，その規定の文言は，『何人も』としており，その対象を限定しておらず，また，国家賠償法1条1項及び同法2条1項には『他人』とのみ規定され，日本国民ないし相互の保証の存在する国の国籍を有する外国人との規定になっていない。そして，国家賠償法6条は，その者が外国人である場合に初めて，その外国人が国籍を有する国と我が国との間に相互の保証があるかどうかを問題にしている。このような憲法及び国家賠償法の構造に鑑みると，国家賠償法に基づき損害賠償請求をする者は，その者が外国人であったとしても，請求原因としては，国家賠償法1条1項及び同法2条1項の事実関係を主張立証すれば足り，当該請求者が外国人であることは，国ないし公共団体の側で主張立証する抗弁事実と解するべきである。」などと判示して，相互保証要件を原告において立証すべきであるとの主張も排斥した（同判決を引用する本案判決は，**札幌地判平成22年3月19日判時2095号87頁である。**）。

　なお，同札幌地中間判は，国家賠償法6条の定める相互保証要件は実体法上の要件であるとして，訴え却下を求める北海道の主張を排斥しています。

Q32 国家賠償制度と損失補償請求権，安全配慮義務違反に基づく損害賠償請求権との関係

Q32 国家賠償制度と損失補償請求権，安全配慮義務違反に基づく損害賠償請求権との関係

(1) 損失補償請求権とは，どのような請求権ですか。

(2) 安全配慮義務違反に基づく損害賠償請求権とは，どのような法的性質を有しますか。

A

(1) 損失補償請求権とは，憲法29条3項（「私有財産は，正当な補償の下に，これを公共のために用ひることができる。」との規定）に基づくものであり，適法な公権力の行使によって私人が損失を被った場合に，直接同項を根拠として，その損失の補償を国に求める権利のことをいい，これが法的に認められるか問題があります。

(2) 安全配慮義務違反に基づく損害賠償請求権とは，契約に付随する責任であり，民法415条の債務不履行に基づく損害賠償請求権であると解されています。

損失補償請求権及び安全配慮義務違反に基づく損害賠償請求権の意義

①	損失補償請求権とは	適法な公権力の行使によって私人が損失を被った場合において，直接憲法29条3項を根拠として，その損失の補償を国に求める権利のことをいい，これが法的に認められるか否か問題がある。これに対し，国家賠償責任は，公務員の違法な公権力の行使によって被った損害を賠償する責任である。
②	安全配慮義務違反に基づく損害賠償請求権とは	契約に付随する責任であり，民法415条の債務不履行に基づく損害賠償請求権であると解されている。これに対し，国家賠償責任は，民法の不法行為責任と同質な責任である。

第4章　法3条～法6条

1　国家賠償制度と損失補償請求権との関係

⑴　国家賠償制度と損失補償請求権の違い

　国家賠償制度は，公務員の<u>違法</u>な公権力の行使によって被った損害を賠償
する制度であり，憲法17条（国及び公共団体の賠償責任）に基づくものです。

　これに対し，損失補償請求権は，憲法29条3項（「私有財産は，正当な補償の
下に，これを公共のために用ひることができる。」との規定）に基づくものであり，
<u>適法</u>な公権力の行使によって私人が損失を被った場合に，直接同項を根拠と
して，その損失の補償を国に求める権利のことをいい，これが法的に認めら
れるか問題があります（なお，土地収用法68条，消防法29条等のように，損失補償に
ついての明文規定がある場合はこれによることになる。）。

　この点につき，**最判昭和50年4月11日**（**判時777号35頁**）は，改正前の文化
財保護法80条による現状変更行為の制限に関する事案において，傍論で，公
共のためにする財産権の制限が，一般的に当然受忍すべきものとされる制限
の範囲を超え，特定の人に対し特別の犠牲を課したものである場合には，<u>こ
れについて損失補償を認めた規定がなくとも，直接憲法29条3項を根拠とし
て補償請求ができないわけではない</u>旨判示し，損失補償の可能性を肯定して
います（同旨：**最判昭和43年11月27日判時538号12頁**（河川附近地制限令4条による制限
に関する事案）等）。しかし，具体的事案において損失補償請求を認容した最
高裁判例はありません。

　なお，**東京地判昭和59年5月18日**（**判時1118号28頁**）〔東京予防接種ワクチ
ン禍事件〕は，予防接種ワクチン禍につき，憲法29条3項を類推適用し，損
害賠償と同額の損失補償請求を認容しましたが，その控訴審の**東京高判平成
4年12月18日**（**判時1445号3頁**）は，「生命身体に特別な犠牲を課すとすれば，
それは違憲違法な行為であって，許されないものであるというべきであり，
生命身体はいかに補償を伴ってもこれを公共のために用いることはできない
ものであるから，許すべからざる生命身体に対する侵害が生じたことによる
補償は，本来，憲法29条3項とは全く無関係のものであるといわなければな
らない。」と判示し，損失補償請求を否定しました。これ以後の裁判例は，
直接憲法29条3項を根拠として損失補償請求権を否定する傾向にあります。

320

⑵ 国家賠償訴訟と損失補償請求訴訟との併合の可否

国家賠償訴訟は，私法上の請求として民事訴訟法に基づいて審理されますが，損失補償請求訴訟は，公法上の請求として行政事件訴訟手続によって審理されるべきものと解されます。

そして，訴訟法的に，民事訴訟である国家賠償訴訟に，行政事件訴訟手続によって審理される損失補償請求訴訟を追加的に併合することができるか否かについて問題があります。この点につき，**最判平成5年7月20日**（**民集47巻7号4627頁**）は，国家賠償訴訟における控訴審で損失補償請求訴訟の予備的・追加的併合が許されるか問題となった事案において，「右損失補償請求は，主体的請求である国家賠償法1条1項等に基づく損害賠償請求と被告を同じくする上，いずれも対等の当事者間で金銭給付を求めるもので，その主張する経済的不利益の内容が同一で請求額もこれに見合うものであり，同一の行為に起因するものとして発生原因が実質的に共通するなど，相互に密接な関連性を有するものであるから，請求の基礎を同一にするものとして<u>民訴法</u>（筆者注：旧民訴法）<u>232条の規定による訴えの追加変更に準じて右損害賠償請求に損失補償請求を追加することができるものと解するのが相当である。もっとも，損失補償請求が公法上の請求として行政事件訴訟手続によって審理されるべきものであることなどを考慮すれば，相手方の審級の利益に配慮する必要があるから，控訴審における右訴えの変更には相手方の同意を要するものというべきである。</u>」と判示し，控訴審では相手方の同意を条件に国家賠償請求に損失補償請求を併合することができることを認めています。

2 国家賠償制度と安全配慮義務との関係

国家賠償請求権は，民法の不法行為に基づく損害賠償請求権と同質な請求権であると解されています。

これに対し，安全配慮義務違反に基づく損害賠償請求権は，契約に付随する責任であり，民法415条の債務不履行に基づく損害賠償請求権であると解されています。

第4章 法3条～法6条

　この点につき，**最判昭和50年2月25日**（民集29巻2号143頁）は，自衛隊員が車両整備工場で車両整備中に同僚隊員の運転する車両に轢かれて死亡したことに関し，国に対する不法行為上の損害賠償請求権の消滅時効期間（3年）が経過しており，自動車損害賠償保障法に基づく国の賠償責任を求めるのが難しかったため，安全配慮義務違反に基づく損害賠償請求権がある旨主張した事案において，「国は，公務員に対し，国が公務執行のために設置すべき場所，施設もしくは器具等の設置管理又は公務員が国もしくは上司の指示のもとに遂行する公務の管理にあたって，<u>公務員の生命及び健康等を危険から保護するように配慮すべき義務（以下「安全配慮義務」という。）を負っている</u>ものと解すべきである。」と判示し，国の安全配慮義務違反に基づく損害賠償請求権を認め，また，同最判は，同損害賠償請求権の消滅時効期間につき，民法167条1項により10年と解すべきであると判示しています。

　また，**最判昭和56年2月16日**（民集35巻1号56頁）は，自衛隊ヘリコプター墜落死亡事故につき，安全配慮義務違反の事実の主張・立証責任は，当該義務違反を主張する原告にある旨判示しています（結局，国家賠償責任の主張・立証責任が原告にあるのと同じ。）。

　したがって，被害公務員は，国家賠償法に基づく損害賠償請求権と安全配慮義務違反に基づく損害賠償請求権の双方を取得することになり，これらを選択的あるいは予備的に併合して訴えを提起する場合があります。

　なお，学校事故訴訟で，生徒のプールでの飛び込み事故や他生徒のいじめによる生徒の自殺事故のような場合には，教諭に安全配慮義務違反を認定した上で国家賠償法1条1項の賠償責任を認める裁判例もあり（例えば，生徒のプールでの飛び込み事故につき**東京地判平成13年5月30日判タ1071号160頁**，他生徒のいじめによる生徒の自殺事故につき**東京高判平成14年1月31日判時1773号3頁**〔津久井いじめ自殺事件〕），その区別をはっきりしていない場合もあります。

　結局，国家賠償法に基づく賠償責任と安全配慮義務違反に基づく賠償責任の違いは，消滅時効期間（前者が3年，後者が10年）の差異程度ではないかと思われます。

322

事 項 索 引

【アルファベット】

DV防止法 ……………………… 140

【あ行】

安全配慮義務違反 …………… 88, 321
いじめと自殺 ……………………… 183
違法限定説 ………………………… 120
違法性 ……………………………… 75
　——判断の基準 ……………… 79
違法性一元説 ……………………… 104
違法性相対説 ……………………… 104
因果関係 …………………………… 86
　訴訟上の—— …………………… 87
公の営造物 ………………………… 233
　——の設置・管理の瑕疵 …… 228

【か行】

ガードレール …………………… 265
外形標準説 ………………………… 63
回避可能性 ………………………… 246
課外活動中の事故 ……………… 185
加害公務員の特定 ………………… 52
過失責任主義 ……………………… 68
過失相殺 …………………………… 302
河川の瑕疵 ………………………… 268
学校事故 …………………………… 173
学校施設の瑕疵 ………………… 280
管理の瑕疵 ………………………… 244
危険への接近の法理 …………… 255
記者会見 …………………………… 285
規制権限の不行使 ………………… 94
機能的瑕疵 ………………………… 252
求償権 …………………… 25, 175, 230
教育活動 …………………………… 174

行政財産 …………………………… 238
行政指導 ……………………… 44, 190
　——の違法性 ………………… 193
行政訴訟補完機能 ………………… 13
共同不法行為 ……………………… 303
供用関連瑕疵 ………………… 252, 266
許認可 ……………………………… 205
国の訟務制度 ……………………… 59
警察官 ……………………………… 138
刑事施設（刑務所等） ………… 146
検察官 ……………………………… 133
権利又は法律上保護された利益 … 81
故意又は過失 ……………………… 67
行為性 ……………………………… 65
合議体の過失 ……………………… 73
公共団体 …………………………… 56
公権力の行使 ……………………… 39
抗告訴訟 …………………………… 102
公証人 ……………………………… 163
公表 ………………………………… 198
公務員 ……………………………… 48
　——の過失 …………………… 71
　——の個人責任 ……………… 15
合理的理由欠如説 ………………… 133
個人情報の漏えい ……………… 211
戸籍に関する事務 ……………… 166
国会 ………………………………… 109
国会議員の国会における質疑等の違法 …… 114
国家賠償制度 ……………………… 3
国家賠償法の果たす機能 ………… 11
国有財産 …………………………… 238

【さ行】

再任用・再雇用 ………………… 208
裁判官 ……………………………… 120
裁判所書記官 …………………… 127

323

事項索引

作為義務 ················· 95
自己責任説 ················ 34
自然公物 ················ 235
自治事務 ················· 56
執行官 ················· 128
住民訴訟 ················· 29
授業中の事故 ············· 176
受忍限度論 ··············· 253
障害物の放置 ·············· 263
情報公開 ················ 210
消滅時効 ················ 305
条例制定行為の違法性 ········ 116
職務関連性 ··············· 61
除斥期間 ················ 305
処分の取消訴訟 ············ 102
信教の自由 ··············· 84
信号機、道路標識 ··········· 264
信書の発受の制限 ··········· 148
水害訴訟 ················ 270
水難事故 ················ 277
政策形成的機能 ············· 14
セクシュアルハラスメント ····· 221
接見指定 ················ 136
接見の拒否・制限 ··········· 150
設置の瑕疵 ··············· 244
相互保証主義 ·············· 312
相互保証要件 ·············· 316
組織体の過失 ·············· 73
その職務を行うについて ······· 65
損害の立証 ··············· 91
損失補償請求権 ············· 320

【た行】

代位責任説 ··············· 34
体罰・懲戒行為 ············ 179
逮捕と留置 ·············· 138
地方議会 ················ 116
地方税 ················· 204
適法性統制機能 ············· 12
登記官 ················· 158

道路公害 ················ 266
道路の瑕疵 ··············· 258
道路の形状の瑕疵 ··········· 260

【な行】

内閣の法律案提出（不提出）の違法 ··· 113
内部求償権 ··········· 291, 296

【は行】

パワーハラスメント ········· 217
反射的利益 ············ 82, 100
犯人逮捕等の報道 ··········· 142
被害者救済機能 ············· 12
被収容者の人権制限 ········· 146
費用負担者の賠償責任 ····· 291, 292
不起訴処分 ·············· 136
普通財産 ················ 238
不動産登記 ·············· 158
文書図書の閲覧の制限 ········ 148
放課後の事故 ············· 185
法定受託事務 ······ 56, 167, 259, 292
法令解釈の争い ············· 71
補助金 ················· 294

【や行】

予見可能性 ·············· 246
予算の不足 ·············· 251

【ら行】

落石、土石流 ············· 262
立法行為の違法性 ··········· 109

判例索引

判 例 索 引

【大審院時代】

大判大 5・6・1 民録22・1088〔徳島市立小
学校遊動円棒事件〕················· 3，229

【昭和20年～昭和29年】

札幌高函館支判昭29・9・6 判時40・11 ········· 234
東京高判昭29・9・15判時40・15 ········· 234，235

【昭和30年～昭和39年】

最判昭30・4・19民集 9・5・534 ················ 17
最判昭31・11・30民集10・11・1502 ············· 63
東京地判昭32・5・14判時118・6 ··············· 314
東京高判昭33・10・21判時171・14 ············· 306
最判昭34・1・22訟月 5・3・370 ········· 49，300
最判昭36・2・16民集15・2・244〔東大輸血
梅毒事件〕··· 42
最判昭36・4・21民集15・4・850 ············· 102
最判昭37・7・3 民集16・7・1408 ········ 69，70
福岡高判昭38・4・26下民集14・4・862 ········· 51
最判昭39・1・28民集18・1・136 ··············· 91
東京地判昭39・6・19判時375・6 ········ 35，53

【昭和40年～昭和49年】

最判昭40・4・16判時405・9〔仙台市道穴ぼ
こ事件〕································· 251，260
最判昭41・6・23民集20・5・1118 ············· 199
最判昭41・9・22民集20・7・1367 ·············· 48
大阪地判昭41・10・31訟月13・6・669 ·········· 64
仙台高判昭42・6・26訟月13・9・1049 ········· 170
広島地三次支判昭42・8・30判時519・79 ······· 235
最判昭43・3・15判時524・48 ················· 120
最判昭43・4・19判時518・45 ·················· 71
札幌高判昭43・5・30金商154・5 ··············· 34
最判昭43・6・27民集22・6・1339 ············· 159
最判昭43・11・27判時538・12 ················· 320

最判昭44・2・18判時552・47 ·················· 35
最判昭44・2・27民集23・2・441 ··············· 92
東京地判昭44・10・25訟月15・10・1185 ········· 314
最判昭45・8・20民集24・9・1268〔高知落石
事件〕······················· 229，245，251，262
最判昭46・6・24民集25・4・574 ··············· 72
京都地判昭46・8・26判時653・102 ·············· 59
最判昭46・11・19民集25・8・1236 ············· 301
最判昭46・11・30民集25・8・1389 ············· 306
東京地判昭47・3・7 判時678・56 ·············· 42
東京地判昭47・6・26判タ285・266 ········ 314，317
最判昭48・2・16民集27・1・99 ··············· 264
最判昭48・3・27裁判集民事108・529 ········· 104
東京地判昭48・3・29判時701・84 ·············· 53
京都地判昭48・7・12判時755・97 ········ 313，314
東京地判昭48・8・20判時719・48 ············· 168
大阪地判昭48・9・19判時720・40 ········ 21，48
最判昭48・11・16民集27・10・1374 ············ 306
東京地判昭49・3・18判時748・74 ·············· 49
千葉地判昭49・3・29判時753・67 ········ 237，239
和歌山地判昭49・8・26訟月20・12・1 ···· 62，65
大阪高判昭49・11・14判時774・78 ·············· 49
名古屋高判昭49・11・20判時761・18〔飛騨川
バス転落事件〕······························· 263
最判昭49・12・12民集28・10・2028 ············· 72

【昭和50年～昭和59年】

最判昭50・2・25民集29・2・143 ············· 322
仙台地判昭50・3・28判時795・80 ············· 235
最判昭50・4・11判時777・35 ················· 320
最判昭50・6・26民集29・6・851 ······· 245，249，263
千葉地松戸支判昭50・7・2
交通民集 8・4・996 ······················ 234
最判昭50・7・25民集29・6・1136
··························· 246，250，256，263
最判昭50・10・24民集29・9・1417〔東大ルン

325

判例索引

バール過失事件〕 88
最判昭50・11・28民集29・10・1754 294
東京地判昭51・5・31判時843・67 314
最判昭52・2・3訟月23・2・224 262
仙台地判昭52・6・20判時868・72 23
最判昭52・10・25判タ355・260 180
東京地判昭53・2・20判時906・69 235
大阪地判昭53・2・27判時903・72 315
金沢地判昭53・3・1判時879・26〔北陸スモ
ン事件〕 304
最判昭53・3・14民集32・2・211〔主婦連
ジュース表示事件〕 82
札幌高判昭53・5・24判時888・26〔在宅投票
事件控訴審判決〕 110
神戸地判昭53・6・29判時931・104 236
最判昭53・7・4民集32・5・809〔神戸防護
柵事件〕 245, 247
最判昭53・7・10民集32・5・820〔杉山事件〕
137
最判昭53・7・17民集32・5・1000 9, 301, 309
東京地判昭53・8・3判時899・48〔東京スモ
ン事件〕 69, 96, 303, 304
神戸地判昭53・8・30判時917・103〔公売処
分ラケット事故事件〕 46
最判昭53・10・20民集32・7・1367〔芦別国家
賠償請求事件〕
5, 18, 36, 80, 133, 134, 167, 174
東京高判昭53・12・21判時920・126 240
長野地松本支判昭54・3・1判時941・89 240
京都地判昭54・4・10判時942・91 261
大阪高判昭54・5・15判時942・53 315
最判昭54・7・10民集33・5・481 293
札幌高判昭54・8・29訟月26・3・382 261
大阪高判昭54・9・21判時952・69〔公売処分
ラケット事故事件〕 46
東京地判昭55・1・31判時956・25 236
東京地判昭55・6・18判時969・11〔弁護士懲
戒処分事件〕 48, 56, 58
最判昭55・7・17判時982・118 247, 278
大津地判昭55・8・6訟月26・12・2092 237

最判昭55・9・11判時984・65 248
福岡地判昭55・11・25判時995・84 20, 21, 42, 48
最判昭55・12・11判時991・76 265
札幌地判昭55・12・12判タ449・269 168
最判昭56・2・16民集35・1・56 322
東京地判昭56・3・26判時1013・65 235
東京高判昭56・4・1判時1007・133 181
福岡地小倉支判昭56・5・22判タ449・271
21, 49
岐阜地判昭56・7・15判時1030・77 63
最判昭56・7・16民集35・5・930〔豊中市給
水拒否事件〕 193, 194
最判昭56・7・16判時1016・59 281
山口地判昭56・10・1訟月28・1・14 200, 203
最大判昭56・12・16民集35・10・1369〔大阪国
際空港公害事件〕 93, 252
東京地判昭57・2・1判時1044・19〔クロロ
キン薬害事件〕 96, 305
最判昭57・2・23民集36・2・154 120, 124
最判昭57・3・12民集36・3・329 120, 121
大阪地判昭57・3・30判タ475・123 202
最判昭57・4・1民集36・4・519 41, 51, 53
最判昭57・7・20判時1053・96〔未熟児網膜
症事件〕 69
大阪高判昭57・8・31判時1064・63 160
広島高判昭57・8・31判時1065・144 237
岐阜地判昭57・12・10判時1063・30〔長良川・
安八水害事件〕 93
静岡地判昭58・2・4判時1079・80 45
最判昭58・2・18民集37・1・101 185
最判昭58・6・7判時1084・70 185
最判昭58・6・22民集37・5・793 147, 148
最判昭58・7・8判時1089・44 186
最判昭58・10・20民集37・8・1148〔公売処分
ラケット事故事件〕 46, 69, 70
最判昭59・1・26民集38・2・53〔大東水害事
件〕 236, 251, 260, 270, 271
東京高判昭59・2・28判時1111・114 170
東京地判昭59・5・18判時1118・28〔東京予
防接種禍事件〕 320

大阪高判昭59・9・28判時1143・88〔公売処
　分ラケット事故事件〕……………… 46
最判昭59・11・29民集38・11・1260〔普通河川
　幼児転落溺死事件〕……………… 240
鹿児島地判昭59・12・26判時1145・117…… 49

【昭和60年〜昭和63年】

大分地判昭60・2・20判時1153・206……… 314, 317
最判昭60・3・12判時1158・197……………… 248
最判昭60・3・28民集39・2・333〔加治川水
　害事件〕………………………… 273
最判昭60・7・16民集39・5・989〔品川区マ
　ンション事件〕………………… 194
札幌地判昭60・9・9判時1183・130……… 264
岐阜地判昭60・9・12判時1187・110……… 284
東京地判昭60・9・24訟月32・6・1121…… 161
東京地判昭60・11・20判タ614・95……… 235
最判昭60・11・21民集39・7・1512〔在宅投票
　事件〕……………… 77, 109, 111, 116
最判昭60・12・13民集39・8・1779……… 147
東京地判昭61・2・14判時1207・81……… 54
東京高判昭61・8・6判時1200・42……… 24
千葉地判昭61・9・29判時1226・111……… 117
最判昭62・2・6判時1232・100〔横浜市立中
　学校プール事故事件〕…… 42, 174, 175, 176
最判昭62・2・13民集41・1・95……… 175, 177
大阪地支判昭62・2・25判時1239・77……… 45
熊本地判昭62・3・30判時1235・3〔水俣病
　国賠事件（熊本三次第一陣）〕……… 96
東京高判昭62・3・31判時1239・45……… 199, 202
大阪高判昭62・4・10判時1229・27〔大東水
　害事件〕………………………… 272
東京地判昭62・5・13判時1274・101……… 162
最判昭62・6・26判時1262・100……………… 113
大阪高判昭62・9・9判時1266・27……… 277
東京地判昭62・10・16判時1299・97……… 116
大阪高判昭62・11・27判時1275・62……… 235, 257
東京高判昭62・12・24判時1270・90〔鶴見川
　幼児転落溺死事件〕……………… 278
東京高判昭63・1・28訟月35・1・1……… 163

最大判昭63・6・1民集42・5・277〔殉職自
　衛官合祀拒否事件〕……………… 85
東京高判昭63・10・27判タ707・103…… 279
広島高判昭63・12・7判時1311・74……… 43

【平成元年〜平成9年】

最判平元・3・8民集43・2・89〔レペタ事
　件〕……………………………… 122
最判平元・3・28判時1311・66……………… 309
東京地判平元・3・29判時1315・42……… 105
浦和地判平元・4・26判時1343・97……… 278
最判平元・6・29民集43・6・664〔沖縄ゼネ
　スト警官殺害事件〕……… 80, 133, 135
最判平元・10・26民集43・9・999…… 294, 295
最決平元・11・8判時1328・16〔武蔵野市長
　給水拒否事件〕……………… 193, 196
最判平元・11・24民集43・10・1169
　………………… 66, 83, 96, 97, 100
最判平元・12・21民集43・12・2209……… 305, 308
最判平2・2・6訟月36・12・2242〔西陣ネク
　タイ事件〕……………………… 112
最判平2・2・20判時1380・94……… 82, 136
最判平2・3・23判時1345・73〔都立高専木
　曽駒ケ岳遭難事件〕……………… 186
最判平2・7・20民集44・5・938〔弘前大教
　授夫人殺し冤罪事件〕…… 122, 134, 135
名古屋高判平2・12・13判時1381・51…… 202
最判平2・12・13民集44・9・1186〔多摩川水
　害事件〕………………………… 273
東京地判平3・3・25判タ768・74〔幼児河川
　転落事故事件〕……………… 279
東京地判平3・3・25判時1397・48……… 45
最判平3・4・26民集45・4・653〔熊本水俣
　病認定不作為事件〕……………… 106
最判平3・5・10民集45・5・919〔浅井事件〕
　………………………………… 137
最判平3・7・9民集45・6・1049……… 72, 147
最判平4・3・3判時1453・125……………… 242
福岡地判平4・4・16判時1426・49〔福岡セ
　クシャル・ハラスメント事件〕……… 223

広島地福山支判平4・4・30判例自治104・76 ······················· 313, 314

福岡地判平4・5・29判時1449・120 ·············· 92

名古屋地判平4・6・12判時1465・128 ············· 43

東京地判平4・6・30判時1460・97 ·············· 202

神戸地判平4・9・10判時1460・117 ············· 168

東京高判平4・12・17判時1453・35〔多摩川水害事件〕 ···························· 275

東京高判平4・12・18判時1445・3〔東京予防接種ワクチン禍事件〕 ············· 52, 320

最判平5・2・18民集47・2・574〔教育施設負担金返還請求事件〕 ········ 45, 193, 195

最判平5・2・25判時1456・53〔横田基地騒音公害事件〕 ························· 256

最判平5・2・25民集47・2・643〔厚木基地騒音公害事件〕 ························· 255

最判平5・3・11民集47・4・2863 ········· 73, 80, 105

最判平5・3・30民集47・4・3226〔テニスコート審判台事件〕 ········· 235, 246, 249, 283

最判平5・7・20民集47・7・4627 ··············· 321

最判平5・9・10税務訴訟資料198・813 ········· 112

最判平6・1・20訟月41・4・532〔福岡空港公害事件〕 ························· 254

東京地判平6・2・23判時1517・91〔デモ参加者逮捕事件〕 ····················· 64

大阪高判平6・3・16判時1500・15〔大阪予防接種ワクチン禍事件〕 ············· 51

高松高判平6・8・8判時1511・17〔長安口ダム水害事件〕 ······················ 257

東京地判平6・9・6判時1504・40 ··············· 17

最判平6・10・27訟月42・9・2062〔長良川水害事件〕 ························· 275

大阪高判平6・11・11判時1520・96 ·············· 202

最判平6・12・6判時1517・35 ················· 125

最判平7・6・23民集49・6・1600〔クロロキン薬害事件〕 ············· 66, 73, 96, 97

最判平7・7・7民集49・7・1870〔国道43号線事件〕 ··············· 250, 253, 267

最判平7・12・5判時1563・81〔再婚禁止期間違憲訴訟〕 ························· 112

東京高判平7・12・26判時1555・9〔厚木基地騒音公害事件〕 ····················· 255

最判平8・3・8民集50・3・408 ··············· 138

最判平8・7・12民集50・7・1477〔平作川水害事件〕 ························· 276

東京地判平8・9・25判時1602・99 ··············· 63

名古屋高金沢支判平8・10・30判タ950・193〔金沢セクシュアル・ハラスメント事件〕 ································· 222

最判平9・3・13民集51・3・1233〔シベリア抑留者訴訟〕 ······················· 14

東京高判平9・6・26判時1617・35 ··············· 17

最判平9・7・15民集51・6・2645 ············· 129

最判平9・9・4民集51・8・3718 ············· 164

最判平9・9・9民集51・8・3850 ········· 18, 114

【平成10年～平成19年】

神戸地判平10・2・27判時1667・114 ··············· 282

金沢地判平10・3・13判時1667・114 ··············· 282

広島地判平10・3・24判時1638・32 ··············· 296

最判平10・3・27訟月45・2・293〔長安口ダム水害事件〕 ························· 256

最判平10・6・12民集52・4・1087〔予防接種ワクチン禍事件〕 ············· 305, 308

最判平10・9・7判時1661・70 ················· 125

最判平10・9・10判時1661・81 ················· 127

最判平11・1・21判時1675・48〔非嫡出子の住民票続柄記載取消請求事件〕 ········ 73, 81

最判平11・2・26判時1682・12 ············ 147, 149

東京地判平11・3・16判時1702・113〔ホームヘルパーの預貯金横領等事件〕 ········ 50

最判平11・3・24民集53・3・514〔安藤事件〕 ······························· 137

広島高判平11・9・30訟月46・9・3598 ············· 237

神戸地姫路支判平12・1・31判時1713・84 ······ 303

浦和地判平12・3・15判時1732・100 ············· 187

最判平12・6・13民集54・5・1635 ············· 137

最判平12・9・7判時1728・17 ················· 152

東京地判平12・10・27判タ1053・152 ········ 199, 201

東京地判平12・11・8判時1746・97 ············· 302

東京地判平13・5・30判タ1071・160
―――――――――――― 174, 187, 322

最判平14・1・29民集56・1・218 ――――― 307

東京高判平14・1・31判時1773・3〔津久井
いじめ自殺事件〕――― 89, 174, 183, 303, 322

東京地判平14・6・28判時1809・46
―――――――――――― 10, 312, 314, 316

東京地判平14・7・15訟月49・8・2185 ――― 130

最大判平14・9・11民集56・7・1439 ――― 9, 310

東京高判平14・10・30戸籍742・31 ――――― 168

東京高判平14・12・10判時1815・95 ――――― 161

札幌地判平15・4・22裁判所ウェブサイト ― 283

東京高判平15・5・21判時1835・77〔大阪
O-157食中毒事件〕――――――― 198, 200

前橋地判平15・7・25判時1840・33 ――――― 24

東京地判平15・9・29判時1843・90〔旧日本
軍毒ガス兵器遺棄被害事件第1次訴訟〕
――――――――――――――――― 316

東京地判平16・1・13判タ1164・131 ――― 188

大阪高判平16・2・19訟月53・2・205〔S市
学童集団下痢症原因究明報告事件〕― 200

東京高判平16・2・25判時1856・99 ――――― 24

松山地判平16・3・16判時1859・76〔松山靖
国事件〕――――――――――――――― 23

最判平16・4・27民集58・4・1032〔筑豊じん
肺事件〕――――――――――――――― 97

大阪高判平16・5・28判時1901・28 ――――― 197

横浜地判平16・7・8判時1865・106 ――――― 223

大阪地判平16・9・3労判884・56〔日本郵政
公社（近畿郵政局）事件〕――――― 225

最判平16・10・15民集58・7・1802〔水俣病関
西事件〕――――――――――――――― 97

大阪高判平17・1・25訟月52・10・3069 ― 151, 154

名古屋地判平17・1・26判時1941・49〔愛知
県給与抑制条例事件〕――――――― 117

最判平17・4・19民集59・3・563 ――――― 137

大阪高判平17・6・7労判908・72〔日本郵政
公社（近畿郵政局）事件〕――――― 225

東京高判平17・6・23判時1904・83〔中国人
強制連行・強制労働国家賠償請求事件〕――― 316

長崎地佐世保支判平17・6・27労経速報
2017・32〔海上自衛隊員自殺事件〕――― 219

最判平17・7・14民集59・6・1569〔公立図書
館図書廃棄事件〕――――――――――― 83

最大判平17・9・14民集59・7・2087〔在外日
本人選挙権事件〕――――――― 78, 112, 116

名古屋高判平17・9・29裁判所ウェブサイ
ト ――――――――――――――――― 20

大阪高判平17・9・30訟月52・9・2801 ――― 23

大阪高判平17・11・30訴月52・9・2776 ――― 115

最判平18・3・23判時1929・37 ――――――― 149

大阪高判平18・3・24判例地方自治285・56 ―― 302

横浜地判平18・3・28判時1938・107 ――――― 184

東京地判平18・4・7判時1931・83〔奥入瀬
渓流落木事故事件〕―――――――― 234, 241

最判平18・6・16民集60・5・1997〔B型肝炎
事件〕――――――――――――――――― 89

最判平18・6・23判時1940・122〔首相靖国参
拝事件〕――――――――――――――― 84

東京地判平19・1・17判タ1246・122〔奥入瀬
渓流落木事故事件〕――――――――― 242

最判平19・1・25民集61・1・1 ――― 5, 19, 21, 49

最判平19・2・6民集61・1・122〔在ブラジ
ル被爆者健康管理手当等請求事件〕― 308

東京高判平19・3・28判時1963・44〔鹿沼い
じめ自殺事件〕――――――――― 90, 184

東京地判平19・3・29判タ1256・72 ――――― 314

東京高判平19・7・18判時1994・36 ――――― 316

東京地判平19・11・27判時1996・16〔保育マ
マ事件〕――――――――――――――― 50

東京地判平19・12・20判例地方自治306・10 ―― 170

【平成20年～平成29年】

最判平20・4・15民集62・5・1005 ――――― 151

最判平20・4・18判時2006・74 ――――――― 178

松山地判平20・7・1判時2027・113〔前田道
路事件〕――――――――――――――― 220

福岡高判平20・8・25判時2032・52〔海上自
衛隊員自殺事件〕――――――――――― 219

那覇地判平20・9・9判時2067・99 ――――― 202

判例索引

札幌地中間判平21・1・16判時2095・100 ……… 318
東京高判平21・1・29判時2057・6〔横浜市
　立保育園廃止処分取消請求事件〕……………… 117
名古屋地判平21・2・24判時2042・33〔耐震
　偽装ホテル事件〕…………………………… 70, 71
高松高判平21・4・23判時2067・52〔前田道
　路事件〕……………………………………………… 220
最判平21・4・28民集63・4・904〔体罰訴訟〕
　…………………………………………………………… 180
最判平21・4・28民集63・4・853 ………………… 305
福岡地小倉支判平21・10・1判時2067・81 …… 303
福岡地小倉支判平21・10・6判タ1323・154 …… 52
東京地判平21・10・15労判999・54〔医療法人
　財団健和会事件〕………………………………… 220
最判平21・10・23民集63・8・1849〔公立中学
　校体罰事件〕………………………………… 7, 297
岐阜地判平21・12・16裁判所ウェブサイト
　〔岐阜大学留学生アカデミックハラスメ
　ント事件〕…………………………………………… 44
最判平22・3・2判時2076・44 …………………… 266
札幌地判平22・3・19判時2095・87 ……… 314, 318
長野地判平22・3・26判例地方自治334・36 …… 196
松山地判平22・4・14判時2080・63 …………… 202
最判平22・6・3民集64・4・1010 …………… 12, 103
東京地判平22・7・27労判1016・35〔日本
　ファンド（パワハラ）事件〕…………………… 218
福岡高那覇支判平22・7・29判時2091・162
　〔普天間基地騒音公害事件〕…………………… 256
東京地判平22・8・31判時2088・10〔小田急
　線騒音事件〕……………………………………… 256
東京高判平22・10・7判タ1332・64 …………… 123
名古屋高判平22・11・4裁判所ウェブサイト
　〔岐阜大学留学生アカデミックハラスメ
　ント事件〕……………………… 21, 43, 49, 58, 174
福岡高判平22・11・26判タ1357・98 …………… 52
東京地判平23・1・31判タ1349・80 …………… 49
新潟地判平23・2・25判タ1365・74 ………… 22, 49
最判平23・4・22判時2116・61 …………………… 307
最判平23・6・6民集65・4・1855〔日の丸・
　君が代事件〕……………………………………… 209

鹿児島地判平24・1・12判例秘書LLI／DB
　…………………………………………………………… 182
最判平24・1・16裁判集民事239・253 …………… 209
岐阜地判平24・2・1判時2143・113 …………… 202
前橋地判平24・2・17判時2192・86 …………… 182
広島高判平24・2・20判タ1385・141 ……… 124, 126
札幌地判平24・3・9判時2148・101 …………… 188
岡山地判平24・4・19労判1051・28〔U銀行
　（パワハラ）事件〕……………………………… 218
名古屋地判平24・7・6判時2167・52 …………… 204
東京高判平24・11・19判時2170・33 …………… 210
名古屋地判平25・1・22判時2180・76 ………… 212
大阪地判平25・4・19判時2226・3 ……………… 205
大阪地判平25・7・29ウエストロー・ジャパ
　ン ……………………………………………………… 282
大阪地判平25・9・6労判1099・53 …………… 225
横浜地小田原支判平25・9・13判時2207・55 … 213
福岡高判平25・9・27判時2207・39 …………… 208
最判平25・12・10民集67・9・1761 …………… 154
東京地判平26・1・15判時2215・30〔公安テ
　ロ情報流出事件〕……………………………… 313, 314
東京高判平26・1・30判例地方自治387・11 … 213
松江地判平26・3・10判時2228・95 …………… 216
名古屋地判平26・3・13判時2225・95 ………… 206
大阪地判平26・3・28労判1099・33 …………… 225
佐賀地判平26・4・25判時2227・69〔佐賀大
　学事件〕……………………………………………… 44
東京高判平26・8・21公刊物未登載 …………… 140
大阪地判平27・1・21判時2299・71〔組合ア
　ンケート事件〕…………………………………… 29
熊本地判平27・2・3判例秘書LLI／DB …… 261
最判平27・2・26判時2253・107 ………………… 224
福岡高判平27・4・20公刊物未登載〔佐賀大
　学事件〕……………………………………………… 44
東京高判平27・7・9判時2280・16 ………… 151, 153
大阪高判平27・10・13判時2296・30 …………… 207
東京地判平27・12・4判時2308・109 ………… 171
大阪高判平27・12・16判時2299・54〔組合ア
　ンケート事件〕…………………………… 22, 29, 213
東京地判平27・12・21判時2308・97 ………… 169

東京地判平28・2・24判時2320・71〔桜宮高
　校バスケット部体罰自殺事件〕……… 176, 183
最決平28・6・15公刊物未登載 ……………… 154
広島高岡山支判平28・6・30判時2319・40 …… 206
東京地判平28・7・11判時2341・103 ………… 208
仙台地判平28・10・26判時2387・81 ………… 189
大阪高判平28・12・22判時2331・31 ………… 188
大阪地判平29・1・13ウエストロー・ジャパ
　ン ……………………………………………… 30
前橋地判平29・3・17判時2339・4〔東京電
　力福島第一原発事故群馬事件〕……………… 99
東京高判平29・4・27判時2371・45 ………… 123
福岡高判平29・7・20訟月64・7・991 ……… 154
大阪高判平29・9・1判時2366・12 ………… 211
名古屋高判平29・9・14判時2354・26 ……… 214
横浜地小田原支判平29・9・15判時2373・70
　………………………………………… 178, 293
千葉地判平29・9・22裁判所ウェブサイト …… 99
福岡高判平29・10・2判例地方自治434・60 …… 176
福島地判平29・10・10判時2356・3〔東京電
　力福島第一原発事故福島事件（生業訴
　訟）〕……………………………………… 99, 315
さいたま地熊谷支判平29・10・23判時2380・
　87 …………………………………………… 182
名古屋地判平29・11・9判時2372・80 ……… 140
京都地判平29・12・7判時2373・21 ………… 215

【平成30年～】

京都地判平30・1・10裁判所ウェブサイト …… 127
横浜地横須賀支判平30・1・15判例秘書LLI
　／DB ………………………………………… 211
前橋地判平30・1・31判時2373・21 ………… 205
大阪地判平30・2・16公刊物未登載 ………… 176
大津地判平30・2・27判時2387・115 ……… 215
京都地判平30・3・15判時2375・2376合併・14
　〔東京電力福島第一原発事故京都事件〕…… 98
東京高判平30・4・18判時2385・3 ………… 209
名古屋地判平30・4・25判例秘書LLI／DB
　………………………………………………… 141
仙台高判平30・4・26判時2387・31 ………… 189

水戸地判平30・6・6公刊物未登載 ………… 22
最判平30・7・19裁判所時報1704・4 ……… 209
益田簡判平30・8・29公刊物未登載 ………… 301
最判平31・1・22裁判所ウェブサイト ……… 139
名古屋高判平31・1・31公刊物未登載 ……… 142

331

著　者　略　歴

安達　敏男（あだち　としお）

　東京アライズ法律事務所パートナー弁護士。昭和51年検事任官の後，各地の検察庁検事のほか，司法研修所教官，札幌法務局訟務部長，福岡法務局長，名古屋法務局長等を歴任し，最高検察庁検事を最後に退官。新潟公証人合同役場公証人を経て，平成20年弁護士登録（東京弁護士会）。平成22年税理士登録，平成23年4月から平成30年3月まで足立区公益監察員。

　主著として，『離婚時年金分割から遺言・相続まで』『わかりやすい中小企業経営者の事業承継』『Q＆A相続・遺留分の法律と実務』（共著）『Q＆A現代型労働紛争の法律と実務』（共著）『実務への影響まるわかり！徹底解説民法改正〈債権関係〉』（共著）『改訂　終活にまつわる法律相談　遺言・相続・相続税』（共著）『Q＆A借地借家の法律と実務　第3版』（監修）『消費者法実務ハンドブック』（共著）『第2版　一人でつくれる契約書・内容証明郵便の文例集』（共著）『相続実務が変わる！相続法改正ガイドブック』（共著）（いずれも日本加除出版）など。

吉川　樹士（きっかわ　たつひと）

　東京アライズ法律事務所パートナー弁護士（弁護士登録後，横浜での勤務弁護士を経て当事務所入所）。東京弁護士会所属（東京弁護士会倒産法部会会員），中央大学法科大学院法務研究科卒。

　主著・論稿として，『実務への影響まるわかり！徹底解説民法改正〈債権関係〉』（共著）『改訂　終活にまつわる法律相談　遺言・相続・相続税』（共著）『消費者法実務ハンドブック』（共著）『第2版　一人でつくれる契約書・内容証明郵便の文例集』（共著）『相続実務が変わる！相続法改正ガイドブック』（共著）（いずれも日本加除出版）「普通養子縁組と特別養子縁組について——妹を養子にできるか？配偶者の連れ子を特別養子とできるか？」（戸籍時報699号78頁）「相続人が存在しない場合における被相続人の財産は，どのように処理されるか？」（戸籍時報702号87頁）など。

著者略歴

須田　啓介（すだ　けいすけ）

　須田総合法律事務所代表弁護士（防衛省・航空自衛隊勤務を経て，平成22年弁護士登録，池袋で当事務所開設）。東京弁護士会所属，中央大学法科大学院法務研究科卒。防衛省勤務時代は，国側の立場で訟務事件，賠償補償業務に携わっていた。

　主著として，『相続実務が変わる！相続法改正ガイドブック』（共著，日本加除出版）。

安重　洋介（あんじゅう　ようすけ）

　神栖法律事務所代表弁護士。茨城県弁護士会所属，中央大学法科大学院法務研究科卒。神栖市教育委員，神栖市高齢者障がい者虐待防止ネットワーク委員，福祉後見サポートセンターかみす運営委員。

　医療機関・保険会社の企業法務のほか，市町村の代理人として国家賠償請求訴訟なども手掛けている。

　主著として，『実務への影響まるわかり！徹底解説民法改正＜債権関係＞』（共著）『相続実務が変わる！相続法改正ガイドブック』（共著）（いずれも日本加除出版）。

国家賠償法実務ハンドブック

平成31年3月25日　初版発行

著　者	安	達	敏	男
	吉	川	樹	士
	須	田	啓	介
	安	重	洋	介
発 行 者	和	田		裕

発行所　日本加除出版株式会社

本　　社　郵便番号 171-8516
　　　　　東京都豊島区南長崎3丁目16番6号
　　　　　ＴＥＬ（03）3953-5757（代表）
　　　　　　　　（03）3952-5759（編集）
　　　　　ＦＡＸ（03）3953-5772
　　　　　ＵＲＬ　www.kajo.co.jp

営 業 部　郵便番号 171-8516
　　　　　東京都豊島区南長崎3丁目16番6号
　　　　　ＴＥＬ（03）3953-5642
　　　　　ＦＡＸ（03）3953-2061

組版・印刷・製本　㈱倉田印刷

落丁本・乱丁本は本社でお取替えいたします。
★定価はカバー等に表示してあります。
Ⓒ T. Adachi, T. Kikkawa, K. Suda, Y. Anju, 2019
Printed in Japan
ISBN978-4-8178-4543-6

JCOPY　〈出版者著作権管理機構　委託出版物〉
本書を無断で複写複製（電子化を含む）することは，著作権法上の例外を除き，禁じられています。複写される場合は，そのつど事前に出版者著作権管理機構（JCOPY）の許諾を得てください。
また本書を代行業者等の第三者に依頼してスキャンやデジタル化することは，たとえ個人や家庭内での利用であっても一切認められておりません。

〈JCOPY〉　ＨＰ：https://www.jcopy.or.jp，e-mail：info@jcopy.or.jp
　　　　　電話：03-5244-5088，ＦＡＸ：03-5244-5089

相続実務が変わる！
相続法改正ガイドブック

安達敏男・吉川樹士・須田啓介・安重洋介 著
2018年9月刊 A5判 280頁 本体2,400円+税 978-4-8178-4504-7 商品番号：40730 略号：相改ガ

第2版 一人でつくれる
契約書・内容証明郵便の文例集
サンプル書式ダウンロード特典付き

安達敏男・吉川樹士 著
2017年10月刊 A5判 376頁 本体3,500円+税 978-4-8178-4435-4 商品番号：40284 略号：契内

消費者法実務ハンドブック
消費者契約法・特定商取引法・割賦販売法の実務と書式

安達敏男・吉川樹士 著
2017年9月刊 A5判 284頁 本体2,700円+税 978-4-8178-4424-8 商品番号：40691 略号：消ハン

Q&A
借地借家の法律と実務 第3版

安達敏男 監修 古谷野賢一・酒井雅男・井原千恵・宅見誠 著
2017年6月刊 A5判 420頁 本体3,800円+税 978-4-8178-4390-6 商品番号：40399 略号：借地

改訂 終活にまつわる法律相談
遺言・相続・相続税

安達敏男・吉川樹士 著
2017年4月刊 A5判 336頁 本体2,800円+税 978-4-8178-4383-8 商品番号：40569 略号：終活

実務への影響まるわかり！
徹底解説 民法改正〈債権関係〉

安達敏男・吉川樹士・安重洋介・濱田卓 著
2016年10月刊 A5判 472頁 本体4,100円+税 978-4-8178-4341-8 商品番号：40645 略号：債改正

日本加除出版　〒171-8516　東京都豊島区南長崎3丁目16番6号
TEL（03）3953-5642　FAX（03）3953-2061　（営業部）
www.kajo.co.jp